锦天城法律实务丛书

ALLBRIGHT
LAW OFFICES
锦天城

少即是多

LESS IS MORE

Intellectual Property Logic of Technological Innovation

科技创新的知识产权逻辑

齐宝鑫　池振华　等 / 著

法律出版社 LAW PRESS · CHINA ｜ 北京

图书在版编目(CIP)数据

少即是多：科技创新的知识产权逻辑 / 齐宝鑫等著
. -- 北京：法律出版社，2021
ISBN 978-7-5197-4700-8

Ⅰ. ①少… Ⅱ. ①齐… Ⅲ. ①技术革新-知识产权法
-研究-中国 Ⅳ. ①D923.404

中国版本图书馆 CIP 数据核字(2020)第 117897 号

少即是多
——科技创新的知识产权逻辑
SHAOJISHIDUO
—KEJI CHUANGXIN DE ZHISHI CHANQUAN LUOJI

齐宝鑫 池振华 等著

策划编辑 沈小英
责任编辑 刘晓萌
装帧设计 汪奇峰

出版发行 法律出版社
编辑统筹 法治与经济出版分社
责任校对 王晓萍 王语童
责任印制 吕亚莉
经　　销 新华书店

开本 710 毫米×1000 毫米 1/16
印张 15.75 **字数** 267 千
版本 2021 年 11 月第 1 版
印次 2021 年 11 月第 1 次印刷
印刷 固安华明印业有限公司

地址:北京市丰台区莲花池西里 7 号(100073)
网址:www.lawpress.com.cn
投稿邮箱:info@lawpress.com.cn
举报盗版邮箱:jbwq@lawpress.com.cn

销售电话:010-83938349
客服电话:010-83938350
咨询电话:010-63939796

书号:ISBN 978-7-5197-4700-8
定价:68.00 元

于成为青年律师学习成长的摇篮、资深律师和合伙人成果与经律师学院自 2019 年起开展“《锦天城法律文库》及《锦天城专著撰写”工作，有效地彰显了锦天城律师的专业素养以及学本书作为此次《锦天城法律实务丛书》系列中唯一一本知识产权行业领域划分，涵盖了汽车、科创板、医药、半导体等七个篇章，景下的特殊药品制度、八年长跑的乔丹商标案，以及科创板的知等当下时事热点，是齐宝鑫律师及其团队总结其多年经验的心血之过剖析大量新鲜实例，与读者一同剥茧抽丝，深析司法实践其然及感悟法之本意。用知识指导实践，把实践化入知识，正是法学的独
[illegible]。

*

2021 年 1 月 6 日

* 顾功耘，上海市锦天城律师事务所主任。

编 委 会

—科技创

终致力
舞台。
丛书》
力。
，以
情背
逻辑
书通
然，
所在

随着 1999 年“依法治国”方针被写入《宪法》，2018 年将
全社会主义法制”修改为“健全社会主义法治”，我国依法治
来了新的飞跃。如今，站在“两个一百年”奋斗目标的历史交
工作在新的起点上向前推进，为创新驱动发展大局服务，为加
家筑牢法治根基。2019 年 10 月底，党的十九届四中全会圆满闭
创新体制机制、加快建设创新型国家、强化国家战略科技力量被写
从建设知识产权强国和世界科技强国的战略高度，给每一个法律
新的前进方向。

站在新的历史起点，呼唤新的使命担当。锦天城一如既往地
务的第一线，以风华正茂的崭新姿态迎来了建所 22 周年。这是
年，更是硕果累累的 22 年。

本书的作者齐宝鑫律师是锦天城律师事务所的高级合伙人，
识产权专业委员会的总召集人。齐律师从业多年，长期为世界 50
府机关、事业单位、大型跨国公司、国有企业、成长型民营企业
质的法律服务，主办了大量具有创新性和挑战性的知识产权诉讼
类型广泛。其中许多案件在业界具有深远的影响，曾多次入选锦
目与案例奖”。

学术成果对律师的实践赋能与价值提升有重要作用。锦天城

序　二

2008年6月5日，国务院发布的《国家知识产权战略纲要》中提出实施知识产权战略，将全社会智慧和力量凝聚于创新发展上。2015年12月，国务院印发《关于新形势下加快知识产权强国建设的若干意见》，将知识产权制度在创新驱动发展战略中的定位提升到了新的高度。2017年国务院印发《“十三五”国家知识产权保护和运用规划》，将知识产权规划首次列入国家重点专项规划，知识产权保护政策不断趋向严格。所拥有知识产权的数量与质量以及运用知识产权的能力，已经成为衡量一个国家或企业综合实力的重要指标。

中国在变，世界在变，唯创新不变。2020年是全面建成小康社会和“十三五”规划收官之年，也是知识产权战略纲要收官之年。40多年来，伴随改革开放历程，在多方的共同努力下，我国构建起了严格的知识产权保护格局，知识产权制度从无到有，逐步健全。作为知识产权人，我非常荣幸地见证了这一系列的发展与改革，见证了“知识产权”从一株充满希望的幼苗，栉风沐雨，成长为如今的参天大树，枝繁叶茂。

本书的作者齐宝鑫是北京大学光华管理学院企业管理学博士，致力于法律与管理跨界整合，深耕于企业知识产权管理研究和实践领域，擅长与企业知识产权战略相关的创新领域法律课题。作为华东政法大学知识产权学院学术型硕士必修课程“知识产权管理”特聘教师、韩国成均馆大学管理实践教授，在为众多客户提供优质高效的法律服务的同时，齐博士总结了自己从业多年的实践经验，围绕“科技创新的知识产权逻辑”这一主题出版本书。在阐述法理的同时，通过大量新鲜生动的案例，与读者分享自己对不同行业中知识产权的理解、思考与感悟。

华东政法大学知识产权学院自 2003 年 11 月成立以来，始终致力于培养“懂科技”“懂管理”“懂法律”的知识产权人才。齐宝鑫博士将其多年的从业心得与经验梳理成册，将知识产权管理学与知识产权法学融合，与我院的治学理念不谋而合。本书的真意就在于删繁就简，以实践之经验为法律之规则注入鲜活的生命力，让原本束之高阁的法律条文展露其与各行各业息息相关的真实面目。希望本书可以生动且深入浅出的语言给读者带来新的启发。

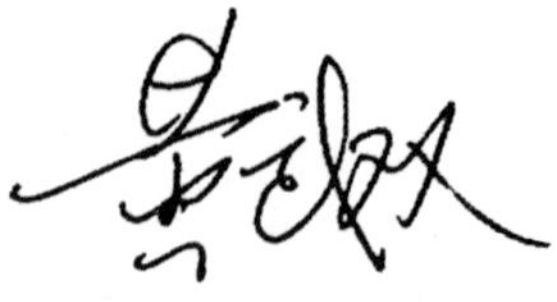 *

2021 年 1 月 6 日

* 黄武双，华东政法大学知识产权学院院长。

序　三

以改革开放为标志，我国开启了知识产权治理的现代化进程，40年来我国知识产权法律体系日臻完善。在这40年里，上海律协见证了我国知识产权制度的发展完善，也见证了上海律师队伍的发展壮大。大批高端人才的涌现，为服务经济社会建设、推动法治建设起到了重要作用，作出了积极贡献。

本书的作者齐宝鑫律师是上海市锦天城律师事务所的高级合伙人、文玉众法商机构创始人。齐宝鑫律师成功代理了数百起疑难、复杂和有重大社会影响的知识产权争议案件。齐律师代理的案件曾两次入选“上海法院知识产权司法保护十大案件”。其中，上海世博会法国馆专利权侵权纠纷案还被最高人民法院评选为“2010年中国法院知识产权司法保护十大案件”之首。齐宝鑫律师本人曾入选汤森路透的“ALB十五佳知识产权律师”“上海涉外法律人才库”等榜单，并受到上海市司法局的通报表扬。

齐宝鑫律师团队本着“真实”“客观”“准确”的信念出版本书，另辟蹊径，以行业领域划分篇章，聚焦汽车、科创板、医药、半导体、传媒、科技等当下热门行业。每篇以理论、实务案例为引领，以企业不同类型知识产权管理操作实务为框架，结合时事，对专利权、商标权、著作权、商业秘密等诸多法律问题加以阐述，体例清晰，逻辑结构严密。

正如上海市委书记李强在2020年4月26日召开的全市知识产权保护大会中所说，“要把保护知识产权作为提升城市核心竞争力的战略举措，全力打造国际知识产权保护高地，让上海这座城市成为全球知识价值实现的一片热土”，这是每一个法律人当仁不让的责任与光荣。齐宝鑫律师总结执业多年来积累的扎实的法学理论基础和丰富的实务处理经验，推出本书，抛砖引玉，为上海这片“热土”的发展建设贡献出自己微薄的力量，亦期待能为读者呈现一本专业又实用的法律指南。

*

2021 年 1 月 6 日

---

* 朱林海，上海市律师协会副会长。

自 序

科技创新和知识产权保护就是一对双胞胎。[①]

——徐友军

第一个提出“知识产权”这一名词的是法国学者卡尔普佐夫（Carpzov）。

2020 年 9 月，我受聘担任华东政法大学知识产权学院学术型硕士专业必修课“知识产权管理”特聘授课教师，这是一个从业 15 年的知识产权老律师的莫大荣幸。

课堂上，我将“CARPZOV”的每一个首字母形象地解释为：“C-creation”“A-administration”“R-run”“P-protection”“Z-zigzag”“O-from zero”“V-victory”，用以阐述知识产权管理的核心要义，并命名为“齐大圣知识产权管理要义”。

中国的知识产权管理是舶来品，要一切从零（zero）开始，知识产权保护的道路曲折艰辛（zigzag），通过知识产权的“获取”（creation）、“管理”（management/Administration）、“运营”（run）以及“保护”（protection）四位一体的合理手段，最终目的是实现宏观上的国家创新驱动、中观上的行业创新发展以及微观上的企业持久创新，也就是科技创新为国家、行业和企业带来了巨大的社会效益和经济

① 徐友军：《制度创新打造“双创”高地》，载北京大学深圳研究生院官网，https://news.pkusz.edu.cn/pkuerinsz/person/view/id-825.html，最后访问日期：2021 年 4 月 20 日。

效益，最终走向胜利（Victory）。

2008年国务院颁布的《国家知识产权战略纲要》明确提出，到2020年要把我国建设成为“知识产权创造、运用、保护和管理水平较高的国家”。2020年11月15日，中国与东盟十国及日本、韩国、澳大利亚、新西兰签订《区域全面经济伙伴关系协定》（Regional Comprehensive Economic Partnership，RCEP），加入了世界上覆盖人口数最多、成员结构最多元，也最具潜力的自由贸易区。2020年12月30日，中国与欧洲历时7年的投资协定谈判如期完成，与欧盟建立面向未来的战略合作关系。2021年1月18日国家统计局发布数据，2020年国内生产总值首次突破100万亿元，成为2020年世界上唯一实现正增长的主要经济体。①

在2021复旦大学管理学院新年论坛上，陆雄文院长提出“无科创，无未来”的号召。中国科创战略的实施与科创硬实力的提升是中国未来的希望，也是中国经济发展的希望。

科技创新与知识产权是双胞胎。科创企业要想在技术创新的轨道上走得更远、更久，需要有国家制度的保障，还要以创造价值为核心，以战略为导向。所谓的“以创造价值为核心”，是基于尊重知识产权基础上的创新，是依靠客户需求和技术创新的双轮驱动。只有拥有核心技术知识产权，才能进入世界竞争。

少即是多（less is more），体现了科技创新的知识产权逻辑。第一，能为人类进步作出巨大贡献的科技创新一定是少的。第二，为了申请而申请的大部分专利质量不高，多并不代表优秀。

极简主义告诉我们，精品一定是少数。少，即是多。

“少即是多”是凡德罗（Van der Rohe）担任包豪斯学院校长时提出来的，这或许是现代建筑史上最为经典的名言。在科技创新领域，同样应该宣扬极简主义的精神。科技创新不是简单的专利和商标的数量堆砌，就像建筑不仅仅是砖头和瓦块的堆砌一样。要树立“科技成果只有转化才能真正实现创新价值，不转化是最大损失”的理念，积极践行科技创新的“产学研官用”融合发展、联动发展的新思路，这才是科技创新的知识产权逻辑。

---

① 参见《国家统计局局长就2020年全年国民经济运行情况答记者问》，载国家统计局官网2021年1月18日，http://www.stats.gov.cn/tjsj/sjjd/202101/t20210118_1812480.html。

自 序

“少”不是缺乏，而是精简；“多”不是泛滥，而是完美。

精简是完美。

少即是多。

写于 2021 年春

目·录

汽车篇

科创板篇

医药篇

半导体篇

传媒篇

科技篇

综合篇

汽车篇

华晨与吉利
——“融”衰“福”兴启示录

齐宝鑫　杨晓媛

我真没想到，把项目放在宁波会惹出这么多事，要是放在大连，可能什么事都没有。

——仰融

一、偏爱华晨

在吉利内部，一直流传着关于“四大金刚”的说法，指的是当时吉利集团4位副总裁：尹大庆[①]、赵福全[②]、刘金良以及安聪慧。

由这4位副总裁构成的高管团队，为吉利的发展作出了卓越的贡献。而这其中，尹大庆和赵福全在加入吉利之前，都曾有着华晨背景。在李书福多次力邀的情况下，两人于2004年和2006年先后加入吉利。尹大庆担任集团财务副总裁，赵福全则担任集团研发副总裁兼研究院院长。

---

① 1998~2002年担任华晨金杯汽车副总裁，财务总监；2004年加入吉利，担任集团财务副总裁，2011年离任。

② 1997年加入克莱斯勒，2003年担任戴姆勒—克莱斯勒美国技术中心研究总监；2004年出任华晨汽车副总裁；2006年加入吉利，担任集团研发副总裁兼研究院院长，2013年离任。现担任清华大学汽车产业与技术战略研究院院长、世界汽车工程师学会联合会（Fédé–ration Internationale desd'Ingénieurs des Techniques de L'Automobile，FISITA）主席。

随着之后的离任与职务调整，“四大金刚”在2013年即告解体。如今，尹大庆和赵福全已先后离开吉利。在《经营改变世界：吉利传奇》一书中，有专章记述他们对吉利的贡献：“尹大庆确实是理财和融资高手，我生平最为服帖的一个财务专家”；[①] 吉利的内部技术体系与标准，也随着赵福全的加盟而有了根本性的改变。这是对他们所立汗马功劳的极高评价。

在尹大庆之后，吉利控股集团的首席财务官（Chief Financial Officer，CFO）发生多次更替。如今，这一重要职位由常务副总裁李东辉[②] 担任。而有意思的是，李东辉也出自华晨系。他曾是华晨宝马项目办公室总经理兼金杯汽车股份有限公司董事、金杯通用汽车有限公司董事，华晨宝马汽车有限公司董事、高级副总裁兼财务总监。

李书福与他所执掌的吉利，为何如此偏爱在华晨历练过的人？他们能给吉利带来什么？或者说，李书福希望他们给吉利带来什么？讨论吉利，不可避免要提及华晨。

二、密会仰融

2010年3月28日，吉利集团以18亿美元成功收购了沃尔沃汽车100%的股权及相关资产，成为各界关注的焦点。两天后，吉利在北京举行并购沃尔沃轿车协议签署媒体见面会。

会上，央视记者一针见血地提出多数媒体心中最大的疑问：“这项交易的投资部分，包括银行方面的具体情况是什么？并购之后您有大量资金的投入，这个资金方面有哪些条件？”

李书福似乎对这个问题早有准备，他说：“吉利并购沃尔沃，从2002年开始思考，一直到今天8年的时间，这是一个非常漫长的沟通过程。当然，没有钱福特也不会把沃尔沃交给吉利。所以对于您提的这个问题我们其实已经做好了回答

① 周远征：《“四大金刚”解体　李书福组装吉利“新战车”》，载《中国经营报》2013年5月27日，第41版。

② 2001~2005年历任华晨宝马项目办公室总经理兼金杯汽车股份有限公司董事、金杯通用汽车有限公司董事，华晨宝马汽车有限公司董事、高级副总裁兼财务总监；2011~2014年4月担任吉利集团的副总裁、CFO；2014年5月~2016年6月担任北京东方园林股份有限公司董事、副总经理；现任吉利集团常务副总裁、CFO。

的准备。尹总是吉利的财务总监，由他说说这个钱是哪里来的。”

问题抛向了当时吉利的财务总监尹大庆，他回答道：“我是集团的首席财务官，我心中是最有数的，当然有些事不方便在这里去说。我告诉各位媒体的朋友，在并购资金方面，我们在和福特签订最终的买卖协议之前，全部都安排好了。大致的资金买价是 18 亿美元，还有后续运营的一部分流动资金，我们都准备好了。大致在 27 亿美元以下。”

尹大庆的回答表现出一个财务人员的谨慎与狡黠。翻阅其过往履历，他还曾是知名中国汽车业的资本运作大亨仰融的得力干将。有消息称，在尹大庆“找钱”的过程中，其曾与仰融有过“密会”。

由此，引出的另一个关键人物——仰融，及其打造的“华晨帝国”。

汽车分析师钟师评价说，“仰融控制的金杯汽车在其手中做成了同类车型里的老大。他擅长国际资本运作和与老外沟通，已与多个国际知名汽车企业联系，描绘出包括参与金杯通用、收编三江雷诺、打造中华轿车，以及联合宝马汽车、英国罗孚汽车在内的一个大汽车集团的蓝图，甚至与丰田都接上关系”。实际上，正是引进丰田的一款轻型客车“HAICE”，在金杯客车成了“海狮”，才让仰融有机会拓展其汽车王国。

在仰融勾勒的与英国罗孚合作蓝图中，也有过李书福的影子。仰融和李书福曾一起与英国方面谈判，华晨和吉利联合成立了宁波罗孚项目筹备组，项目的选址恰好位于吉利宁波工厂旁边。在仰融策划的“罗孚宁波项目”流产，并且罗孚的东家凤凰财团宣布破产后，国内的上汽和南汽同时竞标。最终，上汽获得了原 MG 罗孚 25 和 75 两个车型、全系列发动机的知识产权，南汽则将设备和 MG 品牌从英国长桥搬回南京，获得了宝贵的品牌“MG”。[①]

罗孚只是将吉利和华晨联系起来的一个小插曲。加之尹大庆的角色，不禁让人猜测，同是汽车行业，吉利的成长是否曾以华晨的辉煌作参考？李书福的选择又是否受到仰融结局的影响？或多或少，李书福与仰融曾经有过故事。昔日仰融的爱将，如今是李书福的麾下；昔日有仰融的大汽车集团蓝图，如今有李书福的多品牌产品架构；昔日有仰融的“远”政府行为，今朝有李书福的“近”政府行为。

① 参见王秋凤：《又是李书福》，经济日报出版社 2010 年版，第 143 页。

三、仰融其人

仰融，曾被称为“具有国际眼光的怪才”。他祖籍安徽，出生在江苏省江阴市北国镇。徽商是明清时期的一大商帮，像红顶商人胡雪岩、以布衣结交天子的江春、布业巨头汪宽也……古往今来，徽商中的风云人物在商业圈中占据着举足轻重的地位。

从 1989 年起，仰融花了 10 多年的时间，打造了一个市值高达 200 亿元的华晨系，旗下囊括了金杯汽车、申华控股、华晨汽车、华晨中国等多家上市公司。在 2001 年《福布斯》中国富豪排行榜中，仰融位列第三，成为当时国内名噪一时的资本运作高手。

仰融和他领导的华晨系，靠金杯客车（现在的“金杯汽车股份有限公司”）起家。通过换股交易，华晨汽车取得金杯客车 51% 的控制性股权。再通过股权结构上的巧妙安排，分散了沈阳金杯的控制权，使金杯客车的实际控制权始终牢牢掌握在仰融手中。

1992 年 10 月，华晨中国汽车（股票代码为 CBA）在美国纽约成功上市，成为中国企业海外上市的第一例。从 1995 年起，仰融正式拿下金杯客车的管理权，出任董事长。2000 年金杯客车销售额达到 70 亿元，成为利润仅次于上海大众和一汽大众的车企。

仰融不满足于此，有着更宏伟的大汽车集团蓝图。随后，他与宝马合作在中国生产宝马汽车；接手三江雷诺并成为控股方；通过沈阳金杯与美国通用建立金杯通用项目；先后成立或收购 10 多家汽车零部件企业，建立完善的销售体系与服务体系；斥巨资邀请国外一流汽车设计大师设计中华轿车并获得整车知识产权。业界惊叹，仰融的华晨，是在打造中国的“三汽”。

然而，风光得意总有时，跌宕起伏才是人生。

转折点始于 2001 年 3 月，当时沈阳政界发生“大地震”，市长慕绥新、常务副市长马向东因贪腐而被拘，案情涉及官员达 122 人，是为“慕马大案”。

而就在政商两界风声鹤唳的紧要关头，仰融看重了宁波的发展前景，试图将华晨的投资战略重点逐步转向宁波，并向董事会提出移师宁波的方案。作为一级政府的重点龙头企业及地域经济的主要支柱，辽宁省政府怎会轻易放手。于是，中国商业史上一场最引人注目的政商博弈开始了。雄姿英发的掌舵者仰融，在关键时刻犯了一个致命错误。

实际上，“自从金杯客车起死回生，沈阳便被披上‘中国底特律’的梦想外衣。辽宁省政府不惜举全省之力，欲将沈阳打造成东北第二个汽车基地，与长春抗衡。虽有众多国有企业在沈阳，但大多经营不善，下岗工人数量庞大”。[1] 无论出于地方利益，还是从产业发展角度考虑，辽宁省政府都希望华晨把所有资产和项目放到沈阳。通过发展沈阳的汽车工业，带动周边丹东、大连、锦州等城市的零配件行业，从而振兴老工业基地。

有了这样的布局设想，辽宁方面一直对华晨有求必应，甚至做到了言听计从。“但随着华晨迅速扩张壮大，仰融变得越发狂妄。表面上仍旧谦虚谨慎，口口声声说‘华晨是国家的’，背地里却在暗度陈仓，独断专行，不接受政府建议，不服从汽车工业规划，还以资本运作为名，屡屡掏空金杯汽车”。[2]

仰融强势上马的罗孚项目，最终成了仰融的滑铁卢。

2002 年 3 月财政部下发一纸公函，认定华晨所有资产归国家所有，并一次性划转辽宁省人民政府。同年 10 月，仰融因涉嫌经济犯罪被辽宁省检察院批准逮捕。在那之前，仰融已仓皇出逃美国。

在吉利收购沃尔沃的前夕，2009 年 6 月，仰融高调抛出“回归”计划，随后携旗下的上市公司开始了一系列令人眼花缭乱的资本运作。仰融回国造车的消息成为当时整个中国汽车业备受关注的话题。

有人猜测，仰融可能与李书福“再续前缘”，甚至将仰融的重现与吉利收购沃尔沃项目联系起来，认为吉利或将借助仰融的融资能力和美国财团背景获取收购资金，而仰融也可凭借吉利收购沃尔沃后的高端品牌平台，助力实现自己的二次造车梦想。

然而，关于前文提到的仰融与尹大庆的“密会”，双方都不愿对外公开太多。他们有着各自的考量，仰融想以高端车回归中国汽车市场，或许看不上吉利这个价廉质低的“穷小子”；而吉利筹划多年的收购项目，试图借此“一炮而红”，不容许任何闪失，更别说与仰融这样的“敏感人物”牵扯。

“密会”不了了之，成为吉利收购沃尔沃项目“找钱”过程中的一个小插曲。

---

① 博奇：《谜者仰融》，浙江大学出版社 2011 年版，第 193 页。

② 同上书，第 194 页。

四、“福融”共通

李书福与仰融之间，有着一些共通之处。他们都是玩转资本的高手，都有“四大金刚”作为得力干将。

如该篇开头所说，吉利内部，尹大庆、赵福全、刘金良以及安聪慧四人是李书福的左膀右臂，为他出谋划策，拥护并执行每一个战略决策。而在华晨，苏强、吴小安、洪兴与何涛四人同样跟随仰融多年，一直被委以重任，为打下华晨江山立下汗马功劳。

李书福能够把江南水乡台州的一家小冰箱厂，捣鼓成如今世界知名的跨国车企，他将“主动与被动”玩到了极致。

“一切看起来很简单，在地方政府眼里，李书福手里的沃尔沃就是一只凤凰，各地政府为了能引得凤凰归，争相出钱给地给政策，这让李书福真的很舒服。可是，倘若辩证地想，在李书福看来，沃尔沃其实是棵引凤的梧桐。一年多来，他举着这棵沃尔沃牌梧桐树，游走于各地政府之间，吊他们的胃口，抬高入围标准；而李书福，则眯着笑眼等待收获季节的到来。”[①] 一位汽车行业的资深专家曾这样生动比喻。

在这场收购游戏中，李书福向美国福特公司表示希望收购沃尔沃，接着利用沃尔沃向各地方政府引资要地。获得的资金用来交易沃尔沃，同时，政府的投资又为吉利成功背书，以此得到福特的高度信任。资金、土地、政策、声誉等，尽收囊中。

除此之外，李书福也有一个专业的财务团队，通过资本运作实现产业战略。2018 年 2 月 24 日，吉利控股集团宣布，已通过旗下海外企业主体收购戴姆勒股份公司 9.69% 具有表决权的股份。收购完成后，吉利集团将成为戴姆勒最大的股东，并承诺长期持有其股权。

关于收购资金哪里来，李书福曾公开表示，是吉利海外公司通过海外资本市场安排，而实现收购资金自我平衡的。他强调吉利此次入股资金没有使用中国境内资金。通过二级市场完成收购，是需要一定操作技术的。在此过程中，既要避免持股比例超过限额需公告的情况，又要避免因大量购买引起股价异动，这些都会影响到吉利的收购计划。而从最终结果来看，这次玩转资本收购戴姆勒的金融

① 崔晓林：《大庆的沃尔沃悬念》，载《中国经济周刊》2010 年第 33 期。

操作是成功的。

实际上，李书福的每一次收购，背后都是基于资源交换和多层面合作，通过收购“明星大牌”而实现“一箭多雕”。[①]（吉利近10年主要收购情况见表1）技术反哺、节约成本、打入国际市场、拓展业务、建立良性政企关系，一个都不少。

表1 吉利近10年主要收购情况

时间	收购对象	持股比例	金额	影响
2009年6月	澳大利亚自动变速器公司DSI	100%	7000万澳元	2014年11月吉利抛售DSI 90%股权
2010年3月	沃尔沃汽车	100%	18亿美元	—
2013年2月	出租车生产商英国锰铜	100%	1104万英镑	—
2017年6月	DRB旗下宝腾汽车	50%	5100万英镑（约4.5亿元人民币）	成为第一大持股股东
2017年6月	DRB旗下豪华跑车品牌路特斯	51%	1.703亿马来西亚林吉特（约2.7亿元人民币）	成为第一大持股股东
2017年11月	美国太力公司（飞行汽车）	100%	未披露	—
2018年2月	戴姆勒股份公司	9.69%具有表决权的股份	未披露（股权市值90亿美元）	成为第一大持股股东
2018年12月	沃尔沃集团	9%	32.5亿欧元	成为第一大持股股东
2019年3月	智马达汽车有限公司（与smart合资成立）	50%	27亿元人民币	—

资料来源：吉利控股、吉利汽车公告、交易所披露；微信公众号“未来汽车Daily”：《造车狂人们的“买买买”往事》。

① 参见焦曼婷：《造车狂人们的“买买买”往事》，载微信公众号“未来汽车Daily”2020年2月28日，https://mp.weixin.qq.com/s/yWpRtmbCX6ZricLg7DKbgQ。

而仰融的名言是，汽车是手段，金融才是目的。[①] 当年为了筹备华晨中国汽车控股有限公司在纽约证交所上市，他也是历经波折。1992 年，上海证券交易所刚成立两年，在大部分中国人对股票还十分陌生，没有胆量花钱去买写上“股票”两个字的纸片时，仰融已经完成了在百慕大群岛注册公司、购买股票、换股交易等一系列操作。这些，都太过超前了。

仰融，无疑是利用国际资本市场的先行者。他读过《资本论》，马克思早就说过：“股票，如果没有欺诈，它们就是对一个股份公司拥有的实际资本的所有权证书和索取每年由此生出的剩余价值的凭证。”[②]

在回忆这段过往时，仰融还提到阿里巴巴在纽约证交所上市使用的离岸结构与特别投票权设计，就是当年华晨上市的方法，“如果当时我有注册专利，那现在马云要给我专利费”。

仰融在玩转资本的同时，也深知“钱散人聚”的企业发展道理。在华晨上市后，他曾在公司内部提及股权开放的想法，认为企业发展不应只考虑股东的利益，而更应注重利益相关者的诉求。这是何等超前的思想。传统的“股东至上”理论在发达国家的企业管理中长期盛行，与之相对的“利益相关者”理论虽然在 20 世纪 80 年代以后便开始影响发达国家的公司治理模式，但其真正被广泛认可还是在新经济时代。

仰融的远见卓识和管理哲学着实令人惊叹。如果没有后来的变局，仰融很可能比李书福更早扛起民族汽车的大旗。

五、“融”衰“福”兴

李书福与仰融之间，也有本质上的不同，那就是对待政商关系的态度与选择。

这里所说的“政商关系”，有两层理解。一种是组织层面的政府与企业之间的“政企关系”，另一种则是个人层面的政府官员与企业家之间的“官商关系”。在中国转型经济的发展情境中，构建亲清新型政商关系，强调政企双方既亲密又透明，应提倡“亲政府，远官员”的政企良性互动，而非“亲官员，远政府”的

① 参见焦曼婷：《造车狂人们的“买买买”往事》，载微信公众号“未来汽车 Daily”2020 年 2 月 28 日，https://mp.weixin.qq.com/s/yWpRtmbCX6ZricLg7DKbgQ。

② 王学仁：《从长安街到华尔街》，上海锦绣文章出版社 2009 年版，第 5 页。

官商不良互动。

李书福在处理政企关系方面的战略选择，即“亲政府，远官员”的良性互动模式，也就是所谓的“合契型”的政企合作体。在有地方政府参与合作的多个项目中，李书福十分注重契约精神，将地方政府视为利益主体，通过正式契约的签订履行责任与义务。从吉利在全国13个省约18座城市建立的生产基地也可看出，李书福极其擅长与地方政府合作，通过与不同的政府良性互动获取自己想要的。

相比而言，发达国家忽视政府在商业与社会关系中所扮演的重要角色，是由其“公共服务型政府”理念及情境所决定。而处于转型发展经济中的中国“发展型政府”与发达国家的政府存在显著差异。在中国转型经济中，政府已成为民营企业核心的“近市场利益相关者”，在企业价值创造与分配的过程中，理应考虑与政府的良性互动。

20世纪90年代，民营企业纷纷挂靠在政府名下，寻找政治庇护。华晨汽车盘根错节的幕后关系，也是那个时代打下的烙印。当时，仰融正在筹划海外上市及一系列资本运作，他聪明地利用了政府背景。然而，这是一把“双刃剑”。仰融在沈阳打造的政府关系平台维系在“慕马”权力体系上，一旦这一体系被连根拔起，他的根基便受到动摇。

据一位知情人士透露，仰融与当时新任的辽宁省政府领导之间并未处理好政商关系，双方矛盾逐渐深化。华晨有后来的结局，也是偶然中的必然。“仰融应该跟政府搞好关系，而不是跟政府中的某些人搞好关系”，这位知情人士谈到。

企业家与政府官员走得太近，容易形成官商之间过“亲”而不“清”的不良互动模式。走“近官员，远政府”的官商关系之路，间接预示了仰融的结局。

“远政府”也体现在，仰融与多家外国品牌车企合作时，没能充分考虑汽车产业政策的潜规则，一定程度上干扰了中国汽车产业的布局。在“接收华晨资产工作小组”开始全面清查、核查、接收华晨资产时，有关领导曾指示，给仰融带领的管理层30%的股权，但条件是“华晨中国”需腾出两个董事席位。

以仰融孤傲强悍的风格，他预感到根本不可能接受这种安排。在还没来得及做决定时，公司内部已经集体“反水”，仰融成了“光杆司令”。出走，成为他唯一的选择。

知情人士还表示，仰融与李书福的不同经历与如今结果，很大程度上是性格使然。仰融有些自负且一意孤行；而李书福则相反，他能屈能伸，察言观色，不服输敢冒险，愿意接纳各种想法，又有着自己的独立思考，善于运用政府资源，深知政企关系对企业发展的重要性。这两种性格不同的人，结局必然不同（仰融与李书福相关经历见图 1）。

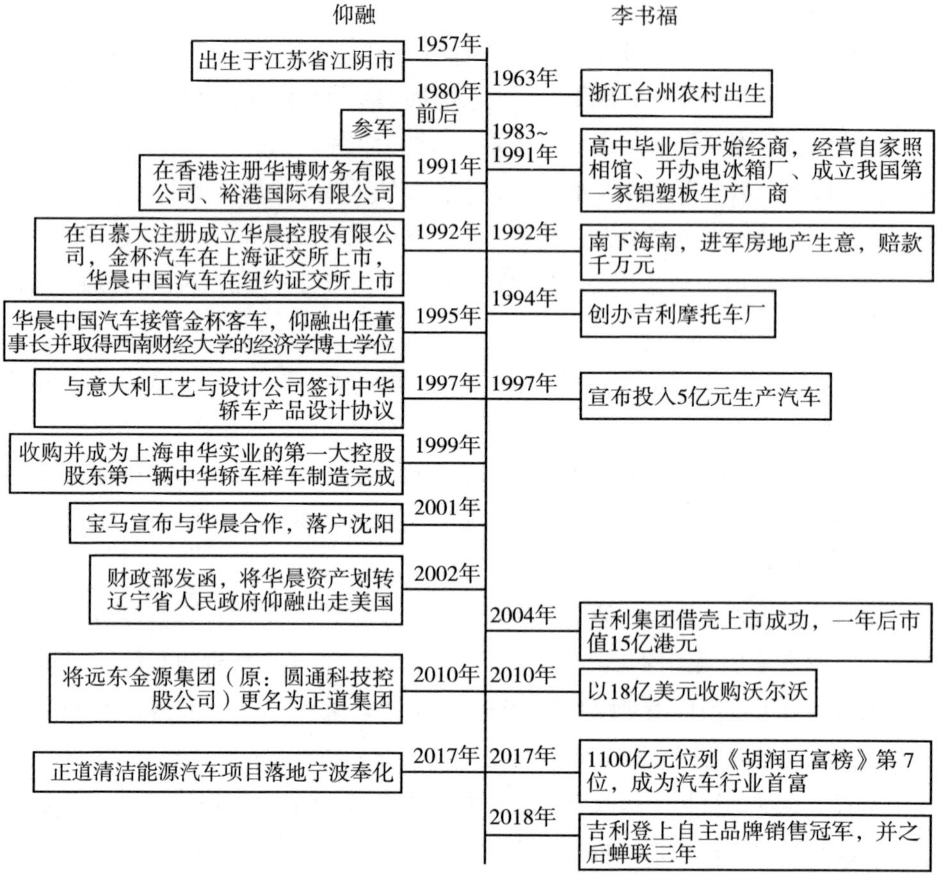

图 1　仰融与李书福大事记

注：本图为结合未来汽车日报数据与《从长安街到华尔街》一书内容，笔者绘制。

六、华晨宝马

提到华晨，大多数人首先想到的品牌可能便是华晨宝马。诚然，华晨集团与宝马集团合资成立的华晨宝马在中国汽车市场上的地位不言而喻。而这一成功牵手，也必然少不了仰融立下的汗马功劳。

从思考做大汽车产业、布局壮大华晨集团，到运用资本金融杠杆衔接世界汽车品牌，仰融想了很多方法换取宝马德方代表的认可。最终于2003年宝马集团与华晨集团达成合作协议，共同设立华晨宝马汽车有限责任公司。双方在合资公司中的股权占比分别为50%。具有戏剧性的是，那时仰融已经离开华晨，“出走”美国。在此之后，华晨宝马才得到国家相关部门的正式批准。

15年后，在2018年10月11日的华晨宝马15周年庆典上，华晨集团与宝马集团共同宣布，宝马集团将以36亿欧元（290亿元人民币）回购华晨宝马25%的股权。此外，宝马集团还将继续向合资企业投资30亿欧元，用于新建第三工厂和升级分别位于沈阳大东和铁西的两个工厂；并将合资公司期限延长至2040年（此前的合资期限至2028年）。

实际上，在2018年6月28日，国家发展改革委员会、商务部发布《外商投资准入特别管理措施（负面清单）（2018版）》，其中提到将于2018年取消专用车、新能源汽车外资股比限制，2020年取消商用车外资股比限制，2022年取消乘用车外资股比限制，同时取消合资企业不超过两家的限制。

2019年1月18日，华晨汽车股东特别大会正式批准出售华晨宝马25%股权给宝马集团；交易完成后，宝马将在合资公司华晨宝马中占有75%的股份。双方将于2022年完成股权调整的变更工作，届时宝马集团与华晨汽车在合资公司中的股权占比将由50%与50%调整到75%与25%。华晨宝马成为股比限制放开之后的首个受益车企。

更据知情人士透露，虽然当年宝马与华晨签订的合资协议是双方持股比例各占50%，但双方还有一个非公开的协议：在未来，如果中国政府同意，宝马集团将逐渐增股，最多可以在华晨宝马合资公司里持股90%。后来，华晨集团被收归国有。而从2018年开始，辽宁省政府资金短缺，宝马提出从辽宁省政府手中回购25%的股权，由此产生了上述结果。

业内人士不禁感叹，此次股权变更后，华晨在合资企业的地位将进一步被削弱，以往依靠宝马品牌和技术，“躺着赚钱”的时代将一去不复返。实际上，华晨在华晨宝马的合资体系中所发挥的作用在近些年已呈现越来越弱的态势。从前两年公布的财报就能看出，华晨汽车过度依赖华晨宝马的利润，如果没有华晨宝马的持续“输血”，华晨汽车或许早已成为历史。

曾经暂做中国第一本土品牌的车企，何以沦落至此？一部分原因体现在前文所谈及的历史巨变，伴随其中的是华晨系企业的股权变化（见图2）。

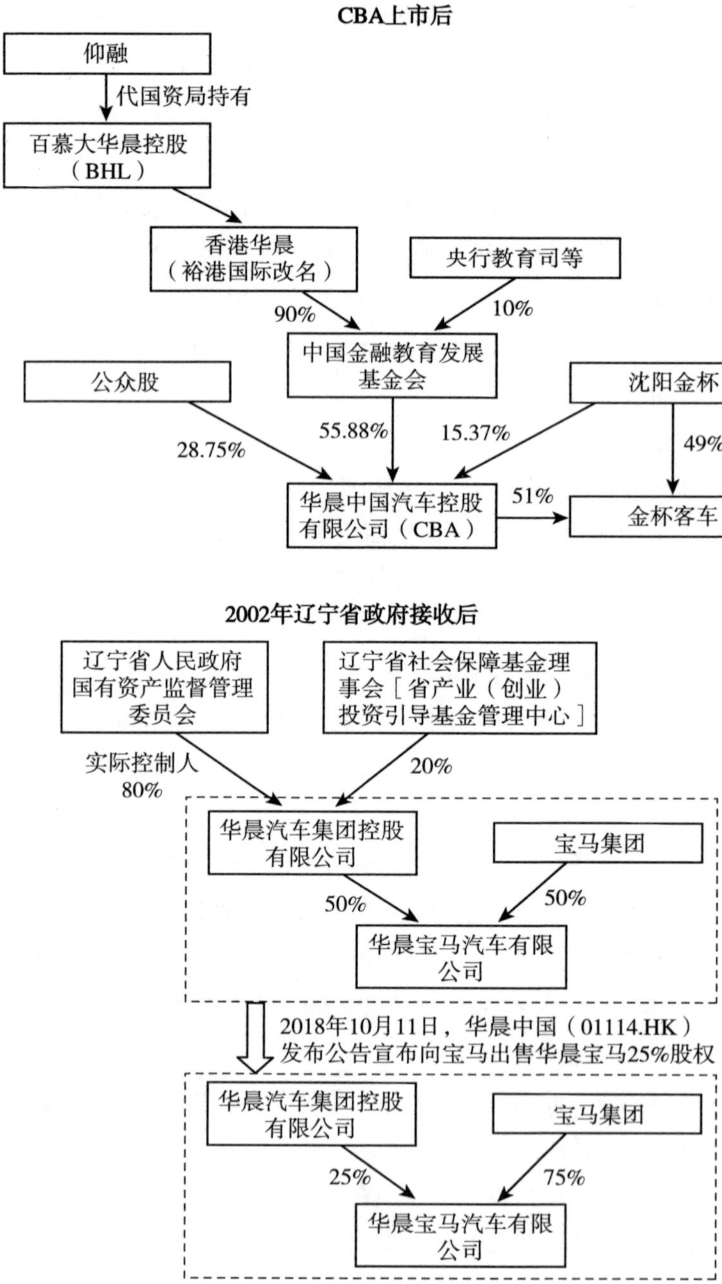

图 2　华晨系企业股权变化

注：CBA 上市后至 2002 年辽宁省政府接收之前，一系列事件如控股沈阳金杯、收购申华实业等使华晨系企业的股权结构多次发生变化，在此不做详细讨论。

从当年首创中国企业海外上市的辉煌，到如今在合资公司中逐渐失去话语权，大踏步式的退后值得中国汽车企业深思。

笔者认为，中国企业家常常伴随“2S”，即“success”和“sin”。在走向成功的路上，一些与生俱来的“原罪”，或许能够彻底改写企业的命运。仰融及他的华晨帝国便是最好的例证。

谜者仰融，曾是资本大鳄，经历过远走他乡，又试图回归故国的大起大落。在汽车与金融的迷局中，他虽走过“麦城”，但仍是历史上东北经济中最精华的部分。

以市场换技术

——科创企业的自主创新之路

齐宝鑫　杨晓媛

一、上海牌轿车没了！

一辆汽车哪个部位最重要？很多人说是发动机。其实不然，最重要的应该是品牌。

关于仰融，倘若没有后来的“走麦城”，他很可能是中国最早扛起民族汽车大旗的先行者。然而，造化弄人。中国汽车工业发展至今，长期处于缺少产权和知名品牌的结构中，这对中国汽车人来说永远是心中的痛。

所谓“得自主者得天下”，这句话背后蕴含的道理便是人们熟知的自主品牌和自主知识产权。

1958 年，第一辆国产“东风”牌轿车在一汽下线。之后的 30 年间，除了“红旗”牌和“上海”牌两款轿车，中国自主轿车领域可谓乏善可陈。

1984 年“红旗”牌轿车停产，在 25 年的时间里仅仅生产了 1500 辆，相当于每年生产 60 辆，这一数字令人震惊。可想而知当年“红旗”轿车亏损严重的程度。关于它停产的原因众说纷纭，但自身技术落后才是关键因素。

7 年之后，“上海”牌轿车也正式停产，宣告了国产轿车品牌的消亡。消息一出，许多有着中国汽车情怀的人不远万里奔赴上海，争相与最后一辆“上海”牌轿车合影留念。伤感与不舍，溢于言表。

国产汽车自主品牌的凋亡，预示着一个汽车新纪元的来临。1991 年 11 月 25

日，随着最后一辆“上海”牌轿车的生产下线，上海轿车厂在一声爆破声中被夷为平地，多少人含泪与之挥别。而这块土地，最后用于上汽与德国大众的合资企业。日后，一款名叫“桑塔纳”的轿车，占据了中国轿车市场半壁江山。

国产轿车发展的落后并没有扑灭国人追逐轿车的热情，从那时起，中外合资汽车企业在中国大地上遍地开花。而技术、品牌、产权等，依然牢牢掌控在外方企业手中。合资品牌高歌猛进，国有老厂却黯然失色。

当年汽车行业的决策与改革，可以说是政府这只“无形的手”在主导与推动。1991 年前后，产品滞销、挤压，资金无法回笼，包括国有企业在内的许多企业均面临生存困境。然而，国有企业因有政府扶持，逐渐生出了“温水煮青蛙”的情绪，缺乏竞争意识与危机意识，从客观上限制了其主观能动性的发挥。

1991 年 5 月，国家有关部门决定，未来 4 年将报废 170 万辆公务用车，从与美国、日本、德国和法国的合资工厂采购新车，而把国有汽车厂排除在外。显然，政府部门的这一决定是有意引入外方“鲇鱼”让国有汽车企业产生危机感，毕竟只有处于市场竞争的大潮之中，才能接受优胜劣汰的洗礼。

然而，梦想与现实之间，终究隔着一道难以跨越的技术障碍。中国汽车技术落后，“以市场换技术”的计划没能成功。外方企业制造商通过合资的模式进入中国，但最终引进的是产品而不是技术。究其原因，在于没有一个掌握强势话语权的战略买家，或者说战略买家执行无力。常见的场景是，当一家汽车企业本着引进技术的初衷与外方进行紧张的拉锯战谈判时，背后却有国内同行企业“打黑枪”，另一家汽车企业大手一挥，为了赢得订单和机会，同意成立合资公司只引进产品。他们想到的只是自身利益，而非全民族在汽车领域的品牌与话语权。一旦一家合资企业成立，看到苗头的企业们即使心有不甘，也都会为了在市场竞争中分得一杯羹而纷纷缴械投降。自主品牌和产权在利益争锋中变得无足轻重。

如今，让国人备感振奋与自信的，或许就是吉利收购沃尔沃后的品牌上升。2014 年国家领导人参观比利时沃尔沃根特工厂时，有人道出“沃尔沃是中国工厂，欢迎主席回家”的问候。被吉利集团收购之后，沃尔沃成了中国品牌。中国领导人参观中国品牌的汽车工厂，自然是“回家”。2020 年 2 月 10 日，沃尔沃汽车集团和吉利汽车控股有限公司发布公告，宣称正在谋划将双方的业务进行整合，从而组建一个更加强大的全球企业集团（见图 1）。

面对新冠肺炎疫情对内地汽车市场的冲击，这一消息的发布，给汽车市场和股票市场打了一剂“强心针”。投资银行摩根大通甚至在最新发表的研究报告中称：若交易落实，将是中国汽车历史上的里程碑。双方重组将有利于沃尔沃进一步打开中国市场，也有助于推动吉利实现品牌向上。

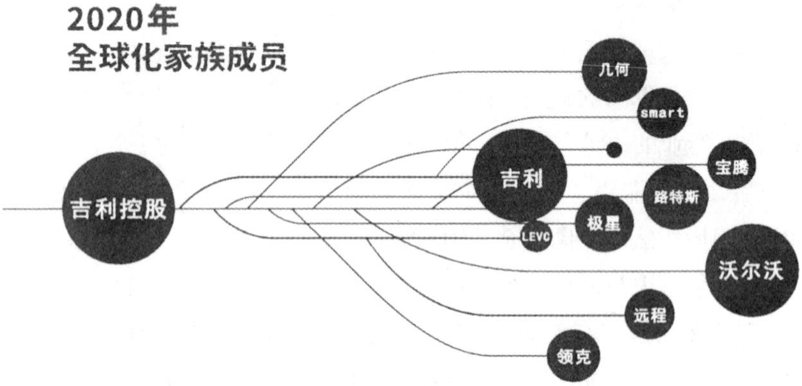

图 1　吉利集团“全球化家族”成员

资料来源：吉利集团官方微信。

产权和制度问题，造成整个中国汽车产业没有强品牌的后果。综观现在中国民众购买轿车的思路，首选是外资品牌外资生产，其次是外资品牌中国生产，最后才是国产自主品牌。外资品牌大行其道的今天，才让无数人惊觉汽车“出身”问题的重要意义。

二、“韩国模式”成功了！

久而久之，业界出现“谈汽车设计色变”的现象。甚至有种说法，汽车是疯子搞的行业。关于这一点，在之后的岁月里，被国产汽车领域颇有建树的两位风云人物——李书福和仰融用自己的经历不断验证。

在完成“蛇吞象”式的收购事件后，“汽车疯子”李书福的名号愈加响亮；仰融在接管金杯客车，决定造出轰动世界的国产轿车时，亦被人看成“仰融一定是疯了，客车都造不好，竟然敢造轿车”。①

万事必有因。仰融出局的导火索是，他欲在宁波创立尚在技术探索中的涡轮增压加缸直喷发动机工厂。最初在与罗孚汽车接触之时，仰融看上的便是罗孚精

① 博奇：《谜者仰融》，浙江大学出版社 2011 年版，第 120 页。

湛的发动机生产工艺。而这一先见与行为，正是学习了韩国现代优先研发发动机的做法。

1993 年，新华社高级记者、现任新华网首席顾问、新华汽车总策划的李安定访问韩国现代汽车，回国后在《瞭望》周刊上将其所见所感撰文《现代启示录》发表。仰融看到此文后，复印分发给每位华晨董事看，呼吁按韩国现代模式开发华晨的轿车，这便是后来高起点自主研发的中华轿车。

那么，韩国现代汽车的开发模式究竟是什么？何以让仰融赞赏到如此地步？以现代汽车延伸出的“韩国模式”又是什么？

几乎在与中国第一辆国产轿车下线的同一时期，韩国汽车工业于 20 世纪 60 年代初起步。之后的 30 年间，在“汽车国产化”政策的支持与鼓励下，韩国汽车企业也是通过合资的方式，大量引进国外先进生产技术。与前面提到的“中国模式”最大的不同在于，韩国汽车企业通过合资引进的是核心技术，而不仅仅是产品。掌握了技术后，在吸收消化的基础上，结合自身优势不断迭代创新。终于，在 1990 年，韩国生产出第一辆自主国产汽车，当年汽车产量就高达 132 万辆。

随后数年间，韩国国产汽车的平均年增长率达到 15% 左右，更是在 1993 年就突破 200 万辆的关口。比中国汽车工业还要晚几年起步的韩国汽车，如今却赶超中国，一跃成为世界汽车工业后起之秀，拥有数个本土自主品牌，形成了现代、起亚、大宇、双龙“四足鼎立”的市场格局。由于经营不善，大宇和双龙逐渐走上被收购的道路，随着时代交替而被市场遗忘，但是它们曾经引领过的“韩国模式”仍具有历史价值。

可以说，汽车行业的“韩国模式”正是通过技术引进，再经过自己的吸收和消化，不断创新，走上独立设计与开发的道路。政府在此过程中扮演着重要的战略、扶持和主导角色，企业则发挥积极强化技术能力和打造自主品牌的进取精神。自主研发的道路为韩国民族汽车工业争了一口气。全体韩国人，上至总统，下到平民，都以乘坐国产车为荣。

仰融虽然不是专业做汽车出身，但他从“韩国模式”中看到了自主轿车研发对一个汽车企业乃至整个民族工业的重要性。

在实地考察了意大利的汽车生产模式后，仰融激动不已，同时对中国汽车工业发展思路有了新的认识。他说：“经济全球化当下，关键是知识产权是否被自己所掌握。世界上有那么多汽车研究和设计机构都大量闲置，非要将国门设一道铁丝网，关起门来设计生产，非要将中国设计的产品才叫国产化、自主开发，这错了！中国20年内能出一个世界级的设计大师吗？不投100亿元进去，自己怎么可能设计得出车来？”

那次考察意义非凡。再联想到韩国汽车公司大量委托意大利公司设计车型，走上自主研发轿车道路的事实，仰融更加坚定了学习韩国经验，委托意大利人按照自己的要求设计汽车。

有了蓝图和规划后，仰融找到了有着“20世纪设计大师”美誉的乔治·亚罗。他毫不掩饰自己的雄心壮志：“我们华晨所要开发的车型，不但要在技术和经济两个方面获得成功，还要拥有自主知识产权，也就是说，这个车从里到外都属于中国人，属于华晨，我们中国要有技术上与世界同步的国产轿车。”此言一出，顿时令乔治·亚罗震惊。在他漫长的职业生涯中，这样的人和事，还是头一回遇到，于是他直截了当地表示“这是个难题”。

聪明的仰融自然明白这是在暗示归还知识产权的难度，但他没有急于辩驳，而是讲述了如今享誉盛名的意大利通心粉实则源于宋代的中国，由马可·波罗从中国带回意大利。他还提到如果当时有专利法，意大利不仅要支付一笔高额专利使用费，而且可能因侵权做出赔偿。

这又是何等的超前与机智！用意大利人熟知的通心粉作为隐喻，解释知识产权的重要性，其意图不言而喻。乔治·亚罗思考后终于做出让步，“可以接受委托设计，全部知识产权归你所有，但这样的话，设计费用就要高一些”。

对于仰融来说，资金不是问题，随即他表示“价钱好商量，只要产权归中国企业所有”。这般坚持和强硬，付出的代价是巨额费用，但收获的成功是坎坷而瞩目的中华牌轿车。说它“坎坷”，是因为从设计开发、拿到汽车目录，到投产下线，历时3年才打造出中华轿车。尤其是拿到被喻为“准生证”的汽车目录的过程更是颇为艰辛曲折。说它“瞩目”，是因为2000年12月16日上午，在高亢的国歌伴奏声中，一黑一白两辆中华轿车从中华轿车厂缓缓驶出，穿过国旗和地球组成的背景，驶上转台。① 多家媒体的报道中，纷纷强调其“第一款拥有整车自主知识产权”的特殊性。法国雷诺公司的常务副总裁甚至评价仰融道：“世界革命从巴黎开始，中国汽车的革命将从你身上开始。”

---

① 参见博奇：《谜者仰融》，浙江大学出版社2011年版，第177页。

在当时中国的汽车界，仅次于上海大众、一汽大众的华晨被视为国产汽车的希望。它是那个时代特立独行的典范，倘若没有后来的出局，华晨也许会成为中国汽车产业的强品牌。回望这段历史，一声叹息不禁发出。不仅是汽车产业，在整个制造业领域，成功的关键都在于拥有自主品牌和自主知识产权。品牌是基因，只要有了品牌，便可以从世界其他国家引进技术，消化吸收再创新。

三、中国高铁，飞龙在天

提到自主品牌，笔者想谈一谈中国高铁，这个被习近平总书记、李克强总理称为中国一张亮丽名片的中国骄傲，是当今中国工业科技水平发展到一定程度的标志性产品。它改变并极大便利了中国老百姓的出行方式。

如果单就便利性这一点而言，其他一些快速发展中的行业亦是如此。比如，前面所讲的虽然没有强自主品牌但也在过去几十年显著改善民众生活的汽车行业，以及当前蒸蒸日上的互联网行业等。然而，为何偏偏是高铁成了拿得出手的中国名片？答案正是它的强自主品牌，及其背后的自主知识产权。

正如之前所说，提起汽车，人们首先想到的会是一连串外资品牌，如德国的奥迪、奔驰、宝马“三驾马车”，美国的福特、通用等，日本的丰田、本田等，韩国的现代、起亚等。这些都比中国本土品牌更加誉满寰中。提起互联网，也有苹果、谷歌、脸书、亚马逊等一流企业引领创新模式。而提到高铁时，中国成为世界标杆。运行里程最长，年发送旅客最多，技术标准最高，舒适度最高，全球综合竞争力最强，这些都是中国高铁品牌中蕴含的优势。甚至当国外游客来华旅游时，体验中国高铁与中国速度也成了其旅行清单上的必打卡项目。

有人评价道，高铁是中国改革开放以来发展出来的可以改变国际、国内政治经济基本格局的战略产业。① 也有观点认为，高铁是“中国模式”所创造的“奇迹”。②

如同汽车开创出“韩国模式”的响亮名号，高铁成就了“中国模式”的创新经验。在有了这些成绩后，我们不禁深思，改革开放以来，市场换技术有过无数

---

① 参见高柏：《高铁与中国 21 世纪大战略（1）》，载经济观察网 2011 年 3 月 15 日，http://www.eeo.com.cn/observer/gcj/2011/03/15/196317.shtml。

② 参见吴敬琏：《高铁危言》，载王晓冰、于宁、王晨等：《大道无行——铁道部：政企合一的失败样本》，南方日报出版社 2013 年版，第 2 页。

失败的经历，为何高铁产业会取得如此大的成功？倘若存在一个具有鲜明中国特色的高铁创新模式，它是否具有普适性？对中国其他产业是否有借鉴意义？

要回答这一问题，我们先来了解中国高铁产业的发展史。

2000年，时速270公里高速列车产业化项目正式被批准，同时被列入国家高新技术产业化发展计划项目。这一事件标志着中国具有自主知识产权的高速列车项目启动，并命名为“中华之星”。

“中华之星”研制成功后，南北车集团共享知识产权，该项目形成市场后，南北车各分得一半市场。而它，最终没能走向成功，而是尘封为一段历史，走进位于北京的中国铁道博物馆。

“中华之星”代表了一个时代的技术高度，象征了一种情怀，也曾承担着自主化设计生产的重任。但频繁发生的故障以及不稳定的运行，加之过度依赖国外零部件，使它最终难担重任。中国高速列车主力车型的目标只能另寻其他。

2002年年底，铁道部领导班子开始交接。次年3月，刘志军一肩挑起铁道部党组书记、部长的重任。在早期出现动车事故后，高铁曾一度被描绘成“样板工程”。舆论认为，在当时的“中国模式”中，政府的垄断权力变得很大，加之国家推动和政府主导的大规模投资，铁道部被斥责为腐败的高发区。然而，就整个中国高铁发展的过程来看，一个不可否认的基本事实是，中国高铁迄今为止做出的所有成绩都是在铁道部体制下规划、实施或实现的。[①] 在这一点上，刘志军像企业界的任正非一样，光芒万丈。他所领导的铁道部，在中国高铁发展的强大创新体系中，扮演着关键的强势角色。

2003年与2020年一样，注定是不平凡的一年。发源于2002年11月广东顺德的“非典”（重症急性呼吸综合征，severe acute respiratory syndrome coronavirus，SARS）病毒，从广东省蔓延至全国乃至全球。2020年伊始，当新冠肺炎疫情再度成为全球焦点、各行各业生产生活受到严重影响时，很多人自然而然回忆起当年的“非典”。2003年3月底，北京已经成为“非典”重灾区。即使在万众一心抗击“非典”的大战中，铁道部也没有停止快速推进跨越式发展中国高铁的战略部署，其决心与魄力可见一斑。

---

① 参见高柏、李国武、甄志宏等：《中国高铁创新体系研究》，社会科学文献出版社2016年版，第4~5页。

2004年中国政府明确提出，中国高铁的发展要采取“引进先进技术，联合设计生产，打造中国品牌”的战略方针，依靠引进少量原装、国内散件组装进而国内规模生产的项目运作模式。在引进外来技术的过程中，坚持“先进、成熟、经济、适用、可靠”的技术标准，由中华人民共和国铁道部统一招标，确保国内企业的主体地位，对引进的核心技术进行消化、吸收和再创新。①

于是，从2004年开始，中国高铁开始了第一阶段的“引进+联合设计”。中国南车集团旗下的青岛四方、中国北车集团旗下的长春客车厂和唐山机车厂，先后从全球4家行业领先企业（加拿大的庞巴迪、法国的阿尔斯通、日本的川崎和德国的西门子）引进高铁技术，并联合设计生产高速动车组。

2015年6月30日，具有100%自主知识产权的中国标准动车组正式下线。中国标准动车组的下线和试验表明，中国高铁在消化吸收国外先进技术的基础上对它们进行再创新，掌握成套技术并实现本土化的同时，形成了制订自主技术标准与完全正向设计的能力，完成从“中国制造”向“中国创造”的飞跃。

提到“正向设计”，不得不引出一个相对的概念“逆向设计”。与之类似的说法还有“正向工程”与“逆向工程”。在传统的技术追赶研究领域，学者通常将后发国家产业技术能力的形成过程简单划分为逆向工程和自主创新两个阶段。②

逆向工程是以仿制对象为起点，旨在破解特定仿制对象的技术规范或技术数据包，使自身产品尽可能接近仿制对象。正向设计则是以用户需求起点，旨在首先完整理解产品工作逻辑以及产品设计与产品性能之间的关系，在此基础上开发适用于不同需求的产品系列。③从逆向工程到正向工程，从僵化模仿到优化创造，中国高铁产业正是实践这种商业模式的典范。虽然当年高铁引进的只是生产技术，但是对引进的技术加以消化吸收和再创新却是中国企业跨越式自主创新的重要渠道。

通过逆向工程吸收技术理念、核心方法可以建立自己的核心优势。我国许多行业借鉴国外的商业模式后根据中国的国情再创新，发展至今，已超越许多最初

---

① 参见高柏、李国武、甄志宏等：《中国高铁创新体系研究》，社会科学文献出版社2016年版，第18~19页。

② 参见汪建成、毛蕴诗：《技术改进、消化吸收与自主创新机制》，载《经济管理》2007年第3期。

③ 参见吕铁、江鸿：《从逆向工程到正向设计——中国高铁对装备制造业技术追赶与自主创新的启示》，载《经济管理》2017年第10期。

的被模仿者。腾讯就是在这方面的成功案例。

发展至今，腾讯一直被认定为一个“模仿者”而非“创新者”。[①]互联网界的“四大天王”谷歌、雅虎、eBay和MSN做的所有业务，腾讯都做了，而且越做越好。马化腾曾在接受《中国企业家》杂志采访时说：“我不盲目创新，微软、谷歌做的都是别人做过的东西。最聪明的方法肯定是学习最佳案例，然后再超越。”这种跟进、模仿再超越的思路，与僵化、固化再优化的道理是一致的。

在分析中国汽车行业“以市场换技术”失败的时候，我们强调了强势战略买家的重要性。而中国高铁成功的关键在于有这样一个强有力的战略买家，那就是当时的铁道部。铁道部的强势主导以及对国内铁路市场准入的严格控制是重要原因。

高铁产业的“以市场换技术”与汽车产业所采取的做法不同。动车组的引进虽然还是以庞大的中国高铁市场作为诱饵来引进国外技术，但并不是直接从国外购置全部车辆或者以中外合资企业的方式进行，而是在外方指导下由中国企业生产制造，即所谓的“联合设计生产”。这样就保证了中国企业产权上的独立性和决策上的自主性，为将来摆脱对外国企业的技术依赖提供了组织基础。如今的“和谐号”动车组都是自主品牌，是在引进技术产品基础上的一次次升级换代。

具体来看，当年铁道部指定只有通过与中车长客股份公司和中车四方股份公司进行合作，并完成技术转让，才能进入中国市场。对于外方企业来说，这是有且仅有的渠道。在招标公告中，对投标企业资格进行了严格限制：“在中华人民共和国境内合法注册的，具备铁路动车组制造能力，并获得拥有成熟的时速200公里铁路动车组设计和制造技术的国外合作方技术支持的中国制造业（含合资企业）。”

用更加通俗的语言来说就是，投标企业应满足以下条件：（1）必须是在中国境内合法注册，这一条件将西门子、阿尔斯通以及众多日本企业拒之门外；（2）该企业必须有国外合作方作为技术支持，这一条件确保通过一对一的绑定关系，将国外企业的核心技术拿过来；（3）国外合作方必须拥有成熟的时速200公里铁路动车组设计和制造技术。

这一做法看似烦琐复杂，却切断了外方企业进入中国市场的路，只留下一个

① 参见吴晓波：《腾讯传》，浙江大学出版社2017年版，第189页。

很小的口子，真正实现了将中国高铁的自主品牌与自主知识产权放在首位的考量。铁道部看中的并非外方企业生产的动车组产品，而是产品背后更有价值的技术。

营造出这种“僧多粥少”的局面后，想进入中国高铁市场的德国西门子、法国阿尔斯通、日本川崎和加拿大庞巴迪开始明争暗斗。

在铁道部的统一组织下，中国企业与外方企业谈判时变得更有底气，在谈判中的地位明显提升。有了更多的话语权，中方提出的条件和要求才得以实现。最后的结果便是，中国高铁市场没有在引进技术之后被国外企业或国外品牌占领，相关制造企业也没有失去自主研发设计的技术能力。

试想一下，如果当年放开口子，允许相关企业都可以和国外企业进行技术引进谈判，那么可想而知，必然出现“一窝蜂”争夺的情况，谁愿意错过良机呢？倘若这样，势必增加外方企业的谈判筹码，国内企业失去主动权，再想获得技术，将难上加难。

因此，有业界人士将2004年至2006年对动车组的大规模引进称作“不属于‘以市场换技术’模式，而是纯粹的‘以金钱换技术’”，这真是再贴切不过的到位总结。①

四、中国飞机，筑梦蓝天

如果说中国汽车“以市场换技术”是失败的，中国高铁“以市场换技术”是成功的，那么中国飞机呢？虽仍在实践中，但中国大飞机很可能成为继中国高铁后“以市场换技术”成功的第二例。

早在1970年运—10立项研制开始，到如今50年的时间里，中国发展大型民用飞机同样承载了几代中国人的梦想。关于“选择什么样的大飞机发展道路”，政府和中国飞机人进行了多次艰难的探索与实践。

1980年9月26日，中国第一款大飞机运—10在上海大场机场首飞，而这一时间点只比空中客车晚了两年。运—10是一架4台喷气发动机的载客百座以上的大型客机，项目代号708工程。

运—10总设计师马凤山是新中国自己培养的优秀工程设计人才，他多次向

---

① 参见路风:《冲破高铁迷雾——追踪中国高铁技术核心来源》，载《瞭望》2013年第48期。

上级表态，运—10 首飞绝对安全。他愿立军令状以生命担保，这既体现出对自己的作品充满信心，又表达了总设计师对试飞人员的责任感。①

国内外媒体纷纷对运—10 的成功上天进行了报道。《世界经济导报》报道外刊评论说："运—10 飞机研制成功，使中国民航工业同世界先进水平差距缩短了 15 年。"美国道格拉斯飞机公司高层管理者在《国际先驱论坛报》上说："中国能自行设计运—10 飞机，这是一个飞跃性进步，它表明中国飞机制造技术已具有相当水平。"英国路透社北京电讯评价道："在得到这种高度复杂的技术时，再也不能视中国为一个落后国家了。"

然而，好景不长。运—10 因得不到经费支持，而不得不在 1985 年停飞。

很多专业人士为运—10 感到惋惜，国家大型飞机重大专项专家咨询委员会委员吴兴世认为，"当时对中国发展大型民用飞机以及大型民用飞机产业的重要意义和正确途径的认识深度和共识广度都不到位"是运—10 搁置的原因之一。②几十年来，关于是否应该研制中国的大型民机，应该研制有自主知识产权的飞机还是通过国际合作生产国外开发的飞机等问题，有过种种争议。

运—10 总设计师马凤山曾这么评价运—10 的研制："像一个没有来得及排练就被历史推上舞台的剧组，成功地演出了一台大戏威武的第一幕。"话语中既有对坚持自主创新成绩的肯定，又有心中无尽的叹息与惆怅。

曾经多次参与大飞机专项论证，并对决策产生重要影响的北京大学路风教授坦言："运—10 的下马，绝不仅仅是扔掉了一架飞机，而几乎是'自废武功'，中国从此丧失了民用客机的产品开发平台，其结果就是中国民用航空技术能力的长期停滞和倒退。但在同时，波音和空客在各自的产品开发平台上连续改进和创新，技术能力随着产品更新升级而不断提高。于是，中国的技术能力与美国、欧洲的技术能力的差距在过去 20 年间呈现出'剪刀差'的趋势，越拉越大。这种不断拉大的差距实际上造成了中国再进入民机领域时所遇到的不断抬高的门槛。20 多年后当我们重新做大飞机的时候，现实的问题是，国内已经没有相关的产业链了，一切都要从头开始。"

就这样，中国大飞机梦想被耽搁了几十年。随着时代发展，越来越多决策者

---

① 参见孙礼鹏、周日新主编：《大飞机风云》，北京航空航天大学出版社 2008 年版，第 271 页。

② 参见赵忆宁：《大国工程》，中国人民大学出版社 2018 年版，第 48 页。

认识到中国汽车工业这些年以来的合资模式走错了，必须要靠自己，走自主开发的道路。而这，也给大飞机产业带来了启示。2007 年党中央、国务院决定实行航空工业体制改革，立项研制我国大型客机 C919。自此，中国决心研发自主品牌的大飞机才基本达成了共识。

2015 年 11 月 2 日，C919 大型客机总装下线。2017 年 5 月 5 日，C919 在众人的见证下试飞成功。从设立项目到首次起飞，历时 10 年。但可喜的是，中国终于有了自己的大飞机，国际大型民用航空市场不再只是波音和空客的天下，它们有了新的竞争者。

从 C919 命名就可以看出它要与波音、空客一道成为世界飞机市场 ABC 的宏伟愿景，“A”指代空客（Airbus），“B”代表波音（Boeing），而“C”正是中国（China）和制造商中国商飞（Commercial Aircraft Corporation of China Ltd，COMAC）的英文首字母。继运—10 之后，C919 成为中国自主设计的第二款大型民用飞机。

当然，还是会有一些人质疑“自主研发”的真实含金量，认为 C919 是“黄皮白心”，中国只是自己设计了图纸和制作了机壳，而机载关键系统包括发动机、航电系统等都是采购国外设备。针对这一质疑，C919 项目常务副总设计师陈迎春旗帜鲜明地亮出了 C919 飞机自主创新的 5 个标志：第一，飞机的总体方案自定；第二，气动外形由中国自主设计、自己试验完成；第三，飞机的机体从设计、计算、试验到制造全是中国自己做的；第四，系统集成由中国自己完成；第五，中国自己的特色管理。①

实际上，虽然中国商飞并未掌握大多数机载设备的技术，但不可否认的事实是，中国商飞从 2008 年成立至今也才刚刚 12 岁，而波音和空客，一个有着逾百年的历史，一个也已走过 50 个年头。它们，又有谁像中国商飞一样，成立了 16 家合资公司，只为一个型号飞机的研制？通过成立合资公司，学习外来先进技术，中国商飞长期秉承的项目定位始终是“自主研制、国际合作、国际标准”。

在不断的实践和进步中，越来越多的中国飞机人深刻体会到自主创新对于中国工业发展的重要意义。只有牢牢掌握知识产权，打造属于自己的品牌，才是中国大型民用飞机产业得以持续发展的驱动力。

品牌是基因。对于新时代的中国企业来说，有了自主品牌，才有了中国基因，

① 参见赵忆宁：《大国工程》，中国人民大学出版社 2018 年版，第 77 页。

才能在激烈的全球化竞争中赢得可持续发展的机会与潜力。

中国大飞机，是21世纪的一号工程。梦圆大飞机，中国也向世界传递了一个信号：世界第二经济体迅猛发展的航空业，正在创造并与世界分享发展机会。中国商飞上海总部的草坪上，停着一架白色涂装的飞机，那是首飞的运—10。它像个沉默的长者，安静地观望着。飞机前的石碑上刻着醒目的4个字——“永不放弃”，记录并预示着中国大飞机所经历的坎坷、磨炼、不屈与奋起。

汽车行业知识产权诉讼趋势之一
——惩罚性赔偿制度的引入

齐宝鑫　池振华　龚未云　方　洪

知识产权赔偿数额低是我国知识产权相关法律实施中的普遍问题之一，这极大地损害了知识产权权利人的利益，严重挫伤其维权的积极性，也破坏了知识产权法律制度的权威。反观国外，美国等国家早已将惩罚性赔偿运用于知识产权诉讼案件之中，高额的侵权赔偿使侵权人在面对利润诱惑时，也不得不衡量可能因此而付出的代价。近年来，在国家大力推进知识产权保护的背景下，我国知识产权相关法律领域也开始引入惩罚制赔偿。本文便以汽车行业为例，看一看知识产权案件中是否已存在惩罚性赔偿的案例，并从历史眼光出发，看看侵权赔偿数额是否有增长趋势。

一、实际判赔数额与索赔额相差悬殊

以“汽车”为关键词，限定案由为“知识产权与竞争纠纷”，标的额在5000万元以上，在威科先行[①]上共搜索到36起案件，去除不相关案件与重复案件，仅剩12起与汽车行业相关的知识产权纠纷案件，其中8起为知识产权侵权或不正

① 威科先行网：https：//law.wkinfo.com.cn。

当竞争纠纷（见表 1）。

表 1　知识产权侵权或不正当竞争纠纷情况

序号	案件	索赔额（万元）	法院判赔额（万元）	支持比例（%）
1	宝马股份公司与深圳市世纪宝马服饰有限公司、傅某某、家润多商业股份有限公司不正当竞争纠纷案	5000	50	1
2	株式会社普利司通与盛泰集团有限公司等侵害外观设计专利权纠纷案	2722	1003	36.85
3	潍柴动力股份有限公司与青岛远航动力工贸有限公司等侵害商标权纠纷案	1021	300	29.38
4	中国汽车工业配件销售公司与中华全国工商业联合会汽车摩托车配件用品业商会、易通全联（北京）国际展览有限公司不正当竞争纠纷案	1216	106	8.72
5	本田技研工业株式会社、石家庄双环汽车股份有限公司与北京旭阳恒兴经贸有限公司、江苏卡威汽配有限公司侵害外观设计专利权纠纷案	3168	172.3	5.44
6	株式会社京滨冷暖科技与一汽—法雷奥汽车空调有限公司等侵害发明专利权纠纷案	1150	484	42.09
7	金杯汽车股份有限公司与金杯车辆制造集团有限公司、日照金通车辆制造有限公司侵害商标权纠纷案	2182	驳回	—
8	重庆小康工业集团股份有限公司、成都客车股份有限公司与重庆瑞驰汽车有限公司侵害商标权纠纷案	1520	驳回	—

事实上，这 8 起案件的标的额均在 1000 万元至 5000 万元，最高为第一起案件，达到 5000 万元。但从实际判赔数额来看，第二起案件的判赔额最高，为 1003 万元，这也是唯一一起判赔额在 500 万元以上的案件。

此外，从当事人索赔额与法院实际判赔额的对比来看，法院对当事人索赔额的支持比例最高为 42.09%，最低仅为 1%。

从裁判理由中关于赔偿数额的说理部分来看，法院目前仍然是按照权利人因被侵权所受到的损失或者侵权人因侵权所获得的利益来确定赔偿数额。例如，上述第二起案件中，法院推算，被告每种轮胎每年的利润约为人民币705万元。自2014年9月至2018年6月，被告盛泰公司一直在生产销售涉案被诉侵权产品，因此被告盛泰公司生产销售涉案被诉侵权产品的利润约为人民币2700万元，这实际上就是原告索赔的金额。但法院根据该外观设计在实现涉案被诉侵权产品轮胎的利润中的作用等因素，仅对株式会社普利司通提出的损害赔偿请求予以部分支持。

而在权利人无法证明上述数额的情况下，法院将酌情在法定赔偿额内确定赔偿数额。例如，上述第一起案件中，原告宝马公司主张被告世纪宝马公司、傅某某共同赔偿其经济损失5000万元，但法院认为原告未能提供具体的损失依据，亦未能提供被告世纪宝马公司、傅某某侵权获利的证据，因此法院根据被告世纪宝马公司侵权时间较长、侵权范围广、侵权情节严重以及原告宝马公司涉案商标为驰名商标及企业具有较高知名度等因素，酌情确定侵权损害赔偿数额50万元。

由此看来，在上述几起大标的额的汽车行业知识产权案件中，法院在裁判过程中尚未采用惩罚制赔偿，但在其他案件中已有相关案例。例如，在502沃尔沃商标控股有限公司与丹阳市凯伦特汽车配件有限公司侵害商标权纠纷案一审民事判决书中，法院综合考虑被告侵权行为的性质、持续时间、范围、后果，原告涉案注册商标的知名度、商业价值、被告的主观过错程度、原告为制止侵权行为支付的合理开支以及因侵权行为受到的商业信誉损失等相关因素，尤其重点考虑以下因素：（1）原告涉案注册商标经过持续使用和宣传，已具有较高的知名度和显著性，其中“沃尔沃”“VOLVO”等商标多次被认定为驰名商标，并被列入《全国重点商标保护名录》，在汽车及相关配件领域具有较高的知名度和良好的声誉。（2）被告侵权的主观恶意。被告于2014年在巴西汽配展上因展出涉嫌侵犯原告知识产权的产品、海报等收到原告的书面警告后，并未停止侵权行为，继而于2015年、2016年、2017年3次在国家会展中心（上海）展出侵害原告知识产权的产品，并在每次均书面承诺不再实施侵权行为的情况下，继续生产、销售侵权产品、使用与原告涉案商标相同或近似的商标进行宣传，其重复侵权、恶意侵权的主观故意十分明显……综上，法院酌定被告赔偿原告经济损失及合理费用共计50万元，对原告索赔额全予支持。从中可以看出，若被侵权商标具有较高知名度，且存在重复侵权等情况，就有可能被认定为恶意侵权，从而法院就有可能适用惩罚制赔偿。

二、案件标的额不断刷新

潍柴动力股份有限公司（以下简称潍柴动力）是近年来汽车行业A股上市公司中涉诉数量较多的一家企业。经检索，该公司在知识产权及竞争纠纷领域的裁判文书共有745篇，其中尤以商标权权属、侵权纠纷案件为最，共涉及703篇裁判文书。这745起案件中，绝大多数案件的标的额均在10万元以内，标的额在50万元以上的案件不足5%，标的额在100万~500万元及1000万~5000万元的案件各有一起，裁判时间分别为2017年及2019年。

有意思的是，上述两起标的额最高的案件中，法院均是在法定赔偿额内酌情确定赔偿数额的，但具体数额却相差甚远，具体如下：

在潍柴动力股份有限公司、山东欧润油品有限公司等与新都区威尔莱时汽配经营部等商业贿赂不正当竞争纠纷案中，一审法院认为，因潍柴公司、欧润公司未能证明其公司因被侵权所受到的实际损失，德润公司因侵权所获得的利益，故法院根据案涉侵权行为的性质、期间、后果，公司声誉，产品知名度，德润公司拒不提交财务账簿，以及潍柴公司、欧润公司因制止侵权行为而产生的合理开支等因素，酌情确定德润公司赔偿经济损失及合理开支，二者共计50万元。

在潍柴动力股份有限公司与青岛远航动力工贸有限公司等侵害商标权纠纷案中，一审法院认为，因原告缺乏其侵权受损或被告侵权获利的相关证据，综合考虑被告侵权行为、不正当竞争行为的性质、侵权产品的销售价格、经营规模、销售范围、过错程度，原告商标的声誉及制止侵权行为、不正当竞争的合理开支等因素，酌定被告赔偿原告经济损失及合理费用共计300万元。

当然，法院判赔数额与当事人索赔额存在正相关关系，这两起案件的索赔额分别是120万元与1021万元。但从法院支持比例来看，后一起案件的支持比例反而有所下降，这也是受制于当时《商标法》中有关法定赔偿最高限额的规定，实际上已经达到最高标准了。

三、惩罚性赔偿制度的引入

2019年11月24日发布并实施的中共中央办公厅、国务院办公厅《关于强化知识产权保护的意见》中明确指出，要“加快在专利、著作权等领域引入侵权惩罚性赔偿制度。大幅提高侵权法定赔偿额上限，加大损害赔偿力度。强化民事司法保护，有效执行惩罚性赔偿制度”。

事实上，我国《商标法》早在2013年修订时便引入了惩罚性赔偿制度，即“对恶意侵犯商标专用权，情节严重的，可以在按照上述方法确定数额的一倍以上三倍以下确定赔偿数额”。2019年，我国《商标法》再一次修订，提高了惩罚性赔偿的标准，将“一倍以上三倍以下”修改为“一倍以上五倍以下”，进一步加重侵权成本，也意在给予权利人更加充分的补偿。除此之外，《专利法》第四次修改和《著作权法》第三次修改也将对惩罚性赔偿制度予以规定。

总体而言，我国对知识产权的保护力度逐渐加强，知识产权侵权案件标的额也不断创下新高。汽车行业的相关案件也反映出这一趋势。2019年，吉利起诉威马侵害商业秘密一案的标的额高达21亿元，成为目前国内知识产权界诉讼金额最大的纠纷案件。当然，索赔额仅代表一个开始，我们更希望惩罚制赔偿能够落实到越来越多的法院判决中，真正建立起一道牢固的知识产权保护的司法屏障。

汽车行业知识产权诉讼趋势之二

——标准必要专利诉讼的兴起

齐宝鑫　池振华　龚未云　朱乐雯

专利数据公司IPlytics发布的汽车行业5G标准必要专利（Standard Essential Patents，SEPs）竞争态势报告指出："除智能手机外，汽车行业可能会成为全球首批最依赖5G技术的行业之一。"① 该报告同时统计了持有与车载应用相关的5G技术SEPs专利族的前15家企业（见图1），可以看出，其中多为通信企业，并无任何一家汽车制造商或供应商。因此，传统汽车企业为了实现车联网和自动驾驶技术的转型，不得不与这些手握SEPs的通信企业进行协商谈判，而因授权费用无法达成一致意见，最终短兵相接的情形也并不鲜见，如接连发生的戴姆勒与诺基亚、德国电子公司Bury与诺基亚、大陆汽车系统公司与专利许可平台Avanci等专利诉讼案件。某车企知识产权部负责人表示："随着汽车从电动化走向智能网联化，预计国内很快就会产生来自通信企业的专利诉讼。"② 笔者统计了国内过往通信企业的标准必要专利诉讼，从案件的案由、地域分布、标的、赔偿

① 中科院IP信息：《IPlytics分析汽车行业5G标准必要专利竞争态势》，载微信公众号"中科院知识产权信息"2019年5月5日，https://mp.weixin.qq.com/s/iXN0L6TLtAzOyVQDKznpxA。

② 陈景秋：《标准必要专利诉讼战将蔓延到汽车产业？车企该怎么办？》，载人民网2019年12月25日，http://ip.people.com.cn/n1/2019/1225/c179663-31521868.html。

额、胜诉率等角度出发，为汽车企业进一步分析通信企业的诉讼思路以及法院的审判要点。

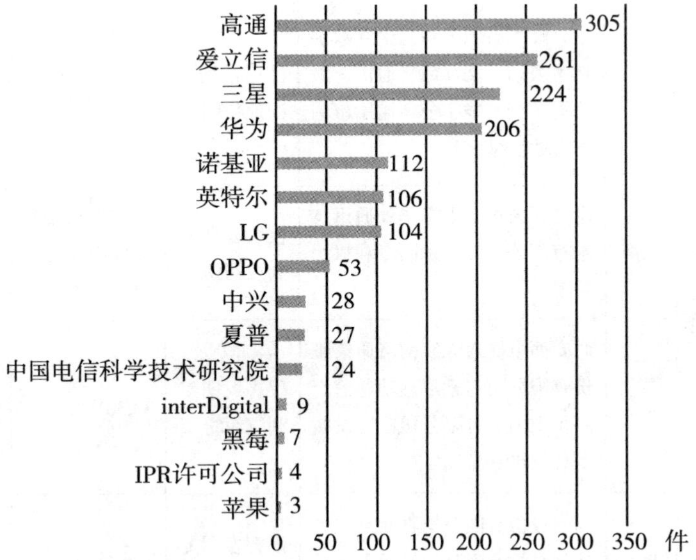

图 1　持有与车载应用相关的 5G 技术 SEPs 专利族的前 15 家企业

资料来源：中科院 IP 信息：《IPlytics 分析汽车行业 5G 标准必要专利竞争态势》，载微信公众号“中科院知识产权信息”2019 年 5 月 5 日，https：//mp.weixin.qq.com/s/iXN0L6TLtAzOyVQDKznpxA。

一、标准必要专利纠纷概况

以“标准必要专利”为关键词，截至 2019 年 12 月 31 日，在威科先行上共检索到 64 起案件，去除非通信行业案件及程序性裁定书，仅剩 7 起与通信行业相关的标准必要专利纠纷（见表 1）。

表 1　与通信行业相关的标准必要专利纠纷

序号	年份	地域	案件名称	案由	起诉额	赔偿额
1	2013	广东	交互数字通信有限公司、交互数字技术公司、交互数字专利控股公司、IPR 许可公司与华为技术有限公司标准必要专利使用费纠纷案	标准必要专利使用费纠纷	要求确定许可费率或费率范围	许可费不超过相关产品实际销售价格 0.019%

续表

序号	年份	地域	案件名称	案由	起诉额	赔偿额
2	2013	广东	华为技术有限公司与交互数字技术公司、交互数字通信有限公司、交互数字公司滥用市场支配地位纠纷案	滥用市场支配地位纠纷	2000 万元	2000 万元
3	2015	上海	诺基亚公司与上海华勤通讯技术有限公司侵害发明专利权纠纷案	侵害发明专利权纠纷	要求确认侵犯标准必要专利权	驳回（0 元）
4	2017	北京	西安西电捷通无线网络通信股份有限公司与索尼移动通信产品（中国）有限公司侵害发明专利权纠纷案	侵害发明专利权纠纷	33,361,373 元	9,103,367 元
5	2017	北京	高通股份有限公司与北京天宇达信科技有限公司等侵害发明专利权纠纷案	侵害发明专利权纠纷	100 万元	撤诉（0 元）
6	2018	北京	皇家 KPN 公司诉小米科技有限责任公司侵犯发明专利权纠纷案	侵害发明专利权纠纷	1860 万元	驳回（0 元）
7	2019	北京	西门子公司与北京丰卡迪经贸有限公司等侵害发明专利权纠纷案	侵害发明专利权纠纷	赔偿 900 万元 + 维权费用 100 万元	驳回（0 元）

从案由上进行细分，侵害发明专利权纠纷占比 71.4%，标准必要使用费纠纷占比 14.3%，滥用市场支配地位纠纷占比 14.3%。

从地域上进行细分，北京审理的案件共 4 起，广东审理的案件共 2 起，上海审理的案件共 1 起。

从标的额上进行细分，标的在 100 万元以下（含 100 万元）的案件共计 1 件，标的在 100 万 ~1000 万元（含 1000 万元）的案件共计 1 件，标的在 1000 万 ~5000 万元（含 5000 万元）的案件共计 3 件。

从赔偿额上进行细分，赔偿数额在 100 万元以下（含 100 万元）的案件共计 4 件，赔偿数额在 100 万 ~1000 万元（含 1000 万元）的案件共计 1 件，赔偿数额在 1000 万 ~5000 万元（含 5000 万元）的案件共计 1 件。其中，判赔额在 100 万元以下的 4 起案件中，3 起为驳回诉讼请求、1 起为原告撤回起诉；判赔额在 1000 万 ~5000 万元的该起案件中，法院是全额支持了原告请求赔偿的经济损失。

从胜诉率上看，上述 7 起案件中，标准必要专利权人胜诉的案件共计 1 起，占比 14.3%；撤诉的案件共计 1 起，占比 14.3%；非标准必要专利权人胜诉的案件共计 5 起，占比 71.4%。

二、标准必要专利权人侵权认定思路

在上述 5 起侵害发明专利权纠纷案件中，标准必要专利权人诺基亚公司、索尼移动通信产品（中国）有限公司、高通股份有限公司、皇家 KPN 公司与西门子公司起诉时均以其拥有某项标准必要专利，而被告所生产、销售、许诺销售的手机均需遵循该标准，故被告的手机必然落入其专利的保护范围，被告未经许可生产、销售、许诺销售涉案侵权产品的行为已侵犯标准必要专利权人所享有的专利权。例如，在西门子公司与北京丰卡迪经贸有限公司等侵害发明专利权纠纷案中，西门子公司诉称其为“选择传输信道的方法及基站、移动终端和移动无线网”专利的专利权人，该专利为 3G 无线通信技术的标准必要专利。被告 OPPO 广东移动通信有限公司制造的手机由于遵循 3G 标准，故其实施标准的同时也必然至少会实施涉案专利权利要求 18 的技术方案。且 OPPO 公司早在 2011 年开始即已制造、销售、许诺销售支持 3G 网络的手机，这些手机均必然落入涉案专利的保护范围。OPPO 公司销售侵权手机时间长、销量大，但从未向西门子公司支付过专利许可费，给西门子公司造成了巨大经济损失。自 2018 年 6 月 26 日起，西门子公司就开始向 OPPO 公司及其关联公司多次发函，愿意在公平、合理、无歧视的基础上与 OPPO 公司对包括涉案专利在内的移动通信标准必要专利组合许可事宜进行谈判，但是至今没有实质性进展。综上，请求法院认定 OPPO 公司、丰卡迪公司的行为构成对涉案专利权的侵害。

三、法院的审判要点

在索尼移动通信产品（中国）有限公司与西安西电捷通无线网络通信股份有限公司侵害发明专利纠纷案中，北京市高级人民法院认为：标准必要专利是指为实施技术标准而必须使用的专利。由于专利权人在将其标准纳入标准时会做出承诺，以公平、合理、无歧视的原则或免费许可等方式许可实施人实施其专利，因此，标准必要专利侵权案件有别于普通专利侵权案件。其区别主要在于：专利纳入技术标准且该标准被广泛使用后使该专利具有了“锁定效应”，并具备一定的公共利益属性；此外，专利权利效力上承载专利权人做出的不可撤销承诺对专利权利的行使产生一定的拘束力。这就导致标准必要专利侵权案件的审理具有其独特的审理思路。

最高人民法院《关于审理侵犯专利权纠纷案件应用法律若干问题的解释（二）》第 24 条第 2 款规定：“推荐性国家、行业或者地方标准明示所涉必要专利的信息，专利权人、被诉侵权人协商该专利的实施许可条件时，专利权人故意违反其在标准制定中承诺的公平、合理、无歧视的许可义务，导致无法达成专利实施许可合同，且被诉侵权人在协商中无明显过错的，对于权利人请求停止标准实施行为的主张，人民法院一般不予支持。”此处“公平、合理、无歧视的许可义务”（FRAND 义务），在本文统计的第一起交互数字通信有限公司、交互数字技术公司、交互数字专利控股公司、IPR 许可公司与华为技术有限公司标准必要专利使用费纠纷案中，广东省高级人民法院认为，对于愿意支付合理使用费的善意的标准使用者，标准必要专利权人不得径直拒绝许可，既要保证专利权人能够从技术创新中获得足够的回报，同时也避免标准必要专利权利人借助标准所形成的强势地位索取高额许可费率或附加不合理条件。FRAND 义务的核心在于合理、无歧视的许可费或者许可费率的确定。

在司法实践中，在判定是否支持专利权人停止侵权行为的主张时，法院会结合专利权人和实施人在标准必要专利的实施许可协商过程中的具体表现进行判断：

1. 对于专利权人无明显过错，而被诉侵权人在协商中存在明显过错的，法院一般会支持专利权人请求停止标准实施行为的主张；

2. 当没有证据证明标准必要专利的专利权人故意违反公平、合理、无歧视许可义务，且被诉侵权人在标准必要专利的实施许可协商中也没有明显过错的，如被诉侵权人及时向人民法院提交其所主张的许可费或提供不低于该金额的担保，法院一般不予支持专利权人请求停止标准实施行为的主张；

3. 在双方均有过错的情况下，法院则会基于专利权人和实施人的过错大小平衡双方的利益，决定是否支持专利权人有关停止侵权的诉讼请求。

四、总结

综上，通信行业的标准必要专利诉讼战主要集中于北上广地区，主要基于三大原因引起专利之战：（1）标准必要专利权人认为标准实施人未经许可，实施其标准必要专利，提起侵害专利权纠纷之诉；（2）标准实施人认为标准必要专利权人提出的专利许可报价及条件违反FRAND（公平、合理、无歧视）义务，提起标准必要专利使用费纠纷之诉；（3）标准实施人认为标准必要专利权人滥用市场支配地位，提起不正当竞争之诉。

汽车行业企业目前由于没有掌握与车载应用相关的5G技术SEPs专利族，为实现车联网、自动驾驶等技术，暂只能作为标准实施人，与标准必要专利权人进行协商谈判。而在谈判过程中，车企应积极与专利权人进行协商沟通，避免被法院认定为存在过错，而支持专利权人停止侵权的主张。

关于标准必要专利许可使用费部分，收费模式的不同、交易基础的差异都可能导致许可费率存在差异。这对于车企判断专利权人是否违反FRAND义务形成障碍，但车企若发现在基本相同的交易条件下，如果标准必要专利权人给予某一被许可人比较低的许可费，而给予己方较高的许可费，则有理由认为受到了歧视待遇，违反了无歧视许可的承诺。

标准必要专利诉讼战，最后建议车企“知己知彼，方能百战不殆”。

轮子上的世界
——员工另起炉灶，企业如何应对

齐宝鑫　池振华　龚未云　方　洪

车联网、人工智能、自动驾驶、新能源等这个时代孵化出来的特有词汇不断地刷新着公众对汽车行业的认知，也同样挑战着传统汽车企业的市场敏锐度及对技术研发人员的渴求度。竞争对手挖角、员工跳槽、高管离职创业等现象屡见不鲜。正如吉利与威马的侵害商业秘密纠纷案件，因其21亿元索赔款引起了社会各界的广泛关注，事件的起因则是与高管离职跳槽有关。类似案件还有：2017年特斯拉起诉自动驾驶团队前项目经理安德森违约，指控其窃取公司保密信息并违反协议约定，招揽公司汽车自动驾驶团队其他成员；①谷歌前员工安东尼·莱万多斯基窃取公司机密文件并泄露给Uber，于是Waymo（谷歌母公司Alphabet旗下自动驾驶汽车公司）起诉Uber窃取商业秘密。侵害商业秘密的行为模式存在多种类型，本文将援引美国加利福尼亚州联邦法院的一起侵害商业秘密纠纷案件，仅就员工离职创业，从事相竞争行业的法律问题进行中国法项下的探讨。

一、美国加利福尼亚州联邦法院侵害商业秘密案

2018年，在法拉第未来（Faraday Future，FF）诉Evelozcity案件②中，FF一

---

① 参见钱亚光：《一跳槽就吃官司？自动驾驶江湖为何频现“碟中谍”》，载微信公众号“汽车商业评论”2018年8月2日，https：//mp.weixin.qq.com/s/c1qVYiaqub10OK97ZgUpEQ。

② Faraday & Future，Inc.v.Evelozcity，Inc.

纸诉状中指控：自Evelozcity成立以来，其滥用FF宝贵的商业机密，并利用它们与FF不公平竞争。而这些商业秘密是Evelozcity不正当的从最近自FF离职并跳槽至Evelozcity的某些前FF主管和雇员那里获取的。

FF同时指控斯特里克兰（Strickland）先生、科特纳（Kuttner）先生和麦钱特（Merchant）先生这些前FF雇员涉嫌违反其保密协议并盗用了FF商业秘密和机密信息，具体表现为斯特里克兰先生“复制了大量法拉第未来的商业秘密信息”；科特纳先生拿走了“几个包含FF商业秘密和机密信息的文件和文件夹”；麦钱特先生“复制并拿走了大量法拉第未来的机密和专有技术信息及资料”。基于指控的上述事实，FF主张Evelozcity使用斯特里克兰、科特纳和麦钱特先生等人的信息“与FF进行不正当竞争”，并指控这些前FF雇员为使Evelozcity能够“使用FF的商业秘密”而拿走上述信息，“使Evelozcity受益并损害FF利益”。

除主张这些前FF雇员违反协议约定的保密义务以外，FF还提出在大多数的雇佣合同里均约定，FF员工在自FF离职后的一年内，不得招揽FF其他员工。

据悉，Evelozcity系由FF前CFO斯特凡·克劳斯（Stefan Krause）自2017年10月离职后创立。而后，便不断有FF员工跳槽至Evelozcity，上文中提及的麦钱特先生便是原FF车辆工程主管。[①]

同时据相关媒体报道，Evelozcity已起诉至洛杉矶高等法院，抗议FF限制其雇员自由择业权。Evelozcity在起诉书中称，FF在雇佣协议中禁止在职或离开公司12个月内的员工直接或间接招揽任何FF员工的约定，应属于无效条款，不应强制履行。[②]目前，两案审理法院并未对外公开任何生效判决。值得思考的是，此类员工离职创业，从事原公司相竞争行业的现象在国内其实也并不少见。中国企业应该如何应对以有效降低企业因人员流动而招致的损失？

二、中国法律对商业秘密保护及竞业限制的规定

国内目前大多数企业选择的做法也和FF采取的做法大同小异，即签订竞业

① 参见朱文荃：《法乐第前CFO成立新电动车公司，其他离职高管抱团加盟》，载文凤汽车网2017年12月22日，https://www.iwenfeng.cn/carnews-158113-1.html。

② 参见K线财眼：《号外|FF起诉前CFO进展：美法院驳回EVelozcity诉求》，载搜狐网2018年8月10日，http://www.sohu.com/a/246400415_100191068。

限制协议或在劳动合同中约定竞业限制条款。而此类做法对于公司而言却是一把“双刃剑”。我国《反不正当竞争法》第9条规定：“经营者不得实施下列侵犯商业秘密的行为：……（三）违反保密义务或者违反权利人有关保守商业秘密的要求，披露、使用或者允许他人使用其所掌握的商业秘密……第三人明知或者应知商业秘密权利人的员工、前员工或者其他单位、个人实施本条第一款所列违法行为，仍获取、披露、使用或者允许他人使用该商业秘密的，视为侵犯商业秘密。”我国《劳动合同法》第24条规定：“竞业限制的人员限于用人单位的高级管理人员、高级技术人员和其他负有保密义务的人员。竞业限制的范围、地域、期限由用人单位与劳动者约定，竞业限制的约定不得违反法律、法规的规定。在解除或者终止劳动合同后，前款规定的人员到与本单位生产或者经营同类产品、从事同类业务的有竞争关系的其他用人单位，或者自己开业生产或者经营同类产品、从事同类业务的竞业限制期限，不得超过二年。”

从以上法律规定可以得知，我国《反不正当竞争法》不仅规定了员工对前雇主保守商业秘密的法律义务，同时也对第三人（在实践中常指新雇主）保守商业秘密作出规定，要求其在明知或应知员工存在从前雇主违法获取商业秘密的情形时，不得使用该等商业秘密。

另外，根据我国《劳动合同法》的相关规定，公司可选择与负有保密义务的员工签订竞业限制协议，要求其离职后不得从事与公司相同或类似的存在竞争关系的业务。但需要注意的是，竞业限制期限一般不得超过2年。同时，为保障劳动者，《劳动合同法》规定，“对负有保密义务的劳动者，用人单位可以在劳动合同或者保密协议中与劳动者约定竞业限制条款，并约定在解除或者终止劳动合同后，在竞业限制期限内按月给予劳动者经济补偿”。实践中，用人单位每月需支付的竞业限制补偿金一般不会低于劳动者在劳动合同解除或者终止前12个月平均工资的30%。因此，公司需权衡多方利益，从员工的工作属性、可接触的信息范围等决定是否与其签订竞业限制协议，以避免承担无谓的经济补偿。

三、总结

汽车行业作为知识密集型行业，在新技术领域的冲击下，人才流动的现象演变得越发激烈。吉利与威马、Waymo与Uber、FF与Evelozcity等商业秘密纠纷案件的发生，都为其他汽车行业公司敲响了警钟。对于公司来说，保护商业秘密需同时做好事前防范与事后追责工作。一方面，公司可与核心员工签署竞业限制协议以防范其离职后从事竞争业务及泄露商业秘密的风险；另一方面，一旦发现离职员工侵犯公司商业秘密之事实，需及时收集相关证据并采取法律行动。

高管变身“反贼”维权对策拆解

齐宝鑫　池振华　龚未云

此前，特斯拉起诉其自动驾驶团队前项目经理安德森违约，指控其窃取公司保密信息以及违反禁止招揽公司员工的协议约定。之后，又传出法拉第未来对公司前 CFO 提起诉讼的消息，指控他窃取了部分商业机密，并邀请员工加入其初创公司。

如今的自动驾驶领域，高管的挖掘、工程师的跳槽、信息的窃取几乎成了司空见惯的事情。该领域的知识产权纠纷，本质上就是人工智能技术和人才的争夺战。不少在领域内颇有建树的技术精英，都希望利用在原公司的技术积累和人脉，自立门户去创业，或离职另谋高就，而他们的工作变化还会引起相关员工的连锁反应，导致该领域人员流动频繁、知识产权纠纷众多。

吴某是 A 公司培养多年的骨干，技术与管理方面都能堪大任，在公司里也是一位举足轻重的人物。虽 A 公司正处在与对头企业 B 公司商业博弈的紧要关头，但王总还是同意了吴某的离职请求。由于吴某是公司的技术总监，自然也对竞业限制补偿金进行了约定。年末，B 公司上半年的颓势被慢慢扭转，其技术革新与管理水平的提升显而易见。A 公司却由于各方因素，没能达成预期的指标。偶然之间，王总打开 B 公司的企业信息，看到 B 公司新任高管，竟然就是从自己公司离职的吴某。

结合上述案例，总结制裁违反竞业限制高管的对策如下。

一、法律上的制衡

我国劳动法保护劳动者自由流动，但并不是在鼓励劳动者自由离职，更不代表企业要眼看着栽培多年的骨干从容离职，甚至公然跳槽到竞争对手处。

为了防止这种情况，我国《劳动合同法》第23条、第24条规定了相关的措施：

（一）竞业限制补偿金

所谓竞业限制补偿金，是企业补偿给劳动者的。

而竞业限制补偿金，则针对的是对用人单位负有保守用人单位商业秘密的劳动者。竞业限制的人员限于用人单位的：（1）高级管理人员；（2）高级技术人员；（3）其他负有保密义务的人员。

公司依照在劳动合同、知识产权权利归属协议或技术保密协议中约定的竞业限制条款来给付补偿金，劳动者履行竞业限制的义务。这属于一种维护市场竞争公平的制度。

发生劳动者暗度陈仓的情形，不仅企业要蒙受巨大的损失，而且这种不道德的做法，也不被法律所允许。对于这种情况法律规定了相关制衡手段，即离职员工竞业限制违约金。

（二）离职员工竞业限制违约金

根据我国《劳动合同法》第23条第2款的规定，对负有保密义务的劳动者，用人单位可以在劳动合同或者保密协议中与劳动者约定竞业限制条款，并约定在解除或者终止劳动合同后，在竞业限制期限内按月给予劳动者经济补偿。劳动者违反竞业限制约定的，应当按照约定向用人单位支付违约金。

结合A公司以仲裁手段争取到的110多万元竞业限制违约金，我们来阐明案件中最重要的赔偿的时间点。

二、从仲裁到判决

吴某于2016年3月15日从A公司离职，A公司从4月开始给他缴纳竞业限制补偿金，9月吴某在竞争对手B公司处担任高管。因此，双方选择仲裁。

2017年7月18日，仲裁庭作出仲裁裁决。吴某不服，8月1日向法院提起诉讼。最终，法院作出判决：吴某赔偿A公司自2016年4月至2017年7月的竞业限制补偿金，赔偿计算区间即“员工离职次日至仲裁裁决”作出之前。

最终，吴某不仅需要双倍赔偿A公司的竞业限制补偿金，还必须继续履行竞业限制义务。违约跳槽这种对原东家不利的行为，于情于法都不会得到支持。

三、竞业限制违约金计算时间节点

除了上文的案例，在类似案件中存在以不同的时间节点进行计算的情况，在不同的案例中，法院判决中会出现以下几种不同的获赔时间节点：

（一）以“取证时间”为时间起算节点

在C某与D公司劳动争议一案中，杭州市中级人民法院认为，原审法院关于返还竞业限制补偿金的金额，以“D公司取证录像”的时间即2016年10月起算，计算至2017年2月判令C某返还自2016年10月起的竞业限制补偿金并无不当。

（二）以“起诉之日”为时间终止节点

在E公司与F某劳动争议一案中，广东省深圳市宝安区人民法院认为：违约金自被告设立同业公司之日2015年4月计至“原告2016年4月起诉”之日，按照F某月固定工资3500元的2倍计12个月，故被告应支付原告违约金人民币84,000元。

（三）以“支付竞业限制补偿金”为获赔区间

在G公司与H某竞业限制纠纷一案中，江苏省泰兴市人民法院认为：本院根据公平原则和诚实信用原则，根据当事人的实际损失、过错程度等综合因素，参照自2012年10月至2014年2月G公司已向被告支付竞业限制补偿费25,585.76元的数额，酌情确定由H某向G公司支付违反竞业限制违约金25余万元。

综上所述，法院可能认定的获赔时间计算点如下：

1. 员工离职次日；

2. 员工违约证据固定之日；

3. 开始支付竞业限制补偿金之日。

法院可能认定的获赔时间终止节点有：

1. 仲裁裁决之日；

2. 起诉之日；

3. 停止支付竞业限制补偿金之日。

四、对策

根据上述相关案例，在司法实践中往往以取证时间、起诉之日以及公司履约时间作为赔偿金的起算节点，笔者认为有如下解决之道：

1. 固定员工违反竞业限制义务的直接证据，尽早确定起算时间

如同字面意思，证据一旦固定，获赔时间就开始计算。由我们之前的取证经验来看，此项准备需事先详细考察员工个人生活习惯、行踪模式、区域路线、竞争公司安保系统薄弱环节等方面，必要时联系公证员或者记者同时行动。

2. 企业正常履行支付竞业限制补偿金义务

法庭之上，法官如何判断孰善孰恶？自然是看双方在矛盾发生过程中的表现。对于一个拖欠补偿金的企业，或者一个及时足额支付补偿金的企业，哪一方的胜算概率大？

另外，最高人民法院《关于审理劳动争议案件适用法律若干问题的解释（四）》（法释〔2013〕4号）第8条规定：企业三个月不支付竞业限制补偿金，劳动者可以请求人民法院解除竞业限制协议。可见对于这种情况，侥幸心理是不可取的。

3. 充分收集其他相关证据

要证明员工“违反竞业限制义务”，可以不限于员工的自认、邮件或者通话记录。哪怕证据不符合证据形式，当事人就这些证据做当庭陈述也会影响法官的判断。

特别提示企业IT部门：保留原员工的邮箱内容。注销员工邮箱不要清空内容，只注销接入权限最好。清空邮箱节省出来的那点硬盘内容，很可能就会决定标的百万赔偿案的最终走向。

五、“竞业限制”应以事前预防为重

对于劳动者离职后可能出现的竞业限制相关风险，公司应当尽早处理。在劳

动者入职时签订竞业限制协议是最佳方案，这可以避免员工在离职的时候不签或者续签协议，从而造成不必要的麻烦。

劳动合同中关于竞业限制规则的合理设计，可以有效避免劳动者违反竞业限制义务的情况发生。

在出现竞业限制义务违反的情况下，要重点着眼于获赔时间节点的认定。在我们团队经办过的多起类似案件中，争取到的最大利益的案件，无一例外都是我们帮助企业预先行动而胜诉的。

科创板篇

科创板的知识产权逻辑（一）

——规则解读

齐宝鑫　池振华　龚未云　方　洪

随着 2018 年 11 月上海证券交易所设立科创板并试点注册制，科技的独角兽迅速为资本市场注入了超乎寻常的源泉。截至 2019 年 4 月 8 日，上海证券交易所已披露 50 家科创板受理企业，其中 9 家企业进入问询状态，第一批科创板企业即将登陆。

“坚持创新引领发展，培育壮大新动能”，科创板从产生之初就被寄予了创新驱动、科技强国的愿景，作为中国版的纳斯达克，科创板企业科技创新甚至关乎着企业和国家的未来。知识产权作为科技创新的核心要素，也随之成为科创板的关注焦点。从证监会和上交所陆续发布的一系列规则来看，科创板企业必须有着自己的知识产权逻辑。本文即结合现行科创板的相关规则，以科创板的知识产权规则、知识产权来源、知识产权表征、知识产权风险及知识产权审查为视角分析科创板企业的知识产权逻辑。

一、知识产权规则：上市条件

经初步整理，中国证券监督管理委员会及上海证券交易所公布的与知识产权相关的科创板规则如表 1 所示。

表 1　与知识产权相关的科创板规则

序号	规则全称	发布日期	发布机构	简称
1	《关于在上海证券交易所设立科创板并试点注册制的实施意见》（证监会公告〔2019〕2 号）	2019 年 1 月 28 日	中国证券监督管理委员会（以下简称证监会）	《实施意见》
2	《科创板首次公开发行股票注册管理办法（试行）》（证监会令第 153 号）	2019 年 3 月 1 日	证监会	《注册管理办法》
3	《科创板上市公司持续监管办法（试行）》（证监会令第 154 号）	2019 年 3 月 1 日	证监会	《持续监管办法》
4	《公开发行证券的公司信息披露内容与格式准则第 41 号——科创板公司招股说明书》（证监会公告〔2019〕6 号）	2019 年 3 月 1 日	证监会	《41 号文》
5	《公开发行证券的公司信息披露内容与格式准则第 42 号——首次公开发行股票并在科创板上市申请文件》（证监会公告〔2019〕7 号）	2019 年 3 月 1 日	证监会	《42 号文》
6	《上海证券交易所科创板股票发行上市审核规则》（上证发〔2019〕18 号）	2019 年 3 月 1 日	上海证券交易所（以下简称上交所）	《审核规则》
7	《上海证券交易所科技创新咨询委员会工作规则》（上证发〔2019〕20 号）	2019 年 3 月 1 日	上交所	《工作规则》
8	《上海证券交易所科创板股票上市规则》（上证发〔2019〕22 号）	2019 年 3 月 1 日	上交所	《上市规则》
9	《上海证券交易所科创板股票发行上市审核问答》（上证发〔2019〕29 号）	2019 年 3 月 3 日	上交所	《审核问答》

续表

序号	规则全称	发布日期	发布机构	简称
10	《上海证券交易所科创板企业上市推荐指引》（上证发〔2019〕30号）	2019年3月3日	上交所	《上市推荐指引》
11	《上海证券交易所科创板股票发行上市审核问答（二）》（上证发〔2019〕36号）	2019年3月24日	上交所	《审核问答（二）》

二、知识产权来源：关键核心技术

《实施意见》《审核规则》《上市推荐指引》等规则对优先支持的科创板上市企业进行了界定，即企业必须“符合国家战略，拥有关键核心技术，科技创新能力突出，主要依靠核心技术开展生产经营，具有稳定的商业模式，市场认可度高，社会形象良好，具有较强成长性等”。

因此，作为科创板企业的知识产权来源，关键核心技术不仅是判断企业是否符合科创板上市条件的重要因素，也是科创板上市的门槛之一。而如何界定关键核心技术并重视关键核心技术，是当前需要明确的内容。

（一）关键核心技术的界定

现有的科创板上市规则不仅从其所属产业、所属领域，更从财务指标、价值指标等各方面对关键核心技术进行了界定（见表2、图1）。

表2 科创板关于核心技术的界定规则

具体内容		相关规定
产业要求	高新技术产业和战略性新兴产业	1.《上市推荐指引》第3条第2款； 2.《实施意见》第3项
领域要求	六大领域：新一代信息技术领域、高端装备领域、新材料领域、新能源领域、节能环保领域、生物医药领域	《上市推荐指引》第6条

续表

具体内容		相关规定
财务指标	（一）预计市值不低于人民币10亿元，最近两年净利润均为正且累计净利润不低于人民币5000万元，或者预计市值不低于人民币10亿元，最近一年净利润为正且营业收入不低于人民币1亿元； …… （五）预计市值不低于人民币40亿元，主要业务或产品需经国家有关部门批准，市场空间大，目前已取得阶段性成果。医药行业企业需至少有一项核心产品获准开展二期临床试验，其他符合科创板定位的企业需具备明显的技术优势并满足相应条件	《上市规则》第2.1.2条
价值指标	能够开展生产经营，形成产品（服务）	1.《注册管理办法》第3条； 2.《审核规则》第3条； 3.《审核问答》第10问（一）
其他考量因素	发行人所处行业的国家科技发展战略和政策、整体技术水平、国内外科技发展水平和趋势等	《审核问答》第10问（一）

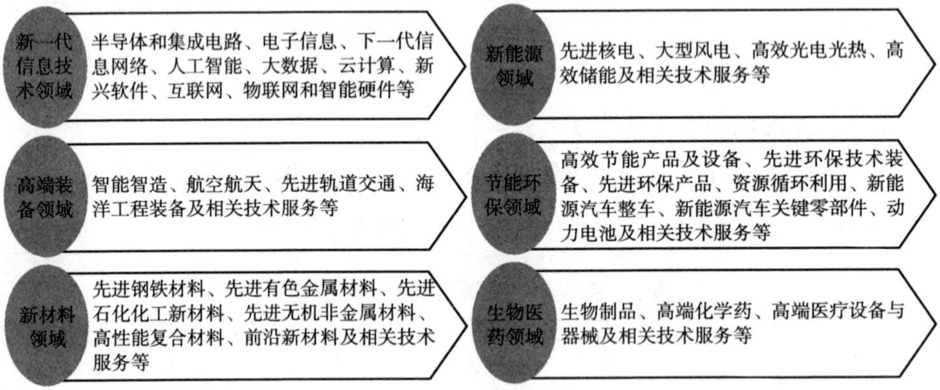

图1　科创板重点支持领域

（二）关键核心技术的重要性

企业拥有关键核心技术能够更好地助力科创板上市，已被赋予更多元包容的上市条件，《实施意见》第4项规定“更加注重企业科技创新能力，允许符合科创板定位、尚未盈利或存在累计未弥补亏损的企业在科创板上市”。《上市规则》

第 2.1.2 条规定“市场空间大，目前已取得阶段性成果”的企业可放宽上市财务指标，第 2.1.3 条规定“营业收入快速增长，拥有自主研发、国际领先技术，同行业竞争中处于相对优势地位的尚未在境外上市红筹企业”可在科创板上市（见图 2）。

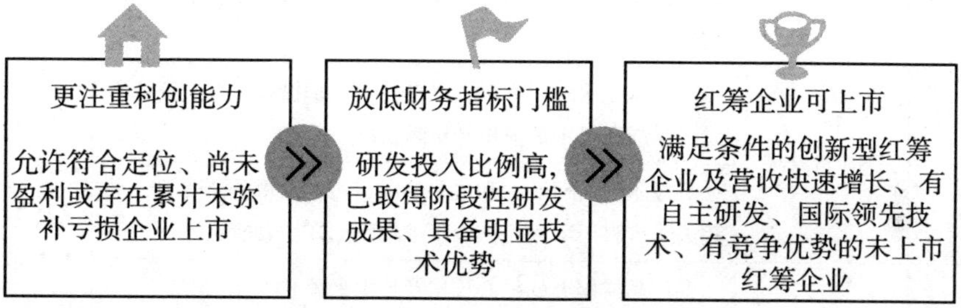

图 2 《上市规则》相关规定

基础技术研发失败或者被禁止使用也可能成为退市风险警示的诱因，《上市规则》第 12.4.3 条已明确规定：“研发型上市公司主要业务、产品或者所依赖的基础技术研发失败或者被禁止使用，且公司无其他业务或者产品符合本规则第 2.1.2 条第五项规定要求的，本所将对股票实施退市风险警示。”

因此，在科创板上市前，可依据现行科创板规则规定的产业要求、领域要求、财务指标、价值指标及其他考量因素界定关键核心技术，并以关键核心技术为助力进行科创板上市，但同时也需注意相关的退市风险。

三、知识产权表征：技术先进性

作为科创板知识产权表征的技术先进性不仅是企业长远发展的最核心动力之一，更是判断企业专利价值的主要标准之一。一般而言，技术先进性主要体现在两个方面：一方面是量，主要结合专利申请数量、高价值专利数量、专利布局的地域和数量以及核心技术人员、研发人员的数量等予以考量；而另一方面是质，此即判断技术先进性最核心的因素，关于此因素可从现行科创板相关规则中知悉一二（见表 3、图 3）。

表 3　科创板关于技术先进的界定规则

序号	判断标准	具体内容	相关规定
1	行业贡献率	结合行业技术水平，主要产品或服务的核心技术对行业的贡献	《41 号文》第 54 条
2		结合行业技术发展趋势，相关科研项目与行业技术水平的比较	
3	企业贡献率	核心技术是否取得专利或其他技术保护措施，在主营业务及产品或服务中的应用和贡献情况	
4		核心技术的科研实力和成果情况，包括获得重要奖项，承担的重大科研项目，核心学术期刊论文发表情况等	
5	其他因素	主要产品或服务的核心技术及技术来源	
6		正在从事的研发项目、所处阶段及进展情况、相应人员、经费投入、拟达到的目标等	
7		核心技术人员、研发人员占员工总数的比例，核心技术人员的学历背景构成，取得的专业资质及重要科研成果和获得奖项情况，对公司研发的具体贡献等	
8		保持技术不断创新的机制、技术储备及技术创新的安排等	

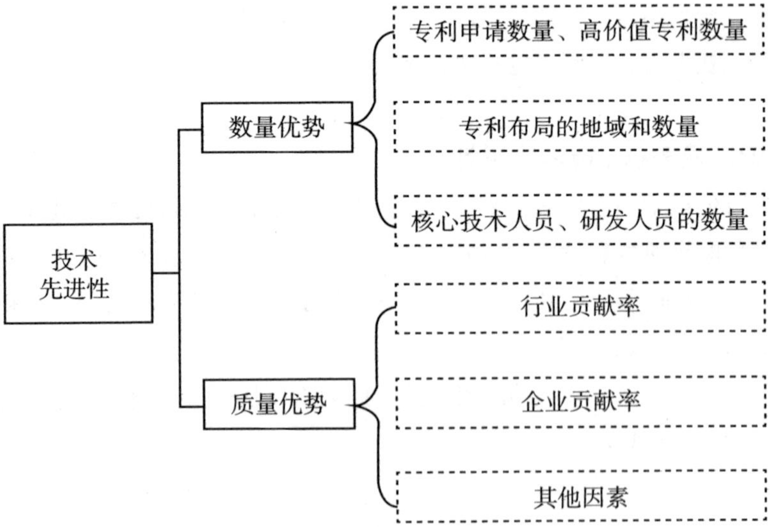

图 3　技术先进性的界定

因此，企业技术先进性不仅需要从技术的行业贡献率、企业贡献率这些最直接的外在标准判断，还需要结合技术系自主研发型还是改进型，技术系原始取得还是继受取得，核心研发人员等因素予以综合考量。同时，因企业的制度，尤其是企业创新激励机制等对于技术的研发和改进具有重要作用，其也是衡量技术先进性的标准之一。

四、知识产权风险：披露监管

科技型企业的核心竞争力是知识产权，知识产权不仅能够保证企业盈利能力，更有利于维持企业间的良性竞争和行业创新环境。近年来，无论主板还是创业板等，知识产权风险，尤其是影响企业主营业务的风险逐渐成为监管机构关注的重点。而作为目标定位即为知识产权密集型企业的科创板，发行人是否存在重大知识产权风险不仅是判断能否在科创板上市的先决条件之一，更是要求披露及监管的重点。

企业无论在科创板上市前还是上市后都需要披露知识产权风险。《注册管理办法》及《持续监管办法》规定了企业需披露的相关信息内容，即“对公司核心竞争力、经营稳定性以及未来发展产生重大不利影响的风险因素”，由此不难看出，知识产权风险也被涵盖在其中。《41 号文》第 33 条则进一步明确了知识产权风险的披露内容：“（一）技术风险，包括技术升级迭代、研发失败、技术专利许可或授权不具排他性、技术未能形成产品或实现产业化等风险……（五）法律风险，包括重大技术、产品纠纷或诉讼风险，土地、资产权属瑕疵，股权纠纷，行政处罚等方面对发行人合法合规性及持续经营的影响。”即使企业成功上市，根据《上市规则》第 8.2.4 条等的规定，企业还需予以及时披露。

《审核问答（二）》也强调了保荐机构和申报会计师也应关注“对发行人业务经营或收入实现有重大影响的商标、专利、专有技术以及特许经营权等重要资产或技术存在重大纠纷或诉讼，已经或者未来将对发行人财务状况或经营成果产生重大影响”的情形并予以核查，即使企业上市，保荐机构也应根据《上市规则》第 3.2.8 条等的规定履行持续督导职责（见图 4）。

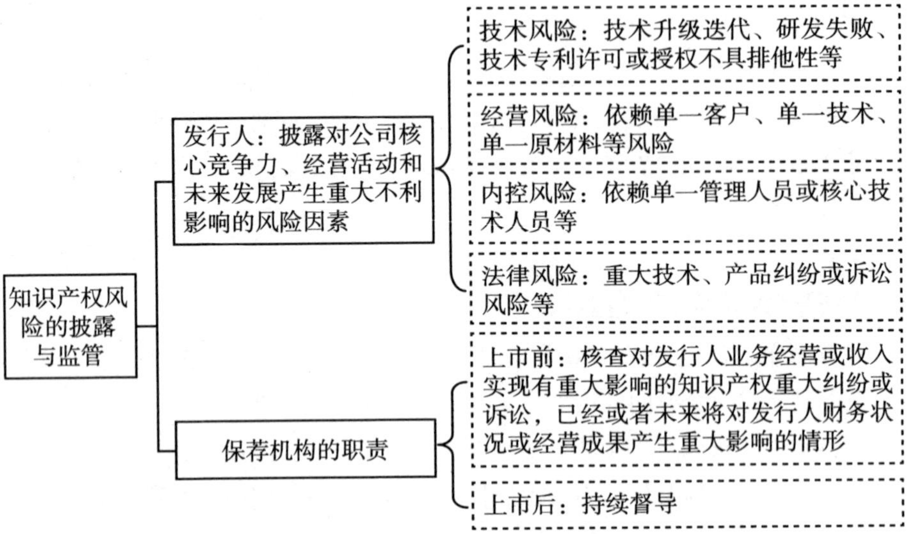

图 4 《审核问答（二）》关于知识产权风险披露监管的规定

企业是否存在知识产权风险，尤其是影响发行人持续经营能力的知识产权风险对企业能否在科创板上市有着重要影响。在实践中，知识产权风险主要包括知识产权权属风险、知识产权权利效力风险、知识产权诉讼风险等，企业在科创板上市前可通过采取知识产权尽职调查等方式予以自查。

五、知识产权审查：专家意见

因科创板本身的特性及注册制的原则，科创板的相关规则已明确将借助保荐机构和科技创新咨询委员会的力量严守每一道关卡，尤其是关于知识产权的关卡。

《实施意见》明确规定了“强化中介机构责任，加大处罚力度”，要求中介机构“充分了解发行人经营情况和风险，并对发行人的申请文件和信息披露资料进行全面核查验证”。保荐机构需在企业科创板上市前，根据《上市推荐指引》第5条的规定，准确把握科技创新企业的运行特点，充分评估企业科技创新能力，重点关注发行人是否掌握具有自主知识产权的核心技术，核心技术是否权属清晰、是否国内或国际领先、是否成熟或者存在快速迭代的风险；是否拥有市场认可的研发成果，包括但不限于与主营业务相关的发明专利、软件著作权及新药批件情况，独立或牵头承担重大科研项目情况，主持或参与制定国家标准、行业标准情况，获得国家科学技术奖项及行业权威奖项情况等。且在企业成功上市后，保荐机构也需履行持续督导职责，如《上市规则》第 3.2.8 条明确规定“上市公司业务和技术出现下列情形的，保荐机构、保荐代表人应当就相关事项对公司核心竞争力和日常经营的影响，以及是否存在其他未披露重大风险发表意见并披露：……（二）核心技术人员离职；（三）核心知识产权、特许经营权或者核心技术许可丧失、不能续期或者出现重大纠纷……”

《实施意见》还规定“上交所成立由相关领域科技专家、知名企业家、资深投资专家等组成的科技创新咨询委员会，为发行上市审核提供专业咨询和政策建议。必要时可对申请发行上市的企业进行询问”。《审核规则》也进一步确定了科技创新咨询委员会的职责和作用，“上交所在发行上市审核中，将关注发行人的评估是否客观，保荐人的判断是否合理，并可以根据需要就发行人是否符合科创板定位，向上交所设立的科技创新咨询委员会提出咨询。且上交所发行上市审核机构可以根据需要，就发行上市申请文件中与发行人业务与技术相关的问题，向上交所科技创新咨询委员会进行咨询；科技创新咨询委员会所提出的咨询意见，可以供上交所审核问询参考”（见图 5）。

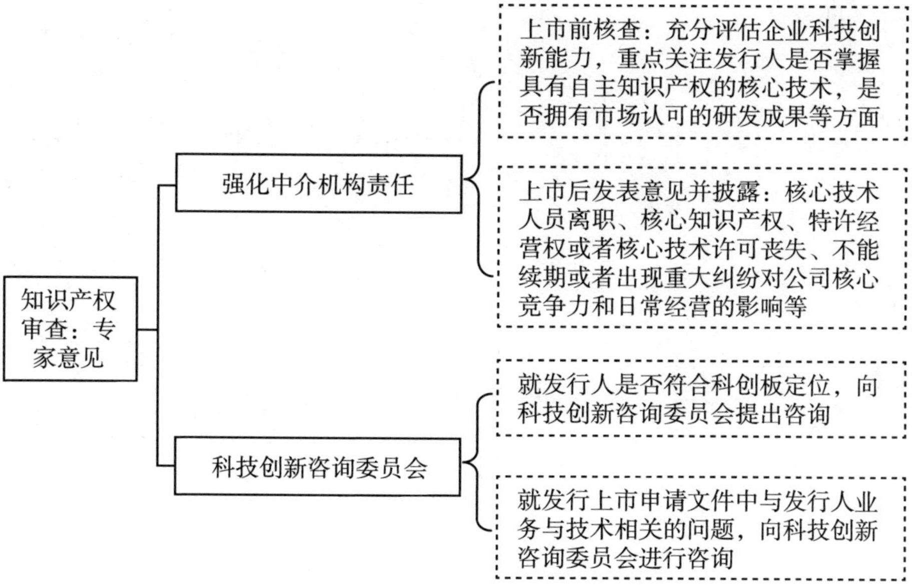

图 5 《审核规则》关于知识产权审查专家意见的规定

由此可见，针对知识产权，尤其是技术的相关问题，监管机构已确定通过第三方机构的助力，真正使符合相关条件的知识产权密集型企业得以成功上市，实现科创板设立的使命。

科创板的设立风鹏正举，相关知识产权要求更是贯穿整个科创板进程，成为发行人自查、中介机构核查与监管机构审核的重中之重。科创板拟上市企业需充分了解和掌握“知识产权逻辑”，时刻准备好为科创板发行之火添加知识产权之油，实现将“知本”转化为资本的目标。

科创板的知识产权逻辑（二）

——技术先进性

齐宝鑫　池振华　龚未云　方　洪

自 2019 年 6 月 13 日科创板正式开板以来，短短半个月时间，已有 31 家（数据统计截至 2019 年 6 月 28 日）申报企业经科创板上市委会议审议通过，即将或已经成功发行。与此同时，截至 2019 年 6 月 28 日，已有 141 家企业向上交所提交了科创板上市申请。能够从 141 家企业中脱颖而出，这 31 家通过审议的企业究竟有何过人之处？它们是否符合科创板企业的定位，又是从何处体现出科创板企业应有的技术先进性？

针对上述问题，笔者从企业的专利数量、研发人员数量、研发投入情况、核心技术贡献率等方面对上述 31 家通过审议的科创板企业进行了分析研究，以便对科创板企业的技术先进性问题作进一步探讨。

科创板优先支持符合国家战略，拥有关键核心技术，科技创新能力突出，主要依靠核心技术开展生产经营，具有稳定的商业模式，市场认可度高，社会形象良好，具有较强成长性的企业。因此，拥有质优量足的以技术为核心的知识产权是科创板企业上市的关键要素。

一、技术先进性之门槛：专利数量及专利质量

（一）专利数量是基础

根据《上海证券交易所科创板企业上市推荐指引》规定，评估企业是否符合科创板定位应重点关注 6 个方面，其中第一项便是“是否掌握具有自主知识产权的核心技术”。一般而言，专利数量是衡量一家企业技术情况的直观指标之一。上述 31 家科创板企业拥有的专利数量分布情况如表 1 所示。不难发现，超过 1/3 企业的专利数量为 51~100 项，同时超过 60% 的企业的专利数量在 100 项以内。

表 1　专利数量整体情况

专利数量（项）	公司数量（个）	分布情况（%）
1~10	2	6.45
11~50	6	19.35
51~100	11	35.48
101~500	9	29.03
501~1000	2	6.45
1001 以上	1	3.23

这 31 家企业的专利数量差异较为显著，其中，中国通号共有 1421 项专利获得授权，遥遥领先于其他企业（见表 2）。相比而言，专利最少的新光光电目前仅有 6 项授权专利。当然，申请专利数量与各公司所处行业具有一定关联性，如航天宏图也仅有 6 项授权专利，但其同时拥有 147 项软件著作权；而南微医学则拥有多项三类、二类医疗器械注册证，还获得了 36 项欧盟 CE 证书，这些也都是企业科技实力的证明。此外，也有部分企业可能更愿意以专有技术的方式来保护自身拥有的核心技术，因而忽略了专利的申请，但为了此次科创板上市已经迎头赶上，如安恒信息目前正在申请中的发明专利就有 441 项。

表 2　专利数量排名前五的科创板企业

序号	公司名称	发明专利数量（项）
1	中国通号	1421
2	中微公司	951

续表

序号	公司名称	发明专利数量（项）
3	光峰科技	766
4	福光股份	345
5	西部超导	316

（二）专利质量是核心

相比于实用新型和外观设计专利，发明专利是唯一需要经过实质审查的专利。鉴于发明创新的难度更大，发明专利的审理时间更长，申请被驳回的概率更高，因此，虽然也存在局限性，但相对而言，发明专利仍然是企业知识产权中含金量相对较高的一项，也更能体现企业的自主创新能力。对于“是否拥有核心自主知识产权”这一评估事项，不仅要关注科创板企业的专利数量，更应看重其专利质量。表 3 列出的是上述 31 家企业中发明专利数量排名前五的企业。通过与专利数量最多的 5 家企业进行对比后发现，部分专利数量多的企业，其持有的大多是实用新型或外观设计专利，发明专利数量占比相对较小。

表 3　发明数量排名前五的科创板企业

序号	公司名称	发明专利数量（项）
1	中微公司	800
2	中国通号	368
3	西部超导	219
4	交控科技	207
5	安集科技	190

此前，安翰科技因技术水平方面的信息披露问题陷入争议之中。根据界面新闻的相关报道，安翰科技自称为“全球首家获得 CFDA 核发的磁控胶囊胃镜系统机器人三类医疗器械注册证”的企业。但根据界面新闻的调查，日韩等国的行业巨头旗下的胶囊胃镜在多年前就已获批，国内的重庆金山等公司也早于安翰科技获得了适用于胃肠检查的胶囊内镜的医疗器械注册证。

由此可见，专利也是不患寡而患不“精”。尽管这是企业科技实力最直接的体现，但绝不能凭借数量的多寡一定胜负。一方面，要考虑到企业所处行业的特性，结合其在其他知识产权方面的成果综合判断；另一方面，也需对专利质量细加考察，重点关注含金量高的专利。

（三）权属关系要明晰

专利技术对科创板企业的重要性不言而喻，因此，确保企业对其专利技术的合法有效控制也是至关重要的。其一，企业应及时监测专利状态，防止因疏忽大意而使专利保护效力减损；其二，也应明确专利权属，避免陷入侵权纠纷。这两点均属于科创板上市委的关注重点，均有可能在一定条件下构成发行障碍。上市委在对西部超导的会议审核意见中提出，“公司高温超导的专利权已过期，并且未在规定的补缴期内补缴费用，已经无法重新激活专利，请发行人代表说明是否存在该技术被第三方成功申请专利从而发行人构成侵权的风险，发行人是否考虑更新该技术并重新申请专利”。而在对南微医学的会议审核意见中，上市委就发行人与美国波士顿科学之间的纠纷要求发行人说明：“（1）上述纠纷是否可能扩大，发行人及相关个人是否存在被指控侵犯技术秘密的风险；（2）发行人注册的 SureClip 止血夹专利是否可能被提起专利权无效之诉；（3）发行人的升级产品 Sentinel 止血夹的专利注册及 FDA 备案注册、欧盟 CE 证书、中国医疗器械注册证书是否受到影响，是否可能面临潜在的侵权诉讼指控。”

二、技术先进性的根基：研发人员和研发费用

科创板企业需重点关注的第二个方面在于：是否拥有高效的研发体系，是否具备持续创新能力，是否具备突破关键核心技术的基础和潜力，包括但不限于研发管理情况、研发人员数量、研发团队构成及核心研发人员背景情况、研发投入情况、研发设备情况、技术储备情况等。其中，比较容易量化的两项是研发人员和研发费用，这恰好是企业研发能力在人力、财力上的直观反映。

（一）研发人员数量不能少

企业规模有大有小，员工数量自然也不在一个量级。因此，研发人力的比拼不仅要看绝对数量，还应关注相对数量。在上述 31 家企业中，研发人员占总员工数量的比例在 20% 以内及 20%~40% 的企业数量最多，合计超过 60%。此外，晶晨股份和航天宏图两家企业的研发人员占比超过 80%。具体分布情况见表 4。

表 4　研发人员占比分布情况

研发人员占比	公司数量（个）	分布情况（%）
0~20%（含）	9	29.03
20%~40%（含）	11	35.48
40%~60%（含）	3	9.68
60%~80%（含）	4	12.90
80%~100%	2	6.45
未知	2	6.45

各企业之间研发人员的数量差别相当之大，排名第一的中国通号拥有的研发人员比第二名、第三名相加起来更多（见表 5）。研发人员数量与企业规模正相关，这在一定程度上反映出科创板企业的规模差距之大。

表 5　研发人员数量排名前五的科创板企业

序号	公司名称	研发人员数量（人）
1	中国通号	3676
2	航天宏图	913
3	晶晨股份	619
4	利元亨	512
5	世纪空间	414

从表 6 来看，研发人员占比排名前五的企业中，有 3 家来自集成电路行业。

表 6　研发人员占比排名前五的科创板企业

序号	公司名称	研发人员数量占总员工数量比例（%）	所属行业
1	晶晨股份	81.13	集成电路行业
2	航天宏图	80.37	卫星应用行业
3	澜起科技	70.98	集成电路行业
4	乐鑫科技	67.22	集成电路行业
5	虹软科技	65.73	视觉人工智能行业

整体来看，科创板企业的研发人员数量无论在绝对值上还是相对值上均有较

大差异。但与一般企业相比，科创板企业的研发人员比例已相对较高。根据《高新技术企业认定管理办法》规定，认定为高新技术企业需满足企业从事研发和相关技术创新活动的科技人员占企业当年职工总数的比例不低于 10%。而在上述 31 家科创板企业中，仅有 1 家企业的研发人员占比在 10% 以下。由此可见，尽管内部差距较大，但整体而言，科创板企业的研发人员数量优势是较为明显的。

（二）核心技术人员稳定性高

对于研发人员，上市委尤其关注其中的核心技术人员，或者与核心技术研发具有密切关联的研发人员。例如，在科创板上市委对航天宏图的会议审核意见中，其要求发行人进一步披露："发行人与其九大核心技术分别对应的专有技术相关研发负责人、主要研发人员及专利发明人（如相关研发人员为专利发明人）的情况，报告其上述研发负责人、研发人员及专利发明人在发行人的任职变化情况，以及与发行人签署劳动合同和竞业禁止承诺的情况。"此外，上市委在对铂力特的会议审核意见中指出：请结合程某某、张某等 10 余离职人员的专利发明情况，说明不将他们认定为核心技术人员的理由和依据，最近两年发行人核心技术人员是否有重大变化。

对于科创板企业来说，专利技术等知识产权固然是其核心资产，但这些技术的形成与改进在很大程度上都依赖于企业的研发人员，尤其是掌握核心技术的人员，某种意义上说，他们才是一家企业最大的财富与最主要的生产力来源。因此，确保核心技术人员的稳定性是保证企业长足稳定发展的关键。

（三）研发投入是关键

在上述 31 家企业中，大部分企业（将近 70%）的研发费用占营业收入的比重为 5%~20%，仅有微芯生物一家的研发费用占比达到 55%。这在一定程度上与其所处行业相关，微芯生物在创新药行业具有较好的声誉和社会影响力。2006 年，微芯生物将西达本胺在美国、日本、欧盟等国家或地区的专利权许可给沪亚生物，成为中国医药行业历史上将原创新药向发达国家进行海外专利许可授权的经典案例。

与其他企业相比，科创板企业的研发投入比例也相对较高。《高新技术企业认定管理办法》规定，关于研发费用占同期销售收入总额的比例，最近一年销售收入小于 5000 万元（含）的企业，要求不低于 5%；最近一年销售收入在 5000 万元至 2 亿元（含）的企业，要求不低于 4%；最近一年销售收入在 2 亿元以上的企业，要求不低于 3%。目前看来，绝大多数科创板企业均超越上述标准。

上述 31 家企业研发费用占比的具体分布情况（2018 年数据）如表 7、表 8 所示。

表 7　研发费用占比分布情况

研发费用占比	公司数量（个）	分布情况（%）
0~5%（含）	4	12.90
5%~10%（含）	12	38.71
10%~20%（含）	9	29.03
20%~40%（含）	5	16.13
40% 以上	1	3.23

表 8　研发费用占比排名前五的科创板企业

序号	公司名称	2018 年研发费用占比（%）
1	微芯生物	55.85
2	虹软科技	32.42
3	中微公司	24.65
4	安恒信息	23.73
5	安集科技	21.64

值得注意的是，科创板企业的研发人员与研发费用，仅仅体现了公司对研发的投入规模和重视程度，但并不能体现其技术水平。大量投入并不一定能获得高技术成果。换言之，研发成果与研发投入之间并不是线性关系，研发人员的多寡也无法反映企业技术团队的竞争力情况。此外，这两个指标在一定程度上都是可调节的，不同行业乃至同行业的不同企业对研发人员、研发费用的界定均可能存在差别。对于过高的研发人员占比，上市委可能会要求发行人进一步说明统计标准，如其要求航天宏图说明“研发人员薪酬是否符合行业及当地研发人员薪酬标准，研发人员统计是否准确”。同时，相比于研发费用的提升，上市委更加关注研发投入的产出成果，如其要求福光股份说明，“报告期内研发费用持续增长，

占营业收入比例持续提高，但仍无法满足主要客户产品升级换代需求的原因和商业合理性”，同时要求福光股份披露“与研发活动及研发费用归集相关的内部控制制度建立健全及有效执行情况”。

因此，在判断企业是否拥有高效的研发体系，是否具备持续创新能力，是否具备突破关键核心技术的基础和潜力时，企业的研发人员和研发费用情况仅具有有限的参考价值，还应当结合研发团队人员构成、技术储备情况等进行综合判断，且尤其要关注核心技术人员情况。

三、技术先进性核心指标：营收转化率

（一）核心技术营收转化率高

对于企业来说，科技创新的最终目的在于通过科技成果的转化而获得商业利益。因此，科创板企业需要评估自身是否具备技术成果有效转化为经营成果的条件，是否形成有利于企业持续经营的商业模式，是否依靠核心技术形成较强成长性，包括但不限于技术应用情况、市场拓展情况、产品或服务盈利情况等。本文将通过核心技术对企业收入的贡献率这一指标来观察科创板企业的技术转化效果。

表 9 是上述 31 家企业的核心技术产品 / 服务收入占营业收入比例的分布情况（2018 年数据）。从中可以发现，将近 60% 的企业认为自身的营业收入几乎全部来自核心技术产品或服务。一方面，这显示出各个企业的核心技术均与主营业务相关；另一方面，也表明这些核心技术均具有极高的转化率，成功实现市场化。

表 9　核心技术收入占比分布情况

核心技术收入占比	公司数量（个）	分布情况（%）
0~50%（含）	2	6.45
50%~70%（含）	0	0.00
70%~90%（含）	4	12.90
90%~100%（含）	18	58.06
未知	7	22.58

（二）营收数据需准确

企业的产品或服务对其核心技术的依赖程度有多大、相关度有多少，这些情况并不能通过这一简单的数字显现出来。换言之，核心技术对营业收入的贡献率是一项可被控制的指标。此外，目前企业披露的这些数据或多或少都会被质疑，具体情况还需具体分析。

从上市委的审核意见来看，其对于核心技术收入情况也表现出了极高的关注度。例如，上市委要求华兴源创说明，“除柔性 OLED 的显示与触控检测技术外，其他核心技术应用取得的营业收入情况及相关数据的匹配关系”。再如，铂力特在报告期内向江苏佩恩销售加工半成品所使用粉末，并委托江苏佩恩利用粉末进行零部件生产加工，上市委要求铂力特说明，“江苏佩恩上述生产工序是否属于 3D 打印成型环节核心工序；根据合同该合作模式是否是外协；如果不是外协，采购江苏佩恩零部件产品进行销售的收入列入发行人核心技术收入是否合理”。同样地，利元亨也被要求说明其披露的核心技术产品收入是否准确。

四、结语

随着科创板开市的春风，申请首发上市的科创企业如雨后春笋般冒出。在判断这些企业是否符合科创板定位、是否具有技术先进性等问题时，专利数量、研发人员数量、研发费用等数据也许只是表象，更深层的本质还有待时间的验证。本文重点研究的 31 家企业目前均已通过上市委会议审议，但也或多或少存在某些问题，这些瑕疵问题也应当引起尚处于申报阶段或即将申报的企业的关注，避免因此而停下自己的上市之路。

科创板的知识产权逻辑（三）
——研发与创新

齐宝鑫　池振华　龚未云　方　洪

科创板瞄准拥有关键核心技术，科技创新能力突出，主要依靠核心技术开展生产经营的企业。因此，多家背靠高等科研院所的科创企业，已凭借先天优势率先“跑步进场”。自科创板正式开板以来，已有5家（数据统计截至2019年11月28日）科研院所申报企业经科创板上市委会议审议通过，即将或已经成功发行。这些企业在科技创新能力上是否表现出超越一般的水平？在上市过程中又面临哪些共性问题？

针对上述问题，首先，本文从企业的专利数量、研发人员数量、研发投入情况等方面对5家通过审议的科研院所申报企业进行分析，以便对其技术先进性问题作进一步探讨。其次，本文将通过对上市委与各企业之间问询反馈意见的研究，寻找出该类企业在科创板上市中急需特别关注的重点问题。

一、科研背景之比拼

本文主要研究的5家科研院所申报企业分别为国盾量子、中国电研、西部超导、科前生物与铂力特。这5家企业均是“来头不小”，科研背景尤为突出。具体而言，此类企业与科研院所的关系大致分为三类：一是由科研院所直接或间接控股；二是由科研院所改制而来；三是在技术与人员方面与科研院所存在紧密的合作关系。

第一类典型企业包括国盾量子与西部超导。其中，国盾量子是量子通信产业化的开拓者、实践者和引领者。公司法人股东中科大资产经营有限责任公司与自然人股东彭某某、程某某、柳某某、于某某、费某某、冯某为一致行动人，合计控制公司 53.58% 股权，系公司实际控制人。其中，中科大资产经营有限责任公司由中国科学技术大学（以下简称中科大）100% 控股。

西部超导则由新三板"转场"而来。据招股说明书显示，西部超导是目前国内唯一的低温超导线材商业化生产企业，也是全球唯一的铌钛锭棒、超导线材、超导磁体的全流程生产企业。其前身由西北有色金属研究院（以下简称西北院）和超导国际于 2003 年共同出资设立。目前，西北院持有西部超导 25.19% 股份，为公司控股股东。

第二类典型企业则以中国电研为代表。该公司位于广州市海珠区，是国家首批转制科研院所，前身为始建于 1958 年的第一机械工业部广州电器科学研究所，长期从事电器产品环境适应性基本规律与机理研究。公司主要业务领域包括质量技术服务、智能装备、环保涂料及树脂，是国内电器领域领先的应用型研究机构和技术创新平台。

第三类典型企业包括科前生物与铂力特。其中，科前生物是一家专注于兽用生物制品研发、生产、销售及动物防疫技术服务的生物医药企业。华中农业大学（以下简称华中农大）通过其下属全资子公司华农资产公司持有科前生物股份，陈某某、金某某等 11 名自然人股东为华中农大现任教职员工或曾在华中农大任职。公司共取得 31 项新兽药注册证书和 43 件专利，其中 26 项新兽药注册证书和 16 件专利为公司与华中农大通过合作研发取得。

铂力特是一家专注于工业级金属增材制造（3D 打印）的高新技术企业，依托于西北工业大学凝固技术国家重点实验室而设立。该实验室是我国最早研发 3D 打印技术的单位之一，在金属高性能增材制造技术方面有着雄厚的科研底蕴与实力，为铂力特今后的发展奠定了坚实的技术基础。

总体而言，无论与科研院所存在何种联系，上述企业均具备浓厚的学术背景以及突出的技术优势。

二、技术先进性之体现

（一）专利数量情况

对于科创板企业来说，“是否掌握具有自主知识产权的核心技术”是评判其是否符合科创板定位的重要标准之一。一般而言，专利数量是衡量一家企业技术情况的直观指标之一。上述 5 家科创板企业拥有的专利数量情况如表 1 所示，其中 3 家企业拥有超过 100 件专利。

这 5 家企业的专利数量整体存在较大差异，其中，中国电研共有 451 项专利获得授权，显著领先于其他企业。相比而言，专利最少的科前生物目前共有 43 项授权专利。然而，授权专利数量与企业所处行业、企业自身特点具有一定关联性，虽然科前生物仅有 43 项授权专利，但是目前科创板企业中少见的专注于兽用生物制品研发和动物防疫技术服务的企业，行业地位领先，获得的 2 项国家科学技术进步奖二等奖、5 项国家重点新产品证书和 31 项新兽药注册证书均证明了企业的科技实力；[①] 而国盾量子则拥有 195 件专利著作权，其牵头、参与制定的国际标准、国家标准、行业标准及预研共 29 项，同样可见其在行业中的领先地位。

表 1　专利数量情况

排名	公司名称	专利数量（项）
1	中国电研	451
2	西部超导	325
3	国盾量子	195
4	铂力特	96
5	科前生物	43

（二）专利质量情况

相比于实用新型和外观设计专利，发明专利是企业知识产权中含金量相对较

① 参见《院士创立的疫苗企业科前生物要上科创板了》，载微信公众号“科创见闻”2019 年 3 月 23 日，https：//mp.weixin.qq.com/s/CDzU23ZK2lpGdNDzIwYQig。

高的一项，也更能体现企业的自主创新能力。表 2 列出的是上述 5 家企业的发明专利数量情况。

表 2　发明专利数量情况

序号	公司名称	发明专利数量（项）	占专利数量比例（%）
1	西部超导	222	68.31
2	中国电研	128	28.38
3	国盾量子	48	24.74
4	铂力特	35	36.46
5	科前生物	29	67.44

（三）研发人员情况

在研发人力上，上述 5 家企业中，国盾量子企业研发人员占总员工数量的比例接近 50%，其他大部分企业研发人员占比为 20%~40%，仅有中国电研的研发人员比例在 20% 以下。具体情况如表 3 所示。

表 3　研发人员占比情况

序号	公司名称	研发人员占员工数量比例（%）
1	国盾量子	48.50
2	铂力特	26.73
3	科前生物	22.15
4	西部超导	21.27
5	中国电研	15.15

一方面各企业之间研发人员的数量差别较大，另一方面该比例受到企业规模的影响，必须将两项指标结合观察。例如，中国电研拥有最多的研发人员，但由于生产员工超过 1000 人，导致研发人员比例较低。但总体而言，研发人员数量与企业规模呈正相关关系（见表 4）。

表 4　研发人员数量情况

序号	公司名称	研发人员数量（人）
1	中国电研	314
2	国盾量子	227
3	西部超导	164
4	科前生物	142
5	铂力特	116

（四）研发投入情况

在上述 5 家企业中，有 4 家企业的研发费用占营业收入的比重为 5%~10%，仅有国盾量子一家的研发费用占比达到 28.32%。研发费用占比的具体情况（2018 年数据）如表 5 所示。

表 5　研发费用占比情况

序号	公司名称	研发费用占比（%）
1	国盾量子	28.32
2	铂力特	8.79
3	西部超导	8.32
4	中国电研	7.67
5	科前生物	6.48

三、上市审议之重点

对于上述科研院所申报企业来说，与相关科研机构存在紧密联系在一定程度上也为企业在技术、人员、业务等方面的独立性带来风险。因此，上市委在审议该类企业时往往也对其与相关科研机构的关系予以特别关注。

（一）知识产权权属风险

对于科创企业来说，知识产权权属明晰是保证其具备持续良好的生产经营能力的重要前提，而相关科研机构对于申报企业的技术支持是否会带来一定的知识产权权属风险，也是上市委着重关注的问题之一。在上交所于 2019 年 3 月 29 日对科前生物下发的审核问询函中，第一个问题便指出，从历史沿革、人员情况以及资产情况看，公司与华中农大均存在密切联系。公司多项新兽药证书、专利技术虽与华中农大共同拥有，但无权许可第三方使用，也无权分享华中农大许可第三方使用获得的收益。故而请发行人结合公司股权结构、控制权归属以及华中农大在公司技术创新、生产经营、业务发展过程中所起的实际作用及未来影响，有针对性地揭示公司可能存在的具体风险。

例如，上交所于 2019 年 4 月 25 日对西部超导下发的审核问询函中，问题 7 指出，公司依托特种钛合金材料制备技术国家地方联合工程实验室、超导材料制备国家工程实验室等创新研发平台，开展新材料、新工艺、新装备等研发和工程化，请发行人披露：

1. 发行人的研发机制，核心技术的来源（生产一线、课题）。如为课题，说明发行人参与相关课题的情况，发挥的作用、研发成果归属。

2. 是否存在与西北院及其关联方（发行人及其控股子公司除外）共享研发成果、受让其研发成果或者在前述研发成果的基础上再研发的情形，如有，发行人与相关方对研发成果权属的约定、是否存在纠纷及双方对研发投入的划分。

3. 发行人对西北院及其关联方的研发体系或者研发能力是否存在依赖，发行人的研发实力是否足以支撑其业务发展和行业领先地位及依据。

（二）核心技术人员稳定性风险

核心技术人员对于科创企业来说，可谓灵魂人物。因而，确保核心技术人员的稳定性也是保证企业长足稳定发展的关键。例如，在上交所对国盾量子下发的首次审核问询函中要求披露，潘某某放弃第一大股东、并委托科大控股行使表决权的具体原因，潘某某的个人履历、历史上在发行人处的任职情况，与发行人董事、高级管理人员、核心技术人员、研发团队的关系，对于发行人的核心技术、生产经营方面的作用，潘某某放弃表决权且不在发行人处任职对于发行人的生产经营及技术研发是否存在重大不利影响。

再如，在上交所对科前生物下发的首次审核问询函中，要求保荐机构、发行人律师核查说明：公司原总经理张某某报告期内是否兼任华中农大科学技术发展研究院副院长及其任职原因、在华中农大分管的具体工作，此前是否有在华中农大求学或任职的经历，担任公司总经理前是否在发行人处任职及其工作具体内容，公司任职期间是否参与核心产品与技术的研发、管理工作，2018 年离职后去向，并就其担任公司总经理是否为华中农大或华农资产公司委任或指派，其离职是否对发行人生产经营造成不利影响发表明确意见，说明依据和理由。

四、结语

对于科研院所申报企业来说，其拥有的深厚学术背景与强大技术来源支撑是其申报科创板的先天优势。但从企业独立性角度出发，与相关科研机构存在紧密联系，也有可能产生一定的风险。因此，在业务、技术、人员、资产等方面，申报企业应当具备独立的生产经营能力、自主研发与科技创新的能力以及相对独立的人员机构设置，从而避免在上市道路上遇阻。

科创板医药行业上市的知识产权关注要点

——知识产权权属要明晰

齐宝鑫　池振华　龚未云　方　洪

自科创板首批公司正式上市以来，科创板已开板近半年。截至 2019 年 12 月 9 日，共有 181 家企业提出科创板上市申请，并有 70 家企业成功登陆科创板发行上市。根据最新的分行业数据汇总（见图 1），医药行业是科创板非常重要的行业，70 家成功挂牌上市的企业中共有 16 家与医药行业相关，占比达到 22.86%（见表 1）。其中，8 家属于医药制造业，7 家医疗器械企业属于专用设备制造业，还有一家上海美迪西生物医药股份有限公司属于研究和试验发展行业。

在科创板申报及上市企业中，医药行业也越来越获得市场的重视。本文将对在医药行业的上市准备过程中，有哪些知识产权方面的关注要点进行论述。因篇幅有限，本次主要以申联生物及安翰科技为例，探讨医药行业企业申报科创板之路上知识产权权属问题的重要性。

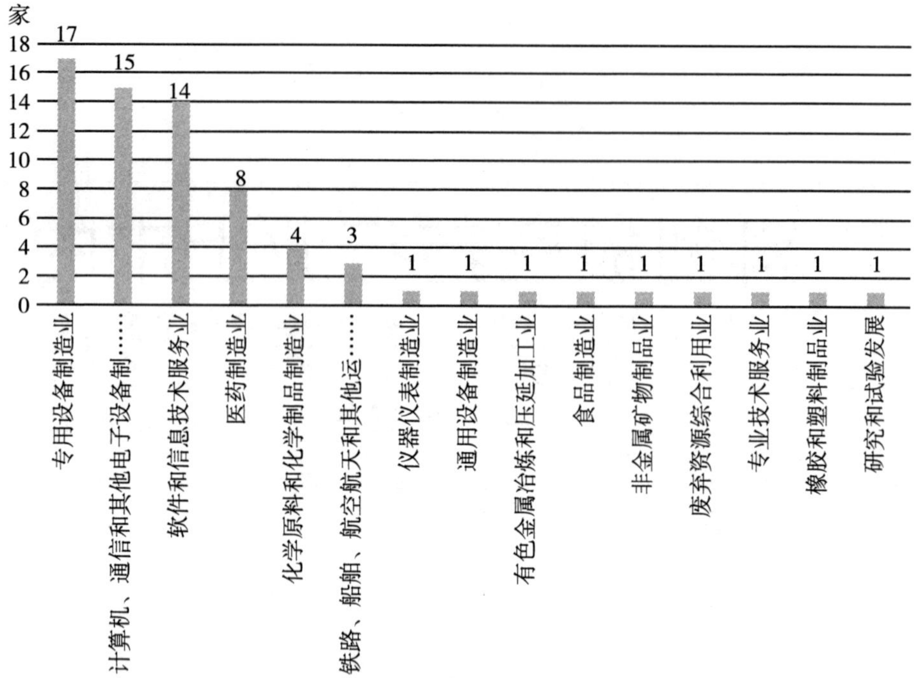

图 1　科创板挂牌企业行业分布

表 1　16 家已挂牌上市的科创板医药企业

序号	企业名称	证监会行业
1	博瑞生物医药（苏州）股份有限公司	医药制造业
2	江苏硕世生物科技股份有限公司	医药制造业
3	上海昊海生物科技股份有限公司	医药制造业
4	华熙生物科技股份有限公司	医药制造业
5	申联生物医药（上海）股份有限公司	医药制造业
6	北京热景生物技术股份有限公司	医药制造业
7	深圳微芯生物科技股份有限公司	医药制造业
8	深圳普门科技股份有限公司	医药制造业
9	上海美迪西生物医药股份有限公司	研究和试验发展
10	赛诺医疗科学技术股份有限公司	专用设备制造业
11	迈得医疗工业设备股份有限公司	专用设备制造业

续表

序号	企业名称	证监会行业
12	无锡祥生医疗科技股份有限公司	专用设备制造业
13	青岛海尔生物医疗股份有限公司	专用设备制造业
14	南京微创医学科技股份有限公司	专用设备制造业
15	上海微创心脉医疗科技股份有限公司	专用设备制造业
16	北京佰仁医疗科技股份有限公司	专用设备制造业

对于科创板企业来说，其科创属性着重体现在知识产权方面。因此，上市委对于申报企业的知识产权权属也格外关注，要求其不存在重大权属纠纷，以防止对企业未来发展产生较大不确定性或对经营活动造成重大不利影响。

一、申联生物：与专利授权及技术支持相关的权属纠纷

以成功挂牌上市的申联生物为例，其与大股东 UBI 就专利等核心技术曾发生多次纠纷或诉讼，具体的案件类型包括：

1. 公司作为原 / 被告的诉讼案件：（1）公司解散纠纷；（2）商业秘密纠纷；（3）技术合同纠纷。

2. 公司作为第三人的诉讼案件：专利权无效行政纠纷。申联生物的招股说明书披露，公司与 UBI、联亚生技 2015 年 12 月 30 日签订《关于“猪合成肽口蹄疫疫苗”及其延伸技术的技术费协议》，约定公司 2015~2019 年每年向 UBI 及联亚生技支付 985.00 万元。2019 年 1 月，公司与 UBI 签署《专利转让协议》及《专利增加权利人以及使用范围划分协议》，UBI 将其在中国境内全部与动物口蹄疫疫苗相关的专利或专利使用范围无偿转让给申联生物。

上市委在首次问询函中即要求发行人补充披露：（1）2015 年、2019 年与 UBI 签署上述协议的原因、背景情况及协议主要内容；（2）上述协议约定价款的实际支付情况；（3）目前相关协议中的专利是否为公司与 UBI 共有，UBI 是否可以授权第三方使用该专利，是否需要获得发行人同意；（4）UBI 拥有的猪口蹄疫合成肽疫苗相关技术对公司核心技术形成的作用、对公司目前主要产品的影响和贡献；（5）发行人与 UBI 存在纠纷的核心技术相关专利是否仅限于已转让给发行人或将发行人作为共同专利权人的这 5 项专利，发行人与 UBI 的技术纠纷是否已

彻底解决。

上市委还同时要求发行人说明：（1）UBI与发行人之间历史上关于专利等核心技术的纠纷或诉讼的完整情况，该纠纷或诉讼对发行人研发和生产经营的影响，发行人相应的解决措施，以及目前的最新状态；（2）结合双方就技术纠纷达成的协议及实际履行情况、UBI出具的相关确认书或承诺等，说明发行人与UBI之间是否仍存在纠纷，UBI是否仍可能追究发行人及其董事、高管的相关法律责任，并提供相关依据；（3）发行人对UBI技术是否存在依赖。

综合看来，上市委主要关注的问题在于：

1. 共有专利或通过转让获得的专利是否存在纠纷；

2. 存在纠纷的专利是否与公司核心技术相关；

3. 关于核心技术专利的纠纷对公司研发和生产经营的影响；

4. 公司采取何种应对专利纠纷的措施，效果如何；

5. 未来是否还存在产生纠纷的可能；

6. 对他人技术是否存在依赖。

对此，申联生物作出如下回应：

1. 关于共有专利及已转让专利的情况。发行人为"用于口蹄疫的合成肽疫苗""用于口蹄疫的合成肽疫苗""用于口蹄疫的合成肽疫苗""针对口蹄疫（FMD）的基于合成肽的紧急疫苗"4项专利的唯一权利人，UBI无权授权第三方使用上述4项专利；就与UBI共有的"人工T辅助细胞表位作为合成肽免疫原的免疫刺激物"专利，在动物口蹄疫疫苗领域，UBI无权使用，也无权授权第三方使用。

2. 关于产生纠纷的专利与核心技术的关系。公司技术发展经历了技术引进、技术吸收消化、技术独立创新三个阶段，UBI拥有的猪口蹄疫合成肽疫苗相关技术对公司前期发展具有重要贡献。2007年2月UBI终止对公司技术支持之后，公司根据我国猪口蹄疫疫情的流行情况，重新考虑抗原设计思路，设计出适合我国疫情特点的新产品。目前，发行人已独立掌握多项口蹄疫合成肽疫苗核心技术及多项储备技术，并在自主研发创新过程中以原始申请注册方式取得17项发明专利、40项实用新型专利。2014年研发出三组新产品至今，公司均通过使用自行独立研发的专利、核心技术进行生产经营。

3. 关于涉及纠纷的专利技术现状。根据发行人与UBI的各自说明，发行人与UBI存在纠纷的核心技术相关专利仅限于已转让给发行人或将发行人作为共同专利权人的5项专利，且UBI在中国境内与动物口蹄疫疫苗相关的专利仅为上述5项，发行人与UBI的技术纠纷已经彻底解决。

4. 关于专利技术纠纷解决措施、最新状态。在发行人与UBI于2015年12月30日签署完成《关于“猪合成肽口蹄疫疫苗”及其延伸技术的技术费协议》后，发行人及其实际控制人与UBI历史上产生的纠纷得到彻底解决，且此后亦不再涉及发行人或其实际控制人与UBI之间的新增纠纷及诉讼情况，不存在影响公司治理和日常经营的潜在纠纷和不利因素。

5. 关于上述专利技术纠纷对发行人研发和生产经营的影响。尽管发行人与UBI的前述纠纷及诉讼耗费了发行人大量的时间、精力、物力，但该等纠纷及诉讼已经彻底解决，且并未对发行人的技术研发与生产经营产生重大不利影响。发行人在纠纷解决过程中，成功研发并取得相关疫苗的生产批准文号，实现疫苗产品产业化生产和销售，并不断对生产工艺进行完善、改进；2014年成功研发出三组新产品，不再使用UBI相关专利，拥有了独立、完整的口蹄疫合成肽疫苗的知识产权。

6. 关于未来发生专利技术纠纷的可能性。根据发行人与UBI的说明及上述协议的实际履行情况，发行人与UBI分别于2014年和2015年签署的相关技术协议已彻底解决了发行人与UBI之间的历史纠纷，发行人与UBI之间已经不存在任何纠纷，不存在UBI据此追究发行人及其董事、监事、高管的相关法律责任的可能。

7. 关于是否存在技术依赖。发行人目前已取得生产经营所需的所有专利和技术，对与生产经营所需的所有专利和技术拥有所有权，专利技术独立完整，目前与生产经营所需的专利和技术不存在为UBI所有的情况。发行人目前生产及销售的猪口蹄疫合成肽疫苗未使用UBI的相关专利技术，发行人不存在对UBI技术的依赖。

二、安翰科技：专利侵权纠纷

除了像申联生物这样因专利授权或技术合作而产生权属纠纷的情形外，科创板企业还有可能牵涉重大的专利侵权纠纷。

以前不久主动撤回上市申请的安翰科技为例，其因深陷与重庆金山的多起专利诉讼而于2019年11月25日主动撤回上市申请。事实上，此前上市委已对该问题进行重点问询。如第三次问询函中，上市委提出，2019 年 5 月 20 日，公司自重庆市第一中级人民法院取得《民事起诉状》，重庆金山医疗器械有限公司、重庆金山科技（集团）有限公司以公司侵犯其专利权为由，分别向重庆市第一中级人民法院提起诉讼。请发行人进一步说明：上述诉讼的进展情况，诉讼对发行人生产经营的影响，以及上述诉讼对本次发行上市的影响。

在第五次问询函中，上市委要求发行人补充披露核心技术是否存在重大权属纠纷。同时要求发行人说明：发行人认为专利诉讼涉及的 8 项专利与公司核心技术无关的依据；列表说明发行人产品所用的所有专利具体情况，其中属于核心技术相关专利的予以特别标注并说明认定为与核心技术相关专利的依据。

由此看来，上市委关注的重点同样与核心技术相关，即：

1. 专利诉讼对公司生产经营及发行上市的影响；

2. 核心技术是否存在重大权属纠纷；

3. 涉诉专利是否与核心技术相关，如认为无关，则需提供充分的依据进行说明。

对此，安翰科技作出如下回应：

1. 关于专利诉讼的基本情况。公司认为被诉侵权产品均不落入重庆金山涉案专利的保护范围，且涉案专利有较大可能性被宣告无效。此外，公司已针对上述诉讼采取相应的救济措施：（1）向重庆市第一中级人民法院提起针对重庆金山的恶意诉讼损害赔偿之诉；（2）就 8 项涉案专利向国家知识产权局提起无效宣告请求。

2. 关于专利诉讼对公司生产经营及发行上市的影响。根据中伦专利律师出具的法律意见书，基于在上述专利侵权诉讼八案的诉讼请求和现有证据，重庆金山索赔的依据和理由并不充分，故发行人被诉侵权产品对重庆金山涉案专利构成侵权的可能性非常低，且发行人已采取了积极的应诉措施。根据发行人的说明并经律师现场走访，在采取积极应诉措施的同时，发行人的生产经营活动未受实际影响，各项工作仍正常开展。并且，发行人的实际控制人已就上述专利纠纷可能带来的赔偿风险出具了相关承诺函。

3. 关于核心技术是否存在重大权属纠纷。公司核心技术涵盖精准磁控、专用芯片、人工智能、智能制造、微光学成像、图像处理、无线传输等多个领域，发行人及其下属公司拥有上述核心技术相关专利权及计算机软件著作权，发行人及其下属公司是核心技术相关专利申请的申请人，核心技术相关专利及其他技术权属清晰，未设定质押担保或其他权利限制。根据发行人的说明并经本所律师在国家知识产权局网站、百度、中国裁判文书网、中国执行信息公开网等网站进行查询，截至目前，发行人的核心技术不存在重大权属纠纷。

4. 关于涉诉专利与核心技术的相关性。发行人专利诉讼涉及的 8 项专利与公司核心技术无关。根据发行人提供的包括被诉侵权产品相关技术信息、注册检验信息和销售信息等相关案件材料，专利检索咨询中心出具的 8 份授权专利检索报告、国威鉴定中心出具的 8 份鉴定报告、中伦专利律师及上海市方达（北京）律师事务所出具的专项法律意见，以及国家知识产权局网[①]检索的上述 8 项专利的公开信息，重庆金山涉案专利的具体内容与发行人被诉侵权产品所涉及的内容存在显著不同，故上述专利诉讼涉及的 8 项专利与发行人核心技术无关。

从安翰科技撤回上市申请的公告来看，截至 2019 年 11 月 20 日，国家知识产权局对重庆金山 6 项涉案专利的决定为“宣告专利全部无效”。安翰科技表示，针对剩余 2 项维持有效专利的诉讼将会继续进行，并且针对重庆金山提起的“因恶意提起知识产权诉讼损害责任纠纷”的诉讼也将继续进行。尽管安翰科技对专利诉讼胜诉有十足的把握，但鉴于相关诉讼涉及公司主营业务，且诉讼周期较长，预计无法在审核时限内彻底解决上述诉讼事项，公司决定主动撤回首次公开发行股票并在科创板上市的申请。

三、总结

知识产权权属清晰是科创板企业上市的重要条件之一。《上海证券交易所科创板企业上市推荐指引》中提出判断企业是否符合科创板定位的 6 项标准，其中第 1 项便是，是否掌握具有自主知识产权的核心技术，核心技术是否权属清晰、是否存在重大权属纠纷。这一点在《科创板首次公开发行股票注册管理办法（试行）》《上海证券交易所科创板股票上市规则》等多项文件中亦被反复强调。究其根源，科创板企业的核心竞争力与其所拥有的知识产权存在直接关联，其中尤以专利为关键。因此，知识产权一旦出现权属纠纷，往往会对企业的核心竞争力、持续经营能力、经营活动及未来发展产生直接影响，从而阻碍其上市之路。

---

① 国家知识产权局网：http：//cpquery.sipo.gov.cn/。

而从医药行业的特殊性来说，药品或医疗器械相关专利往往是企业核心技术之所在，与公司的主营业务收入亦存在紧密关联。因此，上市委通常会关注企业是否存在专利诉讼等知识产权纠纷，并且尤其关注涉案专利是否与公司核心技术相关，是否会对公司生产经营产生重大不利影响。申联生物与安翰科技虽在冲击科创板的道路上走向了截然不同的终点，但它们面临的问题确有相通之处，也为后继者提供了可借鉴的宝贵经验。

医药篇

疫情在线

——药品专利强制许可或将突破"零实践"

齐宝鑫　池振华　常　澄　龚未云　朱乐雯　方　洪　郭泰瑜

2020 年 1 月 31 日，顶级医学期刊《新英格兰医学》刊发了一篇新型冠状病毒肺炎的诊断治愈案例。美国首位确诊患者在一种名为"Remdesivir"（中译名为"瑞德西韦"）的药物帮助下，临床症状得到改善。据此该药被认为可能对新型冠状病毒感染肺炎有效，这一利好消息对目前仍在与疫情抗击的人们来说无疑是一针强心剂。

2020 年 2 月 4 日，国家卫健委召开新闻发布会称，"瑞德西韦"预计会在当日下午抵达中国，国家药监局已经受理北京中日友好医院和中国医学科学院的申请，同意开展治疗新型冠状病毒感染肺炎的临床试验。[①] 届时，若该药物真的通过试验被证明有效，但因其专利权被医药企业把控，势必将导致价格高昂且供不应求。在疫情十分紧急的情况下，有关部门是否会突破公权与私权的原有界限，打破我国药品专利强制许可制度"零实践"的现状？

一、药品专利强制许可的国际经验与借鉴

药品是一种关系到公众健康的特殊商品，药品知识产权过度保护带来的垄断必然抬高药品的价格，降低药品的可及性。故出于对公共利益的保护，防止专利

① 参见《中日友好医院：在武汉牵头开展瑞德西韦治疗新冠病毒临床研究》，载澎湃网 2020 年 2 月 2 日，https：//www.thepaper.cn/newsDetail_forward_5738029。

人滥用专利权，2003 年世界贸易组织（World Trade Organization，WTO）在《TRIPs 协定与公共健康多哈宣言》（以下简称《多哈宣言》）赋予了世界贸易组织成员可使用药品专利强制许可的权利，即“WTO 知识产权第 31 号条款”。该条款规定，若成员方面临紧急状态，且不为商业用途时，无须与拥有专利权者协商，只需在合理的实际情况允许下“告知”拥有专利权的厂商，便可使用此专利。同时，《多哈宣言》也明确指出当成员方处于诸如艾滋病、疟疾、结核病和其他流行病造成的公众健康危机时，即构成可以实施药品专利强制许可的“紧急状态”。

除国际条约外，许多国家的专利制度中也有关于药品强制许可的规定，并且已经在实践中真正适用。

（一）美国“西普洛”强制许可案

2001 年“9·11 事件”之后，炭疽疫情在美国暴发，针对炭疽病毒的有效药“西普洛”（Cipro）的专利权人是德国的拜耳公司。炭疽恐慌使美国民众呼吁对该药品专利实施强制许可，但美国最终以“强制许可”为筹码，通过与拜耳公司的多次谈判，迫使拜耳公司降低了 50% 的药价来平息这次危机。

（二）印度“多吉美”强制许可案

电影《我不是药神》的公映，让印度仿制药走进国内大众视野。事实上，印度仿制药的盛行得益于其宽松的专利法律体系，1970 年的印度专利法规定，药品只授予方法专利，不授予产品专利，对在印度获得专利的药品以不同的方法进行仿制是合法的。在药品专利的强制许可方面，印度仅有过一次实践。2012 年 3 月 12 日，印度行使强制许可，授予其本土制药公司 Natco Pharma 仿制及销售德国制药商拜耳公司抗癌药物“多吉美”（Nexavar）的权利。

（三）经验借鉴

综上所述，很多国家在公共利益受到威胁的时候都会采取强制许可的办法，但实践中都非常谨慎，大多更倾向于将“强制许可”作为谈判的筹码，通过与专利权人协商来达到降价或授权生产的目的，从而满足民众对药物可及度的需求。一种新药的研发到上市，可能要耗费一家药企数年、数十年的时间，资金投入更是天文数字，还要承担研发失败的后果。政府实施强制许可会极大地削弱创新药企药品研发的积极性，如果实施不当，还会导致国际纠纷和贸易摩擦，甚至使“用不起高价药”演变为“无药可用”。

二、我国关于药品专利强制许可的相关规定及适用

药品专利强制许可，是指专利行政部门依照专利法规定，不经药品专利权人同意，直接允许其他单位或个人实施其发明创造的一种许可方式，又称“非自愿许可”。专利强制许可是专利授权的一种特殊情况，旨在防止专利人滥用专利权，并达到专利权与公共利益之间的平衡。

（一）我国药品专利强制许可的相关规定

我国《专利法》第 49 条规定，在国家出现紧急状态或者非常情况时，或者为了公共利益的目的，国务院专利行政部门可以给予实施发明专利或者实用新型专利的强制许可。

2012 年国家知识产权局公布的《专利实施强制许可办法》第 6 条规定，在国家出现紧急状态或者非常情况时，或者为了公共利益的目的，国务院有关主管部门可以根据《专利法》第 49 条的规定，建议国家知识产权局给予其指定的具备实施条件的单位强制许可。

2018 年 3 月 21 日，国务院办公厅发布了《关于改革完善仿制药供应保障及使用政策的意见》（以下简称《意见》）明确提出要依法分类实施药品专利强制许可，提高药品可及性。《意见》指明：

第一，要鼓励专利权人实施自愿许可。

第二，具备实施强制许可条件的单位或者个人可以依法向国家知识产权局提出强制许可请求。

第三，在国家出现重特大传染病疫情及其他突发公共卫生事件或防治重特大疾病药品出现短缺，对公共卫生安全或公共健康造成严重威胁等非常情况时，为了维护公共健康，由国家卫生健康委员会会同工业和信息化部、国家药品监督管理局等部门进行评估论证，向国家知识产权局提出实施强制许可的建议，国家知识产权局依法作出给予实施强制许可或驳回的决定。

（二）我国药品专利强制许可的适用

1. 药品专利强制许可的适用前提

启动专利强制许可程序并最终适用该制度的条件是“在国家出现紧急状态或者非常情况时，或者为了公共利益的目的”。具体到药品专利领域，主要指“国家出现重特大传染病疫情及其他突发公共卫生事件或防治重特大疾病药品出现短缺，对公共卫生安全或公共健康造成严重威胁等非常情况时”。为应对此次突然暴发的新型冠状病毒感染肺炎，全国 31 个省份已启动重大突发公共卫生事件一级响应。根据国务院发布的《国家突发公共卫生事件应急预案》，一级响应对应“特别重大突发公共卫生事件”，为最高级别的“突发公共卫生事件”，包含“国务院卫生行政部门认定的其他特别重大突发公共卫生事件”。同时，世界卫生组织已于 2020 年 1 月 30 日宣布，新型冠状病毒肺炎构成“国际公共卫生紧急事件”。因此，无论是基于突发公共卫生事件的非常情况，还是在药品出现短缺时为了公共利益目的，启动专利强制许可，提供急需药品给大量患者，均系符合法定条件与立法目的的行为。

2. 药品专利强制许可的启动方式

我国的药品专利强制许可程序可通过两种方式启动：一是由具备实施强制许可条件的单位和个人依法向国家知识产权局提出强制许可请求；二是由国务院有关主管部门，即国家卫生健康委员会会同工业和信息化部、国家药品监督管理局等部门向国家知识产权局提出实施强制许可的建议。

3. 药品专利强制许可的申请与审查

根据我国《专利法》及《专利实施强制许可办法》的相关规定，若是由具备实施强制许可条件的单位和个人提出请求强制许可，应当提交强制许可请求书，列明请求人详细信息、请求给予强制许可的有关专利详细信息以及请求给予强制许可的理由、事实和期限等内容；若是由国务院有关主管部门提出强制许可建议，应当指明“国家出现紧急状态或者非常情况，或者为了公共利益目的需要”的前提、建议给予强制许可的专利详细内容、专利权人相关信息、期限以及指定的具备实施条件的单位详细信息等内容。国家知识产权局受理强制许可请求，应当及时通知专利权人，专利权人可以自收到通知之日起 15 日内陈述意见。

国家知识产权局应当对请求人陈述的理由、提供的信息和提交的有关证明文件以及专利权人陈述的意见进行审查，必要时可为请求人或专利权人举行听证。

4. 药品专利强制许可的决定与救济

关于给予强制许可或驳回相应请求或建议的决定，由国家知识产权局听取双方意见并综合各方面情况后作出。国家知识产权局作出决定前，应当通知请求人及专利权人拟作出的决定及其理由，双方当事人可以自收到通知之日起 15 日内陈述意见。

专利权人对国家知识产权局关于实施强制许可的决定不服的，可以自收到通知之日起 3 个月内向人民法院起诉；也可根据行政复议法的有关规定，自收到通知之日起 60 日内向有关部门提出行政复议的请求。

三、药品专利强制许可实施面临的问题

WTO 组织下的 TRIPs 协议明确宣布知识产权是私权，医药专利毫无疑问也是私权；与之相对，公共健康权则是一种基本人权。药品专利强制许可制度是为了平衡专利的私权属性与公共健康的制度，既可以实现对健康权这一基本人权的保护，又可以补偿专利权人以此维护专利权人的合法权益。

综观我国关于专利强制许可的法律规定，若要实施药品专利强制许可，仍面临以下几个问题：

第一，专利许可使用费不够明确。

我国《专利法》第 57 条规定，取得实施强制许可的单位或者个人应当付给专利权人合理的使用费。《专利法实施细则》以及《专利法实施强制许可办法》中，也并未找到关于“合理使用费”的明确标准。例如，联合国开发计划署曾建议发展中国家强制许可使用费为使用专利所获销售利润的 5% 左右；前述的印度“达菲”仿制药案例中，Natco Pharma 需要支付给拜耳公司 6% 的专利使用费，同时为了确定净销售额，Natco Pharma 需每季向专利局局长和拜耳公司报告销售细节，留存销售账户在内的相关记录。

故若要适用专利强制许可制度，应提高强制许可使用的可预测性，明确专利补偿标准，在“不过分损害专利权人的合法权益”与“鼓励药品专利强制许可申请人提出申请的积极性”中达成平衡。

第二，药品专利强制许可流程烦琐，耗时过长。

药品专利强制许可审批手续复杂，流程冗长，涉及国家卫生健康、工业和信

息、国家药品监督管理以及国家知识产权管理等多个行政主管部门，完整的强制许可程序会耗费几个月甚至更长的时间。然而，公共健康危机通常具有紧迫性，如本次新冠肺炎疫情于一两周内在全国暴发，数量激增的患者急需大量有效治疗药物，即使出现特效药，采取强制许可的时间成本也过高。在类似情形下，若想通过实施强制许可提高药物的可及性，更好地控制疫情，必须为药品专利强制许可开辟一条“绿色通道”，缩短相关期限。

第三，要保证仿制药品质量，配套完善药品管理体制。

本文所指仿制药品，为经专利强制许可后生产出来的具有与原研药品相同的活性成分、剂型、规格、适应证、给药途径和用法用量的原料药及其制剂，但强制许可授权生产的药品具有公共目的性，利润有限，仿制药品生产商还要支付给专利权人一定的专利使用费用。在此等情况下，对仿制药品的质量保障，也是实施药品强制许可应当考虑的问题之一。在 2018 年 3 月 21 日国务院办公厅发布的《意见》中，重点提及应提升仿制药质量疗效。《意见》指出：要加强药品质量监管。加快建立覆盖仿制药全生命周期的质量管理和质量追溯制度。加强对药物研发、生产、流通及使用过程的监督检查，加强不良反应监测和质量抽查，严肃查处数据造假、偷工减料、掺杂使假等违法违规行为，强化责任追究，检查和处罚结果向社会公开。必须保证仿制药品上市以后生产质量的稳定，提供安全有效、质量可控、价格可及的救命药品。

四、总结

突然暴发的新型冠状病毒感染肺炎，已经符合我国专利法中规定的“非常情况”的条件。若日后出现针对新冠病毒的特效药，且其价格合理，能够大量生产满足国内以至全球范围内的治疗需求，那自然是皆大欢喜。若持有专利权的相关公司产能不足，或药品价格偏高，为了公共利益的需要，则可适用药品专利的强制许可制度。即由国务院有关部门建议，国家知识产权局依法实施强制许可，授予我国有能力生产相关药物的企业批量生产的权利，以应对这场来势汹汹的疫情。同时，也要注意公权与私权的平衡，在保护公共利益的同时，也要尽可能地维护专利权人的合法权益，避免专利强制许可制度带来的负面影响。

在这场没有硝烟的战争中，我国的科研团队争分夺秒，积极开展药物开发、疫苗研制工作，全球多家科研机构和制药公司也纷纷致力于研发新型冠状病毒疫苗和治疗药物。我们期待有效药物早日研发成功，并预测药品专利的强制许可制度，有可能在将来起到满足药品可及性的关键作用。

“抗2019新型冠状病毒的用途”专利申请的法律分析

齐宝鑫　池振华　常　澄

新型冠状病毒肆虐，全国31个省份已启动重大突发公共卫生事件一级响应，应对此次突然暴发的新型冠状病毒感染肺炎。“抗2019新型冠状病毒”牵动着亿万国人的心。

2020年2月4日，中国科学院武汉病毒研究所（以下简称武汉病毒研究所）发布消息称：“对在我国尚未上市，且具有知识产权壁垒的药物瑞得西韦，我们依据国际惯例，从保护国家利益的角度出发，在2020年1月21日申报了中国发明专利（抗2019新型冠状病毒的用途），并将通过PCT（专利合作协定）途径进入全球主要国家”①（见图1）。一石激起千层浪，该消息一出，旋即引发了舆论的热议。为此，笔者将仅就“抗2019新型冠状病毒的用途”能否在中国申请发明专利作简要法律分析。

① 参见《我国学者在抗2019新型冠状病毒药物筛选方面取得重要进展》，载中国科学院武汉病毒研究所网2020年2月4日，http://www.whiov.ac.cn/kyjz_105338/202002/t20200204_5497136.html?from=timeline&isappinstalled=0。

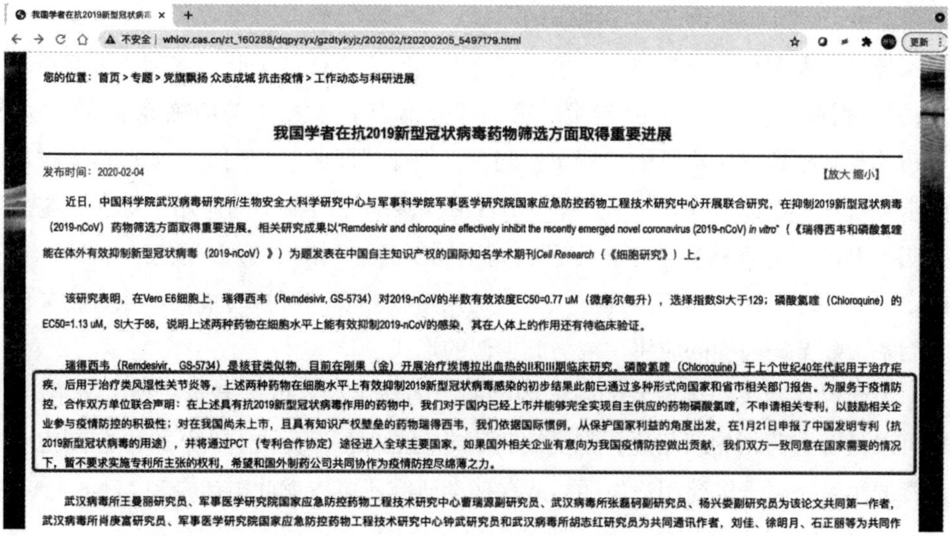

我国学者在抗2019新型冠状病毒药物筛选方面取得重要进展

whiov.cas.cn/zt_160288/dqpyzyx/gzdtykyjz/202002/t20200205_5497179.html

您的位置：首页 > 专题 > 党旗飘扬 众志成城 抗击疫情 > 工作动态与科研进展

我国学者在抗2019新型冠状病毒药物筛选方面取得重要进展

发布时间：2020-02-04 【放大 缩小】

近日，中国科学院武汉病毒研究所/生物安全大科学研究中心与军事科学院军事医学研究院国家应急防控药物工程技术研究中心开展联合研究，在抑制2019新型冠状病毒（2019-nCoV）药物筛选方面取得重要进展。相关研究成果以“Remdesivir and chloroquine effectively inhibit the recently emerged novel coronavirus (2019-nCoV) *in vitro*”（《瑞得西韦和磷酸氯喹能在体外有效抑制新型冠状病毒（2019-nCoV）》）为题发表在中国自主知识产权的国际知名学术期刊*Cell Research*（《细胞研究》）上。

该研究表明，在Vero E6细胞上，瑞得西韦（Remdesivir, GS-5734）对2019-nCoV的半数有效浓度EC50=0.77 uM（微摩尔每升），选择指数SI大于129；磷酸氯喹（Chloroquine）的EC50=1.13 uM，SI大于88，说明上述两种药物在细胞水平上能有效抑制2019-nCoV的感染，其在人体上的作用还有待临床验证。

瑞得西韦（Remdesivir，GS-5734）是核苷类似物，目前在刚果（金）开展治疗埃博拉出血热的II和III期临床研究。磷酸氯喹（Chloroquine）于上个世纪40年代起用于治疗疟疾，后用于治疗类风湿性关节炎等。上述两种药物在细胞水平上有效抑制2019新型冠状病毒感染的初步结果此前已通过多种形式向国家和省市相关部门报告。为服务于疫情防控，合作双方单位联合声明：在上述具有抗2019新型冠状病毒作用的药物中，我们对于国内已经上市并能够完全实现自主供应的药物磷酸氯喹，不申请相关专利，以鼓励相关企业参与疫情防控的积极性；对在我国尚未上市，且具有知识产权壁垒的药物瑞得西韦，我们依据国际惯例，从保护国家利益的角度出发，在1月21日申报了中国发明专利（抗2019新型冠状病毒的用途），并将通过PCT（专利合作协定）途径进入全球主要国家。如果国外相关企业有意向为我国疫情防控做出贡献，我们双方一致同意在国家需要的情况下，暂不要求实施专利所主张的权利，希望和国外制药公司共同协作为疫情防控尽绵薄之力。

武汉病毒所王曼丽研究员、军事医学研究院国家应急防控药物工程技术研究中心曹瑞源副研究员、武汉病毒所张磊砢副研究员、杨兴娄副研究员为该论文共同第一作者，武汉病毒所肖庚富研究员、军事医学研究院国家应急防控药物工程技术研究中心钟武研究员和武汉病毒所胡志红研究员为共同通讯作者，刘佳、徐明月、石正丽等为共同作

图 1

一、“抗 2019 新型冠状病毒的用途”能否申请中国专利？

武汉病毒研究所申报的发明专利并非瑞得西韦药物本身，而是药物的新用途［“在 2020 年 1 月 21 日申报了中国发明专利（抗 2019 新型冠状病毒的用途）”］，即瑞得西韦抗 2019 新型冠状病毒的用途。瑞得西韦的研制是为抗埃博拉病毒，用瑞得西韦抗新冠病毒是药品的新应用。那么，“抗 2019 新型冠状病毒的用途”能否申请中国专利？

实际上，在 19 世纪七八十年代，欧美就已经就医药领域专利保护客体，尤其是“老药新用”是否受专利法保护的问题展开了激烈的争论。反对者认为，这种用已知产品制药治疗另一种疾病的方案属于疾病的治疗方法，不具备工业实用性，不能授予专利权。支持者认为，这种方案可以授予专利，不应该排除在可专利性之外，专利法需要通过专利保护对发现新用途的制药公司给予激励，否则他们只会将精力放在开发新产品上，造成极大的浪费。

为了解决这一问题，瑞士人发明了一种特别的权利要求类型，即“瑞士型权利要求”（Swiss-type Claim）或称“瑞士型的用途权利要求”（Swiss-type Use Claim），是指覆盖某种已知的物质或化合物的第二种或随后的医学用途（或指征）的权利要求。因最早在瑞士工业产权局适用而得名，其一般的表述形式为“物质

A 在制备治疗疾病 B 的药物中的应用”。

与目前大多数国家类似，我国专利审查实践中也认可了此类权利要求撰写形式，《专利审查指南》（2017 年版）第二部分第十章第 4.5.2 节明确规定：……由于药品及其制备方法均可依法授予专利权，因此物质的医药用途发明以药品权利要求或者如“在制药中的应用”“在制备治疗某病的药物中的应用”等属于制药方法类型的用途权利要求申请专利，则不属于《专利法》第 25 条第 1 款第 3 项规定的情形。上述的属于制药方法类型的用途权利要求可撰写成如“化合物 X 作为制备治疗 Y 病药物的应用”或与此类似的形式。

由此可见，医药用途发明强调的是药品的新用途，可以是新药品的新用途，也可以是现有药品的新用途，都受到我国专利法保护。据此，“抗 2019 新型冠状病毒的用途”属于医药用途发明，武汉病毒研究所可以就此申请专利。

二、“抗 2019 新型冠状病毒的用途”能否获得中国专利授权？

我国《专利法》第 22 条规定：“授予专利权的发明和实用新型，应当具备新颖性、创造性和实用性。”如果是获得专利授权的新药物，其用途无疑具备新颖性。但瑞得西韦作为已知药物，其发明点不在于药品本身，而在于药品的新用途，因此审查新颖性实质上是审查的药品的新用途。如果申请保护的医药用途已在现有技术中公开或者等同公开，则不具备新颖性。

医药用途发明在新颖性满足的前提下，尤其还需要满足创造性的要求，《专利审查指南》第二部分第十章第 6.2 节规定：“对于已知产品的用途发明，如果该新用途不能从产品本身的结构、组成、分子量、已知的物理化学性质以及该产品的现有用途显而易见地得出或者预见到，而是利用了产品新发现的性质，并且产生了预料不到的技术效果，可认为这种已知产品的用途发明具备创造性。”

在分析医药用途发明相对于现有技术是否具备创造性时，不能仅比较二者描述的用途是否相同，还应分析二者的用途实质上是否存在联系。只有医药用途发明的技术效果，相对于现有技术产生“质”的变化，或者相对于现有技术产生“量”的变化超出本领域技术人员的想象，那么，该医药用途发明才会被认定为具备创造性。例如，沙利度胺主要应于治疗孕妇晨吐，但在其后的科研实验中发现该药还有治疗麻风病的作用。治疗孕妇晨吐与治疗麻风病，显然属于“质”上的变化，具备了创造性。

值得注意的是，吉里德科学公司（又称“吉利德公司”）持有的“瑞德西韦 Remdesivir”的核心基础专利（申请号：CN103052631B，发明名称：用于治疗副黏病毒科病毒感染的方法和化合物）已于 2015 年 11 月 25 日获得授权。此外，吉利德公司还在 2016 年 9 月 16 日将瑞得西韦用于治疗冠状病毒的用途申请了专利（申请号：CN108348526A，发明名称：治疗沙粒病毒科和冠状病毒科病毒感染的方法）。在该发明专利权利要求书第 70 项（见图 2、图 3），已经概括了所有抗冠状病毒的用途，而且提到冠状病毒科聚合酶被抑制的技术特征。“对于武汉病毒所的申请，判断该用途专利的创造性时，需要考虑 2019-nCoV 病毒种类与现有技术中已公开的副黏病毒、黄病毒、沙粒病毒、丝状病毒，尤其是同为冠状病毒的 SARS、MERS 的病毒种类相似性、治病机理是否一致、治疗活性是否突出、是否存在病毒的选择性差异、治疗不同病毒的副作用与剂量差异等因素。”①

因此，“抗 2019 新型冠状病毒的用途”的专利要获得授权就必须证明“抗新冠病毒新用途”具有新颖性、创造性，目前由于披露数据不足，还尚待进一步论证。

65.根据权利要求39-62中任一项所述的方法，其中所述冠状病毒科感染由冠状病毒科病毒引起。

66.根据权利要求39-62中任一项所述的方法，其中所述冠状病毒科感染由选自SARS、MERS、229E、NL63、OC43和HKU1的冠状病毒科病毒引起。

67.根据权利要求39-62中任一项所述的方法，其中所述冠状病毒科感染由SARS病毒引起。

68.根据权利要求39-62中任一项所述的方法，其中所述冠状病毒科感染由MERS病毒引起。

69.根据权利要求39-62中任一项所述的方法，其中冠状病毒科聚合酶被抑制。

70.根据权利要求39-62中任一项所述的化合物或其药学上可接受的盐或酯，用于治疗人类冠状病毒科病毒感染。

图 2

① 商建刚：《武汉病毒所申报瑞德西韦专利能成吗？》，载微信公众号“上海市法学会”2020 年 2 月 27 日，https：//mp.weixin.qq.com/s/dBzUJrj8xbY_0xHA8AZM5w。

[0128] 在另一个实施方案中，在有需要的人中治疗冠状病毒科感染的方法包括施用治疗有效量的药物组合物，所述药物组合物包含有效量的式I化合物或其药学上可接受的盐或酯与至少一种另外的治疗剂。

[0129] 在另一个实施方案中，该方法包括施用治疗有效量的组合药剂，其包含：a）第一药物组合物，其包含式I化合物或其药学上可接受的盐、溶剂合物或酯；和b）第二药物组合物，其包含至少一种对传染性冠状病毒科病毒具有活性的另外的治疗剂。

[0130] 在另一个实施方案中，本申请提供了抑制冠状病毒科RNA依赖性RNA聚合酶的方法，包括使感染冠状病毒科病毒的细胞与有效量的式I化合物或其药学上可接受的盐、溶剂合物和/或酯接触。

[0131] 在另一个实施方案中，提供了式I化合物或其药学上可接受的盐、溶剂合物和/或酯用于治疗由冠状病毒科病毒引起的病毒感染的用途。

图 3

三、总结

在目前我国专利法框架下，武汉病毒研究所可以就“抗 2019 新型冠状病毒的用途”申请医药用途发明专利，但专利授权必须要具备新颖性、创造性和实用性等条件。从目前已公开的资料看，吉利德公司已经申请了瑞德西韦的专利和抗病毒的用途专利，“抗 2019 新型冠状病毒的用途”是否可以获得专利授权尚待未来进一步判断。

医药行业广告乱象
——知识产权的错配

齐宝鑫　池振华　龚未云　方　洪

近年来，医药行业虚假广告被频繁曝光，但仍屡禁不止。从“白内障”的克星“莎普爱思”到“中华神药曹清华胶囊”，这些“神药”本身并无问题，不仅有正规的商标，也确实申请了相关专利。可以说，这些医药企业具备良好的知识产权意识，它们在广告宣传中涉及的虚假宣传等问题，实际上反映出企业决策中对知识产权资源的错配，名头打响了，产品研发却未跟进，专利也成为虚假宣传的幌子。本文将从案例入手，说一说医药行业广告中的“知识产权那些事儿”。

一、专利不明，假借宣传

根据静市监案处字〔2017〕第060201613958号行政处罚决定，中石化上海工程有限公司接受宁波星邦生化设备有限公司委托，在《化工与医药工程（2016/2）第37卷》封7“浩邦生物技术星邦生化设备”广告中，描述“旋流混合器及气升式发酵罐……新型节能气升式发酵罐（国家专利产品）”“……拥有优秀的专业团队和十多项国家专利技术”等涉及专利产品的未标明专利号和专利种类。

根据《广东省工商行政管理局2012年下半年违法广告公告》，西安阿房宫药业有限公司“薏辛除湿止痛胶囊”（广告中标示为“曹清华胶囊”）非处方药品广告未经审查擅自发布，且出现了“曹清华胶囊的专利成分，迅速剔除淤积系身体各个部位的痹毒，修复骨滑膜，令骨骼面恢复光滑，关节活动自如，所以对风湿骨病的治疗取得了十分显著的效果”“现在幸好有曹清华胶囊，买回来食左呢，我就上楼梯都好轻松，上得好快”等不科学的表示功效的断言和保证，并利用患者的名义和形象作证明，违反了我国《广告法》第14条、第34条的规定。

再有，贵州太和制药有限公司“平痔胶囊”非处方药品广告，未经审查擅自发布，且出现了“20年专利土方不开刀巧治痔疮、苗药四大保证、专治久治不愈的老痔疮、土方获专利痔疮不开刀就好，苗人有新方割痔疮不用刀”等不科学的表示功效的断言和保证，违反了我国《广告法》第14条、第34条的规定。

【案例评析】

根据我国1995年《广告法》第11条规定，广告中涉及专利产品或者专利方法的，应当标明专利号和专利种类。未取得专利权的，不得在广告中谎称取得专利权。禁止使用未授予专利权的专利申请和已经终止、撤销、无效的专利做广告。

因此，若是广告中提及药品获得专利，应当清楚标明专利号和专利种类，且相关专利必须是获得授权的有效专利。但以上案例中，专利只是一种宣传手段或一种名号，广告的重点在于以专利之名吸引乃至欺骗消费者。

以曹清华神药为例，在国家知识产权局网站上以“申请（专利权）人：曹清华”为关键词搜索，仅能查询到以下两条授权专利信息（见图1、图2），申请日分别在1995年与2005年。并且，专利CN95119515.8的相关权利已于2009年因未缴年费而终止。专利CN200510002294.2于2015年转让给广州康朝药业有限公司。换言之，所谓的曹清华神药并无专利背书，即使有，也已经是“过去时”。从某种角度上说，这类广告内容也属于虚假宣传。

□ 一种治疗关节炎的药物组合物 【授权公告】 同族：2 引证：4 被引：6

申请号：CN95119515.8

申请日：1995.12.18

公开（公告）号：CN1049596C

公开（公告）日：2000.02.23

申请（专利权）人：曹清华；

图 1

□ 一种治疗关节炎的药物组合物及其制备方法 【授权公告】 同族：2 引证：1 被引：0

申请号：CN200510002294.2

申请日：2005.01.20

公开（公告）号：CN1327886C

公开（公告）日：2007.07.25

申请（专利权）人：曹清华；景兴东；安玉华；

图 2

此外，根据我国《广告法》第 16 条的规定，医疗、药品、医疗器械广告不得有下列内容：（1）表示功效安全性的断言或者保证；（2）说明治愈率或者有效率的……但在被查出的虚假医药广告中，此类宣传语屡见不鲜，违背了“广告应当真实、合法”的法律要求。

二、虚假广告可入罪

对于虚假广告，除我国《广告法》进行规制以外，我国《反不正当竞争法》中亦有相关规定。根据该法第 8 条规定，经营者不得对其商品的性能、功能、质量、销售状况、用户评价、曾获荣誉等作虚假或者引人误解的商业宣传，欺骗、误导消费者。

此外，根据最高人民法院、最高人民检察院《关于办理危害药品安全刑事案件适用法律若干问题的解释》第 9 条规定，广告主、广告经营者、广告发布者违反国家规定，利用广告对药品作虚假宣传，情节严重的，依照《刑法》第 222 条的规定以虚假广告罪定罪处罚。

因此，虚假广告宣传是医药企业不得触碰的法律红线，严重者可构成虚假广告罪，需承担刑事责任。例如，在宁夏藏一医疗科技有限公司、李某某等生产销售伪劣产品罪、虚假广告罪一案中，原北京国投宇通国际商贸有限公司员工吴某某于 2012 年 7 月在滁州市成立滁州市快乐购商贸有限公司，以电视购物的方式销售平老太降压贴，再通过物流公司承运产品并代收货款。被告人吴某某明知该产品为医疗器械，仍委托北京国投宇通国际商贸有限公司的王某某、吴某章为其在山东教育电视台、甘肃卫视发布电视广告，以药品作虚假宣传诱导消费，并以 117 元 / 盒出售。该公司销售平老太疏经降压贴的违法所得为 1,633,176 元。被告单位滁州市快乐购商贸有限公司与被告人吴某某作为单位直接负责的主管人员，其行为均已构成虚假广告罪。

三、广告宣传费用挤占研发费

对于生物医药企业来说，广告宣传推广费用是其经营过程中的一大支出项。以申报科创板上市的生物医药企业为例，其中，昊海生科、苑东生物、特宝生物、华熙生物 4 家公司 3 年的广告宣传推广费已超亿元。昊海生科 2016~2018 年的广告宣传推广费合计约 7.35 亿元，暂居榜首。从该项费用占营业收入的比例来看，报告期内，苑东生物的广告宣传推广费占营业收入总和的 45.21%，遥遥领先于其他企业。[①]

各家公司纷纷在广告宣传推广上斥重资，在一定程度上也挤压了药品研发费用。在申报科创板的生物医药企业中，华熙生物、南微医学、昊海生科、东方基因这 4 家公司 2016~2018 年的研发费用总额占 3 年营业收入总额的比例在 6% 以下。另外，特宝生物 2016~2018 年的广告宣传推广费之和近研发费用总和的 6 倍，昊海生科、苑东生物、华熙生物 3 家分别为 3.36 倍、2.9 倍、1.27 倍。[②]

毫无疑问，在企业资金总量有限的情况下，过分重视广告投入，势必会影响新药新产品的研发。而就企业长期发展角度而言，核心技术后继无力将成为一大弱点。

---

① 参见《三年砸 7 亿搞推广，苑东生物成科创板“广告王”》，载新浪财经网 2019 年 6 月 6 日，http：//finance.sina.com.cn/stock/kechuangban/qydt/2019-06-06/doc-ihvhiqay3825004.shtml。

② 同上。

四、总结

新时代首席经济学家潘向东在接受采访时表示，“目前我国生物医药企业处于企业生命周期的早期投入期和快速成长期，这一阶段企业的知名度不高，品牌推广需求较为旺盛，投入较高的广告宣传推广费，可以在较短的时间内提高公司的品牌知名度，从而提升品牌影响力”。[①]由此看来，将大量资金投入广告宣传推广是生物医药企业打响名堂的通行做法。但是在此过程中，企业合规亦需小心谨慎，切莫在法律红线之外游走，否则不仅会影响企业正常的业务开展，亦有可能对其品牌形象造成负面影响。除此之外，在企业追求广告效应的同时，也应保证充足必要的研发投入，实现广告与研发的平衡。

① 参见《三年砸7亿搞推广，苑东生物成科创板“广告王”》，载新浪财经网2019年6月6日，http：//finance.sina.com.cn/stock/kechuangban/qydt/2019-06-06/doc-ihvhiqay3825004.shtml。

美国药品 FDA 认证与专利申请漫谈

齐宝鑫　池振华　龚未云　朱乐雯　郭泰瑜

在获得国家药品监督管理局的上市注册有条件批准后，中国研制的抗阿尔茨海默病（Alzheimer Disease，AD）原创新药甘露特钠胶囊（GV-971），已经于2019年12月29日正式上市开售。“该药的获批上市，填补了过去17年阿尔茨海默病治疗领域无新药上市的空白，为广大饱受阿尔茨海默病困扰的患者带来‘福音’。”①

据悉，该药的联合开发者之一——绿谷公司计划于2020年年初在美国、欧洲和亚洲进行全球三期临床试验，以达到全球范围内的监管要求。

对此，美国《阿尔茨海默病和痴呆症》杂志主编也称：“GV-971没有任何明显的副作用，如果美国药管局采用非常规标准批准该药进入美国市场，他一点也不会感到惊讶。”②本文将以GV-971为例，看看在美国药品FDA认证过程中，中国知识产权律师可以扮演怎样的角色。

① 仵雯：《打破17年无新药空白，中国阿尔茨海默病新药拟年底上市》，载新京报网2019年11月4日，http://www.bjnews.com.cn/detail/157283314915967.html。

② 《填补阿尔茨海默病领域全球17年无新药上市空白　中国新药引发国际关注》，载《海南日报》2019年11月9日，第8版。

一、GV-971 如何获得美国 FDA 认证

（一）FDA 是什么

FDA 即美国食品和药物监督管理局（Food and Drug Administration），是美国政府在健康与人类服务部（Department of Health and Human Services，DHHS）和公共卫生部（Public Health Service，PHS）中设立的专门从事食品与药品管理的执法机关。在国际上，FDA 被公认为是世界上最大的食品与药物管理机构。FDA 认证是世界食品、药品的最高检测标准，在制药行业具有权威性。通过 FDA 认证，也等同于拿到进入美国乃至进入世界市场的“通行证”。因此，国际很多厂商都以追求获得 FDA 认证作为产品品质的最高荣誉和保证。

FDA 下属的药品审评与研究中心（Center for Drug Evaluation and Research，CDER）便是负责药品管理的部门，新药上市前审评及上市后的监管工作都是由 CDER 及其下属办公室负责的。

（二）FDA 新药申请流程

GV-971 想要在美国获得 FDA 认证并成功上市，一般需要经过 4 个主要流程，包括：

1. 试验用新药申请（Investigational New Drug Application）

一种新药的临床试验前期需要经过化学分析、物理特性、生物特性、药理分析、剂量、毒性试验等步骤，来初步证明新药的安全性和有效性。当企业积累了足够的人体外安全数据与动物实验数据后就可以向 FDA 递交 IND 申请，由 FDA 审核决定此药是否足够安全进入人体试验阶段。

目前，GV-971 已经在中国正式上市开售，笔者认为，已有足够的安全性证明满足 FDA“对人体不会产生不合理的风险”的条件。

2. 三个阶段的临床试验（Clinical Trials）

IND 申请通过审核后，或提交申请后 30 日内没有收到 FDA 的驳回申请，申请人即可开始进行三个阶段的临床试验。

Ⅰ期临床为初步的临床药理学及人体安全性评价试验，目的是研究人体对药物的耐受程度，为制定给药方案提供依据。试验对象一般为健康成年的志愿者。

Ⅱ期临床重点考察药物最佳用药剂量及治疗特定疾病或病症的能力，也包括

为Ⅲ期临床试验研究设计和给药剂量方案的确定提供依据。试验对象一般为患有该种疾病或病症的患者。

Ⅲ期临床进一步验证药物对目标适应证患者的治疗作用和安全性，评价利益与风险关系，最终为药物注册申请的审查提供充分依据。该阶段试验一般采用多中心、随机双盲、安慰剂试验，试验对象为患有该种疾病或病症的患者。

同时，在Ⅱ期临床试验完成之后，FDA 建议申请人在开始Ⅲ期临床之前，举行 EOP2A 会议（End of Phase IIA Meeting），总结分析之前的临床试验数据，以帮助申请人找到最佳剂量，节约成本，最大化后期临床试验的成功率。

3. 提交新药申请（New Drug Application，NDA）

Ⅲ期临床试验通过后，制药公司即可向 FDA 正式提交 NDA，申请批准该药物在美国销售。FDA 会审核前期所有的药物化学、人体实验、临床药理学等方面的数据，审核周期一般为 10 个月左右。

而为加快针对患有严重病症的患者的新治疗药品的可获得性，FDA 开辟了特别审批通道以加快新药研发与评审，即“快速通道”“突破性疗法”“优先审评”“加速批准”。

（1）快速通道（Fast Track）

根据美国《联邦食品、药品与化妆品法案》第 506（b）节规定，拟用于治疗严重病症，或有解决尚未满足的医疗需求的潜力的新药，如治疗艾滋病、阿尔兹海默病、心衰、肿瘤、癫痫、抑郁症和糖尿病等病症的药品，可以通过“快速通道”向 FDA 进行申请。FDA 在收到申请后须在 60 日内给出答复，若申请人提交的资料符合相关要求，则相关产品可以获得优先审评和加速批准的资格。

2019 年，FDA 共批准 24 例 NDA 类申请药物申请通过“快速通道”进入审批流程，这些药物主要针对镰刀型红血球疾病治疗、细菌性肺炎、重度抑郁症以及严重肝病等疾病的治疗。

（2）突破性疗法（Breakthrough Therapies）

2012 年通过的《FDA 安全与创新法案》中正式引入了“突破性疗法”这一概念。“突破性疗法”的认定需要满足两个条件：一是新药用于治疗严重或致死性疾病；二是有证据显示在某一重要临床终点上明显优于现有药物。获得“突破性疗法”认证的药物可以享有同“快速通道”一样的审批程序，并且从第一期临床试验阶段即可获得 FDA 专业人员的指导。

2019 年，FDA 共累积认定 16 例 NDA 类申请药物申请为“突破性疗法”，这些药物主要针对晚期肾细胞癌、慢性淋巴细胞白血病、重度抑郁症以及腱鞘巨细胞瘤等疾病的治疗。

（3）优先审评（Priority Review）

美国在 1992 年《处方药付费法案》中建立了审查时间的两级制度，即“标准审评”和“优先审评”，其中标准审评周期为 10 个月，优先审评周期为 6 个月。通常来说，新药若能从以下 4 个方面证明其在治疗、诊断或预防重大疾病方面具有更优的安全性或有效性，即可获得优先审评：

①在治疗、预防或诊断上有提高有效性的证据；

②能消除或显著降低药物使用而产生的副作用；

③患者的依从性增强，并且可预期能改善严重的结果；

④有对新亚群患者的安全性和有效性的证据。

根据美国 FDA 官网的报告，2018 年共 28 例、2017 年共 38 例 NDA 药物申请通过“优先审评”通道得到了批准。

（4）加速批准（Accelerated Approval）

美国《联邦食品、药品与化妆品法案》第 506（c）节与《FDA 安全与创新法案》规定了“加速批准”的审批规则，采用“替代终点”或“中间终点”来加速重大疾病药物的批准。通过对临床试验的监控数据，找到能够反映临床终点变化的指标，或者通过临床试验的治疗效果预测最终的临床结局，缩短临床试验的周期，来为新药审批过程节省时间。

截至 2019 年 12 月 31 日，FDA 采用“加速批准”审批流程的 NDA 类药物申请共计 152 例。其中，2019 年有 8 例，平均审批周期为 7.49 个月，时间最长为 11.8 个月，最短为 3 个月。这些药物主要用于杜兴氏肌肉营养不良症、子宫内膜癌以及多药耐药性肺结核等疾病的治疗。

4. 上市销售后的监测，并可能有第四阶段临床试验

药品获得 FDA 批准后，即可在美国上市销售。此后，制药公司须定期向 FDA 报告该药物的疗效、不良反应情况等资料。其中部分药品，如经由上述快速审批流程批准上市的药品，还需要开展第四期临床试验，以观测在广泛使用条件下药物的安全性。

综上所述，用于治疗阿尔兹海默症的 GV–971 符合上述要求中的“重大疾病”

要求，在开展临床试验前期即可通过“快速通道”向 FDA 递交申请，以获得“优先审评”和“加速批准”的权利，以最快的速度完成在美国的临床试验，上市销售，造福广大患者。

二、GV-971 新药申请后的监管及救济

（一）FDA 质量监管

GV–971 在新药申请审批期间及上市后，会受到 FDA 严格的质量监管。483 报告和警告信是两种 FDA 发表监管意见的主要手段。

1. 483 报告

483 报告是 FDA 在对食品、药品、医疗器械和兽药等生产企业进行现场检查时，依据相应规程把不符合生产质量管理规范（Good Manufacturing Practices，GMP）要求的内容按 FDA 文件系统中第 483 号表格的形式给出的报告。在检查时如果发现缺陷，检查员会签发此表格，受检企业则需要对其中的缺陷问题进行正式回复。通常来说，FDA 认为企业对 483 报告的回复不充分或者不满意时，便会开出警告信。

2. 警告信

警告信是 FDA 用来告知被检查企业或个人存在违反《联邦食品、药品与化妆品法案》情况的信件。FDA 检查员提交企业调查报告（Establishment Inspection Report，EIR）后，如发现企业有不符合 GMP 的地方并需要官方采取控制措施时，会向企业发出警告信，并在信中提出整改要求。

根据FDA官网信息，2019年CDER共计签发84封警告信。如2019年3月4日，FDA 向辉瑞制药发出警告信，指出其在印度工厂存在实验数据完整性、工艺控制不足、质量监管不足等 11 条缺陷；2019 年 12 月 3 日，FDA 向河南康迪医疗器械有限公司签发警告信，并指出该公司在美国销售的关节止痛膏和利多卡因贴没有经过 FDA 批准，并且存在对生产药品原料监管不严等问题。

（二）美国药品审批的正式争议解决程序

在药品审评过程中，申请者与审评人员必然会对一些科学及程序层面的问题有所争议，为了有效解决此类争议，FDA 于 2000 年设立了正式争议解决程序

（formal dispute resolution，FDR）。申请人可以针对审评结果向 CDER 提交正式争议解决申请（formal dispute resolution request，FDRR），通过内部逐级申诉模式解决相关争议，如回应函、研究用新药申请的临床中止、突破性治疗认定申请被否决、专利名审评被否决等问题引发的争议。[①]

1. Lexicon 申诉案例[②]

2019 年 3 月，FDA 拒绝了 Lexicon 和赛诺菲联合研发用于治疗 I 型糖尿病的新药 Zynquista 的申请。FDA 专家小组认为此药物有较高可能性会导致糖尿病酮酸中毒并且可能有其他无法预测的风险，但该药物三期临床试验均没有出现糖尿病酮酸中毒的情况，对此 Lexicon 提出了争议解决申请。9 个月后，FDA 再次拒绝了其申请，Lexicon 在 12 月 3 日的声明中表示，将向 CDER 请求第二次申诉。

2. Sarepta 申诉案例

2019 年 8 月 20 日，FDA 认为 Sarepta 公司治疗杜氏肌营养不良的新药 Golodirsen 存在肾毒性隐患而拒绝了其新药申请，Sarepta 公司表示不服，通过正式争议解决程序提出申诉后，FDA 新药办公室解决了其申诉的问题，12 月 12 日，Golodirsen 通过“加速批准”程序得到了有条件的上市许可。

三、GV-971 如何向美国申请专利

根据 FDA 的规定，申请者在提出新药申请时，还须提交新药相关的所有专利信息，如药物、药物形态、药物组成、药物使用等方面的专利。该专利报告需在新药申请批准后的 30 日内提交。而在新药批准时尚未公开的专利，也需在公开后 30 日内提交给 FDA。可见，在新药的研发过程中，所涉及的相关技术应当及时专利化，专利贯穿了新药从研发到上市的全过程。

（一）跨国专利申请途径

申请美国专利的途径主要有 3 种，分别是传统的巴黎公约途径、PCT 途径以及直接向美国专利商标局提交申请。本文在此重点介绍前两种特殊途径。

---

① 参见耿晓雅、魏天颖、马坤：《美国药品审评正式争议解决程序评介及对我国的启示》，载《中国新药杂志》2016 年第 18 期。

② 参见《Zynquista 用于 1 型糖尿病再遭 FDA 拒绝，将二次上诉》，载生物谷网 2019 年 12 月 7 日，http://news.bioon.com/article/6747608.html。

1. 巴黎公约途径

根据《保护工业产权巴黎公约》(又称《巴黎公约》)的优先权原则，在一个成员方提出发明专利、实用新型、外观设计注册的正式申请的人，在其正式提出申请之后的特定期限内，再向公约其他成员方提出内容相同的申请的，享有优先权。

我国和美国均为《巴黎公约》成员方，GV-971 向中国知识产权局提交专利申请的日期即为优先权日。在巴黎公约途径下，若想获得美国的专利，申请人可在优先权日起 12 个月内直接向美国受理部门提交申请文件，并缴纳规定的费用。

2. PCT 途径

PCT(Patent Cooperation Treaty，专利合作协定)是在《巴黎公约》下只对其成员方开放的一个特殊协议，是对《巴黎公约》的补充。申请人可以直接向中国国家知识产权局(受理局)提交一份 PCT 国际申请，若要求优先权的，则应在自优先权日起 12 个月内提出。中国专利受理部门确定国际申请日，该专利申请在 PCT 的所有成员方中自国际申请日起具有正规国家申请的效力。申请人可以自优先权日起 30 个月内，向欲获得专利保护的国家或地区专利受理局办理进入国家阶段的手续。请求专利保护的国家或地区专利受理局将依据本国法律，对于成功进入国家阶段的 PCT 国际申请作出是否授予专利权的决定。

另外，中美在专利合作方面提出了 PCT—PPH(Patent Prosecution Highway，专利审查高速公路)。中国申请人首先应向中国受理局提交 PCT 申请，在 PCT 国际申请的申请日(有优先权的，按优先权日计算)起 30 个月内使 PCT 国际申请进入美国国家阶段后，并且该项申请在国际检索报告中被指出满足“新颖性、创造性和工业实用性”的要求，即可提出 PPH 请求，在更短的时间内得到美国审查员下发的第一次审查意见通知书，从而缩短美国专利申请的周期。①

(二)我国专利法相关规定

我国《专利法》第 20 条第 1 款规定，任何单位或者个人将在中国完成的发明或者实用新型向外国提交专利申请的，应当事先报经国务院专利行政部门进行保密审查。保密审查的程序、期限等按照国务院的规定执行。

---

① 参见江舟:《浅谈利用中美 PCT—PPH 进行美国专利申请》，载《中国发明与专利》2014 年第 5 期。

而根据我国《专利法实施细则》第 8 条规定，任何单位或者个人将在中国完成的发明或者实用新型向外国申请专利的，应当按照下列方式之一请求国务院专利行政部门进行保密审查：

第一，直接向外国申请专利或者向有关国外机构提交专利国际申请的，应当事先向国务院专利行政部门提出请求，并详细说明其技术方案。

第二，向国务院专利行政部门申请专利后拟向外国申请专利或者向有关国外机构提交专利国际申请的，应当在向外国申请专利或者向有关国外机构提交专利国际申请前向国务院专利行政部门提出请求。

第三，向国务院专利行政部门提交专利国际申请的，视为同时提出了保密审查请求。

由此可知，若 GV–971 采取巴黎公约途径或直接向美国专利商标局提交专利申请必须先通过我国专利部门的保密审查；而若采取 PCT 途径，向中国国家知识产权局提交专利国际申请，视为同时提出了保密审查请求，因此不必再另行提交保密审查请求。

四、GV-971 在美国申请专利的注意事项

（一）美国专利申请流程

与中国专利申请相似，美国专利申请的审查过程中，审查员也会向申请人出具限制要求、审查意见等，而申请人则需要对应地进行回复、答辩及修正。若收到审查员的最终驳回，申请人还可以递交继续审查请求、提出上诉或递交后续申请以确保审查流程不会终结。

（二）FDA 的申请数据独占权保护

除专利权外，美国还规定了 FDA 的申请数据独占权保护制度。独占权的作用，在于实现某种延期以及通过补充申请获得附加在已有申请上的排除竞品获得批准的权利。因此，在正式申请美国专利的过程中，还可以向 FDA 提交独占权申请。

（三）美国专利保护期延长制度

美国规定了药品的专利保护期延长制度。根据该制度，原研药企业可以获得

的专利保护延长期为临床试验时间的一半与FDA审批时间之和，以弥补药品临床试验和审批的时间损失。保护延长期最大期限为5年，药品上市时的所余专利保护期与专利延长期之和应在14年以内。专利权人需注意在FDA批准药品上市的60日内，向美国专利商标局提交申请，FDA则会协助专利商标局确定药品是否具备专利延长资格，并为专利商标局提供相关信息。

五、知识产权律师可以做些什么

从上述对在美国申请专利和获得FDA认证的分析中，中国知识产权律师可以为拟申请美国专利的客户提供多项法律服务，包括进行专利调查、为客户出具专利申请咨询意见，进行我国保密审查和巴黎公约途径申请、PCT途径申请，撰写、翻译、递交申请文件，在审查过程中对美国专利商标局进行回复、答辩、修改和递交其他文件，以及协助进行FDA新药申请和回复，认证FDA独占权申请、进行专利保护期延长，等等。

除此之外，中国知识产权律师在美国专利申请中还具备其他优势。例如，中国律师能与客户直接方便地沟通，在此基础上再与美国的律师或当局沟通，节省聘请美国律师的时间和费用。

半导体篇

半导体巨头商业秘密纠纷频发，企业预防要点分析

齐宝鑫　池振华　韩晨曦

海能达公司与美国通信巨头摩托罗拉间的商业侵权案受到业内广泛关注。摩托罗拉指控海能达侵犯其版权及商业秘密，称其前雇员在摩托罗拉工作期间下载了数千份机密文件并携带出公司，而根据案件陪审团对此案作出的裁决，海能达需向摩托罗拉支付损害各项赔偿合计 7.646 亿美元，媒体统计约相当于海能达 18 年净利润。

2016 年，威讯联合半导体有限公司以“多个产品侵犯其技术秘密”为由，在上海起诉国内最大射频 IC 公司唯捷创芯（天津）电子技术股份有限公司（Vanchip），并索赔人民币 7100 万元。在此之前，2012 年 8 月 RFMD 就曾起诉 Vanchip“侵犯商业秘密及不正当竞争”，并同样索要赔偿人民币 7000 万元。

商业秘密诉讼多涉及技术秘密，具有涉案标的金额高、诉讼持续时间长、诉讼成本高等特点。下面本文将结合力拓案这个典型案例分析一下侵犯商业秘密的法律问题。

一、案情介绍

在曾经轰动一时的力拓案中，胡某为其所属力拓公司牟利，采取利诱及其他不正当手段，获取了竞争对手多项商业秘密，给中国有关企业造成了巨大经济损

失。上海市第一中级人民法院于2010年以“非国家工作人员受贿罪、侵犯商业秘密罪”判处其有期徒刑10年。胡某在服刑期间遵守监规纪律，服从管理教育，中国司法机关为其裁定减刑，已于2018年7月4日被刑满释放。

二、何为商业秘密？

我国关于商业秘密的法律规定主要集中在我国《反不正当竞争法》第9条和《刑法》第219条，在1993年版的《反不正当竞争法》修订之前，两部法律对于商业秘密的定义是一致的：本条所称商业秘密，是指不为公众所知悉，能为权利人带来经济利益，具有实用性并经权利人采取保密措施的技术信息和经营信息。但2017年修订的《反不正当竞争法》将“能为权利人带来经济利益、具有实用性”改为“具有商业价值”，2019年新修订的《反不正当竞争法》也继续沿用了“具有商业价值”，该表述更加把握了商业秘密的实质属性，更容易被公众理解，也减少了司法实践中的争议。因力拓案中胡某的行为所带来的后果较为严重，直接触犯刑法，所以本文先从刑法角度出发谈谈我国对于商业秘密的法律规定。

三、我国《刑法》中侵犯商业秘密的相关规定

根据我国《刑法》第219条关于侵犯商业秘密罪的规定，可以归纳出商业秘密罪的构成要件分为以下几个层面：

1. 主体要件：本罪的犯罪主体为一般主体，单位和达到刑事责任年龄和具备刑事责任能力的自然人均可以成为此罪的主体。

2. 主观要件：故意。

3. 客体：商业秘密的权利人所享有的合法权利和国家对商业秘密的管理制度。

4. 客观要件：行为人实施了侵犯商业秘密的行为。主要表现为我国《刑法》第219条中所规定的四种形式：（1）以盗窃、利诱、胁迫或者其他不正当手段获取权利人的商业秘密的；（2）披露、使用或者允许他人使用以前项手段获取的权利人的商业秘密的；（3）违反约定或者违反权利人有关保守商业秘密的要求，披露、使用或者允许他人使用其所掌握的商业秘密的；（4）明知或者应知前款所列行为，获取、使用或者披露他人的商业秘密。

在力拓案中，胡某的行为主要是采取利诱及其他不正当手段获取商业秘密，即上述的第一种表现形式。对于获取商业秘密的方式，除了利诱外，窃取也是一

种常见的方式。在古今中外的商业秘密大案中，商业间谍的手法令人眼花缭乱，有派私人飞机对竞争对手未封顶的厂房进行拍摄的（克氏兄弟与杜邦公司窃取商业秘密案），有翻对手的垃圾堆窃取机密文件的（宝洁与联合利华窃取商业秘密案），方法手段层出不穷，让人啼笑皆非。

四、我国《反不正当竞争法》中侵犯商业秘密相关规定

2017 年及 2019 年修订的《反不正当竞争法》（以下分别简称 2017 新法与 2019 新法，合称新法）较之 1993 年版的《反不正当竞争法》对商业秘密的规定有较大的改动，对比见下文：

首先，从商业秘密的定义上，新法删除了“具有实用性”，将“能为权利人带来经济利益”替换为“具有商业价值”。

其次，2017 新法将侵犯商业秘密的行为从原来的“利诱”换成“贿赂”并增加了“欺诈”的行为，同时 2019 新法又增加了“电子侵入”行为。

再次，由于商业秘密侵权主体主要是“内鬼”，即权利人的员工和前员工，因此新法对该几类主体进行了特别列举。

最后，新法大大提高了侵犯商业秘密侵权者的民事赔偿金额和行政罚款的金额。2017 新法第 17 条规定在权利人因被侵权所受到的实际损失、侵权人因侵权所获得的利益难以确定的情况下，由人民法院根据侵权行为的情节判决给予权利人 300 万元以下的赔偿。2019 新法更是将 2017 新法的 300 万元提高至 500 万元，并新增“经营者恶意实施侵犯商业秘密行为，情节严重的，可以在按照上述方法确定数额的一倍以上五倍以下确定赔偿数额”的规定。而 1993 年版的《反不正当竞争法》中未对赔偿额进行直接规定，而是根据《关于审理不正当竞争民事案件应用法律若干问题的解释》的规定参照专利侵权的赔偿数额，在上述情况下，民事赔偿的上限为 100 万元。

上述的一系列修改反映了国家对于商业秘密保护的重视和对商业秘密侵权者惩罚力度的加强。

五、关于企业保密工作的建议

虽然法律对于侵犯商业秘密规定了民事、行政、刑事责任，但由于商业秘密蕴含巨大的商业价值，仍有不少人选择铤而走险。一旦商业秘密泄露，将给企业

带来不可估量的损失。笔者发现，近年来所接到的侵犯商业秘密的案子逐渐增多，不少企业对于建设商业秘密体系的法律服务需求也日益旺盛。因此，提请企业在日常保密工作中注意以下几点：

（一）厘清企业商业秘密发现、定级、接触流程（先发现、再定级、限接触）

根据企业的研发、经营流程及发展策略，发现商业秘密、划定商业秘密的范围、选择信息、技术保护的具体路径（专利 / 商业秘密 / 著作权等）、确认商业秘密的保密级别，圈定接触商业秘密的员工范围及审批制度。

（二）建立对内、对外管理制度（不敢偷、不能偷、不想偷）

1. 建立档案保存与管理体系

建立网络信息安全体系、门卫、上锁等实体保护体系、档案管理制度及相应的标示制度。

2. 建立员工入职、转岗和离职管理制度

（1）建立员工入职、转岗、参与重大项目时签署相关保密、竞业限制协议的审核制度；

（2）建立员工离职谈话、文件移交、协议确认等制度；

（3）建立定期的员工商业秘密保护培训制度以强化员工保密意识和责任，同时建立对相关培训记录文件的保存制度。

3. 建立对外商业活动的审查、协议体系

根据企业主要对外合作、沟通模式，建立外部接触或对外披露信息的审查流程，如对外商业合作信息披露的审查，宣传、展会、研究成果发表的审查，废品、办公及工业垃圾的处理流程等。完善各场景下的保密协议体系，并对各类业务合同中的保密条款进行完善。

授权有风险，用词需谨慎

——论“专利独家使用权”

齐宝鑫　池振华　龚未云

从苹果公司发布第一代 iPhone 起，智能手机与通信时代逐步到来。随着通信技术的大规模商用，新能源汽车、人工智能与云计算、物联网等技术革命持续推动下，通信行业迎来新的浪潮。在行业的飞速发展与激烈竞争中，知识产权起着至关重要的作用，通信行业的专利、商业秘密等知识产权纠纷纷至沓来。

对于坐拥核心专利的技术密集型企业，一般会采取批量专利许可的方式使自己的专利获得最大效用。实践中，许多潜在的被许可人要求签订合同时被授予“专利独家使用权”，本文将对其背后的法律内涵进行解读。

一、关于专利许可的方式

为了更清楚地说明问题，笔者在此先简单阐述专利许可的方式。最高人民法院《关于审理技术合同纠纷案件适用法律若干问题的解释》（法释〔2004〕20 号）第 25 条规定了 3 种专利实施许可方式，即独占实施许可、排他实施许可和普通实施许可，未对专利独家使用权进行规定。其中，独占实施许可即指许可人在约定许可实施专利的范围内，将专利权仅许可给一个被许可人实施，且只有被许可人可以使用专利，许可人自己都不能用；排他实施许可，是指许可人在约定许可实施专利的范围内，将专利权仅仅许可给一个被许可人实施，被许可人可以使用专利，许可人也可以使用；普通实施许可是许可人在约定许可实施专利的范围内，被许可人可以使用专利，许可人也可以使用专利，许可人还可以许可其他第三人使用专利。

二、法院对于“专利独家使用权”的认定

那么，“专利独家使用权”到底是源自上述3种授权方式中的哪一种呢？其实法律专业术语中并没有“专利独家使用权”的说法，在司法实践中，使用这个词有可能被法院认定为独占实施许可，也有可能被认定为排他实施许可。

（一）被认定为独占实施许可的案例

如在大连新益建材有限公司与大连仁达新型墙体建材厂侵犯专利权纠纷一案[①]中，仁达厂与王某某及其授权的湖南省立信建材有限公司签订了一份补充协议书，补充约定仁达厂的实施为“独家使用”。大连市中级人民法院认为：仁达厂是涉案专利在辽宁的独占实施许可合同的权利人，享有独占使用权。在上海雅思奇商场器材有限公司与上海惠发贸易有限公司专利权侵权纠纷案[②]中，陆某某与原告于1995年5月5日签订的专利实施许可协议约定：原告自1995年4月1日起至1998年年底享有独家使用陆某某专利的权利。陆某与原告于1995年9月1日签订的专利实施许可协议约定：原告自1995年9月1日起至2004年6月1日享有独家使用陆某专利的权利。上海市第二中级人民法院认为，原告与原专利权人陆某某及现专利权人陆某之间签订的独占实施许可协议应受法律保护。

（二）被认定为排他实施许可的案例

在西安声望电子有限责任公司与西安高华科技有限公司侵权责任纠纷申请再审民事判决书[③]中，陕西省高级人民法院认为：根据授时中心与高华公司签订的协议书，高华公司全额出资建设商丘台并承担其后续运行维护费用，同时，授时中心授权高华公司在中国区域内独家享有接收BPC（Bypass Control System，旁路控制系统）时码电波钟（表）的开发使用权。据此，高华公司即享有在中国境内

① 参见最高人民法院民事判决书，（2005）民三提字第1号。

② 参见上海市第二中级人民法院民事判决书，（1998）沪二中初字第12号。

③ 参见最高人民法院民事判决书，（2014）民提字第39号。

接收 BPC 时码开发电波钟（表）的排他使用许可权。在（2015）甘民三终字第 8 号判决书中，甘肃省高级人民法院认为：排他实施许可合同又称独家实施许可合同。被许可方在合同约定的条件和范围内享有对该专利技术的独家使用权，许可方不得再向第三方进行许可，但许可方仍保留在上述范围内实施其专利的权利。故排他实施许可合同是转让方和受让方分享专利实施权的协议，被许可方排除了和许可方以外的其他任何人的竞争，可以独占专利产品市场。

三、结论

从上面的案例可以看出，各地法院对于“独家使用权”有着不同的认定，要谨慎使用“专利独家使用权”，一旦许可人和被许可人产生争议，则无论法院作出何种判决，均可能对许可方或被许可方中一方的权利产生影响。为避免上述情况的产生，建议大家在协议中对“专利独家使用权”进行明确界定或使用“独占实施许可”“排他实施许可”“普通实施许可”等法定用语。

谁能最终成为你手机的救世主

——“来电”与“街电”的专利之争

齐宝鑫　池振华　朱乐雯

随着手机支付的普及，出门不带钱几乎成为现代都市人的常态。手机电量的突发性告急几乎让人寸步难行，敏锐的企业发现了市场需求，共享充电宝应运而生。

目前，市面上占有率较高的充电宝的品牌主要是“来电”和“街电”，这两家企业背后的生产商分别为深圳来电科技有限公司与深圳街电科技有限公司。表面上两家充电宝生产企业看似风平浪静，但实际上为争夺更大的市场份额，两家企业已在法院拉开了一场声势浩大的专利战。

本文将结合这两家企业之间的专利纠纷，就共性的几大案件争议点，探讨面对与自己有着相同用户群体和近似产品的竞争对手，企业可如何通过法律途径稳固自己的市场地位，而竞争对手又可采取哪些应对之策。

一、“来电”与“街电”的专利纠纷情况

以深圳来电科技有限公司（以下简称来电公司）与深圳街电科技有限公司（以下简称街电公司）为当事人，限定案由为“专利权权属、侵权纠纷”，截至2020年2月22日，在威科先行上共检索到7起案件，这7起案件所涉专利类型

分为两大类：一类为侵犯发明专利权纠纷，另一类为侵犯实用新型专利权纠纷。其中，侵犯实用新型专利权纠纷共计6起（见表1）。

表1 “来电”与“街电”实用新型专利权纠纷明细

序号	年份	地域	原告	被告	涉案专利	判决结果
1	2018	北京	来电公司	街电公司与湖南海翼电子商务股份有限公司	ZL201520103318.2号名称为“吸纳式充电装置”的实用新型专利	1. 立即停止制造涉案Anker设计12口产品； 2.30日内停止使用涉案Anker设计12口产品； 3.10日内赔偿原告来电公司经济损失共计85万元； 4.10日内赔偿原告来电公司合理支出共计15万元①
2					ZL201520847953.1号名称为“移动电源租用设备及充电夹紧装置”的实用新型专利	1. 立即停止制造涉案Anker设计12口产品； 2.30日内停止使用涉案Anker设计12口产品； 3.10日内赔偿原告来电公司经济损失共计85万元； 4.10日内赔偿原告来电公司合理支出共计15万元②
3	2019	广东	来电公司	街电公司	ZL201520847953.1号名称为“移动电源租用设备及充电夹紧装置”的实用新型专利	1. 立即停止制造侵害ZL201520847953.1号专利权的产品（通过按键归还的6口产品）； 2. 30日内停止使用侵害ZL201520847953.1号专利权的产品（通过按键归还的6口产品）； 3. 10日内赔偿原告来电公司经济损失及合理支出共计100万元③
4						1. 立即停止制造侵害ZL201520847953.1号专利权的产品（通过扫描二维码归还的6口产品）；

续表

<table>
<tr><th>序号</th><th>年份</th><th>地域</th><th>原告</th><th>被告</th><th>涉案专利</th><th>判决结果</th></tr>
<tr><td></td><td></td><td></td><td></td><td></td><td></td><td>2. 30 日内停止使用侵害 ZL201520847953.1 号专利权的产品（通过扫描二维码归还的 6 口产品）;
3. 10 日内赔偿原告来电公司经济损失及合理支出共计 100 万元④</td></tr>
<tr><td>5</td><td rowspan="2">2019</td><td rowspan="2">广东</td><td rowspan="2">来电公司</td><td rowspan="2">街电公司</td><td rowspan="2">ZL201520103318.2 号名称为“吸纳式充电装置”的实用新型专利</td><td>1. 立即停止制造侵害 ZL201520103318.2 号专利权的产品（通过扫描二维码归还的 6 口产品）;
2.30 日内停止使用侵害 ZL201520103318.2 号专利权的产品（通过扫描二维码归还的 6 口产品）;
3.10 日内赔偿原告来电公司经济损失及合理支出共计 100 万元⑤</td></tr>
<tr><td>6</td><td>1. 立即停止制造侵害 ZL201520103318.2 号专利权的产品（通过按键归还的 6 口产品）;
2.30 日内停止使用侵害 ZL201520103318.2 号专利权的产品（通过按键归还的 6 口产品）;
3.10 日内赔偿原告来电公司经济损失及合理支出共计 100 万元⑥</td></tr>
</table>

注：① 北京知识产权法院民事判决书，（2017）京 73 民初 357 号。

② 北京知识产权法院民事判决书，（2017）京 73 民初 356 号。

③ 深圳市中级人民法院民事判决书，（2017）粤 03 民初 1711 号。

④ 深圳市中级人民法院民事判决书，（2017）粤 03 民初 1090 号。

⑤ 深圳市中级人民法院民事判决书，（2017）粤 03 民初 1092 号。

⑥ 深圳市中级人民法院民事判决书，（2017）粤 03 民初 1708 号。

此外，表 1 中所涉两起在北京审理的侵犯实用新型专利权纠纷案，街电公司对一审判决不服，上诉至北京市高级人民法院，二审法院判决“驳回上诉，维持原判”。

可见，来电公司在北京和广东两地均已提起了诉讼，涉案实用新型专利包括来电公司的 ZL201520103318.2 号“吸纳式充电装置”专利和 ZL201520847953.1 号“移动电源租用设备及充电夹紧装置”专利，涉案产品包括街电公司的“Anker 设计 12 口产品”“通过扫描二维码归还的 6 口产品”“通过按键归还的 6 口产品”。

这 6 起侵犯实用新型专利权纠纷案由表 1 可知，来电公司赢得了阶段性的胜利，无论是北京的法院，还是广东的法院，均认定街电公司的涉案产品构成对来电公司涉案专利权的侵权，判决结果大致相同，归纳而言，均要求街电公司自判决生效之日起：（1）立即停止制造侵害涉案专利权的产品；（2）30 日内停止使用侵害涉案专利权的产品；（3）10 日内赔偿原告深圳来电科技有限公司经济损失及合理支出共计 100 万元。

换言之，上述 6 起案件，街电公司合计需赔偿来电公司经济损失及合理开支共计 600 万元，并且作为生产商，需在判决生效之日起立即停止制造涉案“Anker 设计 12 口产品”“通过扫描二维码归还的 6 口产品”“通过按键归还的 6 口产品”，并在 30 日内停止使用该三类涉案产品。

二、实用新型专利权侵权构成要件

针对实用新型专利权侵权纠纷案件，我国《专利法》第 11 条第 1 款规定：“发明和实用新型专利权被授予后，除本法另有规定的以外，任何单位或者个人未经专利权人许可，都不得实施其专利，即不得为生产经营目的制造、使用、许诺销售、销售、进口其专利产品，或者使用其专利方法以及使用、许诺销售、销售、进口依照该专利方法直接获得的产品。”

则认定来电公司是否构成侵权的要件有二：

1. 来电公司是否具有主张专利侵权的权利基础，即是否是涉案专利的专利权人，涉案专利是否尚在有效期内。

由于涉案专利 ZL201520103318.2 号“吸纳式充电装置”系由原告于 2015 年 2 月 12 日向国家知识产权局申请，并于 2015 年 6 月 24 日获得授权，不存在年费欠缴情况，而涉案专利 ZL201520847953.1 号“移动电源租用设备及充电夹紧装置”

系由原告于2015年10月28日申请，2016年4月20日获得授权，亦缴纳了年费，故涉案专利均处于合法有效状态。所以上述案件审理时，针对该要件，双方当事人并无太大争议。

2. 街电公司是否存在侵犯涉案专利权的行为，即街电公司是否实施了制造、销售、许诺销售、使用涉案产品的行为？此外，涉案产品是否落入涉案专利权利要求的保护范围？针对该要件，双方当事人存在较大争议。

（1）如何界定“销售、许诺销售、使用”行为

有关于销售行为：最高人民法院《关于审理侵犯专利权纠纷案件应用法律若干问题的解释（二）》第19条规定：“产品买卖合同依法成立的，人民法院应当认定属于专利法第十一条规定的销售。”我国《合同法》第130条规定：“买卖合同是出卖人转移标的物的所有权于买受人，买受人支付价款的合同。”故判定是否存在销售行为，需审查街电公司将涉案产品放置在相关商场的行为是否发生了所有权的转移，而商场是否对此支付了对价。法院根据在证据保全时选择的涉案商场提交的《街电项目服务合同》，查明涉案产品系免费提供给商场使用，所有权仍属于街电公司，故不存在销售行为。

有关于许诺销售行为：最高人民法院《关于审理专利纠纷案件适用法律问题的若干规定》第24条规定：“专利法第十一条、第六十九条所称的许诺销售，是指以做广告、在商店橱窗中陈列或者在展销会上展出等方式作出销售商品的意思表示。”法院结合街电公司的经营模式，认为“其在相关展会上展出或在商业场所中陈列涉案产品并不足以认定其系作出了销售涉案产品的意思表示”，故也不存在许诺销售行为。

有关于使用行为，法院认为：街电公司“将侵权产品放置在商场或车站等公众场所并调试到正常运行状态，此行为是终端用户据以实现移动电源存取及充电的必要条件，街电公司亦通过该行为获取到经济利益。故认定存在使用行为”。

（2）涉案产品是否落入涉案专利权利要求的保护范围

涉案产品落入涉案专利权的保护范围，是被控行为构成侵权的基本前提。最高人民法院《关于审理侵犯专利权纠纷案件应用法律若干问题的解释》第7条规定：“人民法院判定被诉侵权技术方案是否落入专利权的保护范围，应当审查权利人主张的权利要求所记载的全部技术特征。被诉侵权技术方案包含与权利要求记载的全部技术特征相同或者等同的技术特征的，人民法院应当认定其落入专利

权的保护范围；被诉侵权技术方案的技术特征与权利要求记载的全部技术特征相比，缺少权利要求记载的一个以上的技术特征，或者有一个以上技术特征不相同也不等同的，人民法院应当认定其没有落入专利权的保护范围。”

三、专利布局的意义

来电公司耗时费力地打赢诉讼的主要意义不在于赢得法院判赔的600万元，而是在于案件胜诉后，街电公司将必须承担“立即停止侵权”的法律责任，即立即停止生产涉案产品，并限期下架产品。这将直接导致街电公司市场份额的急剧下降甚至“毁灭性打击”，而这正是来电公司打响专利战的初衷所在。

笔者在国家知识产权局专利局以“深圳来电科技有限公司”为申请人进行检索，截至2020年2月22日，共计查询到170条检索结果；而以“深圳街电科技有限公司”为申请人进行检索，则仅查询到42条检索结果；可见，来电公司专利储备远远超过街电公司，上述6起案件的判决结果也恰恰证明了专利储备的重要性。因此，本文建议企业，尤其是知识产权密集型企业，尽早就研发产品所涉技术进行知识产权保护，防患于未然。

我国法律从侵权行为模式的涵盖范围角度，对于实用新型和发明专利权的保护程度，系高于对外观设计专利权的保护程度的，实用新型和发明专利权的侵权行为模式包含“使用”行为，而外观设计专利权则不涵盖。如前所述，司法实践中认定“通过免费提供给第三方使用侵权产品的行为”不属于销售行为，同时，在相关展会上展出或在商业场所中陈列侵权产品也并不足以认定其在实施许诺销售行为。故不排除其他企业采取类似行为模式，意图抢占市场，并规避法律风险，因此，建议企业在诉讼中，除主张存在许诺销售、销售行为以外，使用行为的论证也不容小觑。另外，在专利布局方面，除了基于研发产品特点去判断专利申请的类别以外，在研发时，知识产权的保护程度也建议纳入企业的考查标准。

最后，就竞争对手而言，最基本的只要保证在开发自己的专利产品时，其技术方案的技术特征与权利要求记载的全部技术特征存在任何一点的不等同，从司法实践来看，法院则会认定未落入专利权的保护范围，专利侵权也就无从谈起。但笔者仍建议企业应加强自身知识产权的实力建设，以免诉累。

“专利流氓”横行，企业遭遇“碰瓷”怎么办？

齐宝鑫　岳晓芸

得克萨斯州东部联邦地区法院是美国受理专利诉讼案件最多的法院之一，因为这里的专利规定有利于“专利流氓”的滋长，著名的“专利流氓”Blue Spike公司正是注册在此。专利领域令人闻之色变的不是三星、Google等高新技术企业，而是像Blue Spike这样的“专利流氓”公司。当年小米手机进军海外市场时曾遭遇该公司的诉讼，华为公司，甚至连大名鼎鼎的苹果公司也未能幸免。①

一、什么是“专利流氓”？

“专利流氓”（Patent Troll）的说法源自美国，又称“专利蟑螂”，是指一些没有或几乎没有实体业务，只是通过诉讼或威胁诉讼以达成和解等途径来获得侵权赔偿或专利许可费的主体。由于产品研发过程中会产生大量交叉、重叠的技术，而企业往往无法为所有技术申请专利，再加上专利技术的模糊界限等原因，很容易让“专利流氓”钻了空子。

从本质上来说，“专利流氓”属于一种特殊的非实践实体（Non-Practicing Entities，NPES）。常见的专利NPES包括高校、科研机构等，他们同样不从事制

① 参见曾莉、戚功琼：《对“专利流氓”“鲶鱼效应”的思考与建议》，载《科技管理研究》2017年第15期。

造和生产，但通过研发并向实践实体提供专利的方式促进了从技术创新到投产的技术转化，理所当然对社会是有正面影响和重要意义的。然而另一类“专利流氓”是典型的投机型 NPES，其通过囤积专利，以恶意提起诉讼或以诉讼相威胁的方式，利用法律的制度性缺陷寻求不正当保护，严重浪费了科研资源和司法资源，扰乱正常创新环境。

近几年，国内的“专利流氓”们也浮出了水面。2018 年 1 月 10 日，上海多家科技公司的负责人李某被上海市公安局浦东分局刑事拘留，其涉嫌以专利侵权的名义，向多家拟上市公司提出诉讼，进行敲诈勒索。

据上海市公安局及上海市浦东新区人民检察院消息，李某名下公司都是拥有可观的专利资产的小型专利运营公司，无任何制造、生产、销售业务，但是“囤积”了相当可观数量的专利，这些专利大多数都没有实际使用，其营利的大部分来源是诉讼的和解费。2015~2017 年李某等人利用向法院提起专利诉讼并向证监会举报诉讼事实的方式连续向 4 家企业索取高昂的和解费并实际得款 116.3 万元。2018 年 8 月 24 日，浦东新区人民检察院向法院提起公诉，以敲诈勒索罪指控李某。李某也在多家的新闻报道里被贴上了“专利流氓”的标签。

李某的科斗公司和本星公司都是拥有可观的专利资产的小型专利运营公司，从其专利持有数量可见一斑——截至 2018 年 10 月，科斗公司持有公布发明 231 件、授权发明 44 件、实用新型 197 件以及外观设计 5 件，本星公司持有公布发明 56 件、授权发明 4 件、实用新型 66 件以及外观设计 2 件。其公司无任何生产、制造或销售方面的运营，是典型的投机型 NPES。

二、“专利流氓”的敲诈行为是否可能构成敲诈勒索罪？

根据我国《刑法》第 274 条的规定，敲诈勒索罪是指以非法占有为目的，对被害人使用威胁或要挟的方法，强行索要公私财物的行为。其犯罪构成一般分成 5 步走：行为人实施敲诈勒索—被害人产生恐惧心理—基于恐惧心理处分财产—行为人或第三人获得财产—被害人遭受财产损失。前案是否构成刑法上的敲诈勒索罪主要争议在于李某是以非法占有为目的要挟企业还是合法的专利维权。

前案中李某等人在 2015~2017 年以专利诉讼方式向 4 家拟上市公司“敲诈”216.3 万元，为了避免影响上市或融资，4 家公司均选择“和解”并支付总计 116.3 万元“和解费”。其中，A 公司不得不与李某签订“专利实施许可”协议，事后李某又利用许可协议漏洞，通过关联公司再次提起专利诉讼并向证监会举报，又一次向 A 公司索要一笔“和解费”。

囤积专利和提起诉讼这两个行为本身都不违法，但并不意味李某就可以免除刑事责任。到底是合法维权还是敲诈勒索，除了一条简单的而新闻报道外，还有待于更多、更准确事实的披露。我们会持续关注法院对本案的判决并及时跟进案件发展。但是无论李某会否锒铛入狱，企业都应当了解“专利流氓”的套路，防范知识产权侵权诉讼给企业带来不利变化的风险。

三、企业须知——拟上市时知识产权诉讼对上市的影响

正在融资阶段或已进入上市进程的企业很可能成为“专利流氓”眼中的“大肥羊”，要小心“专利流氓”前来碰瓷。

IPO 是企业向市场融资的最关键步骤，上市进程一旦开启，企业公开信息便会引起广泛关注，此时若您的企业在 IPO 发行中遭遇专利诉讼，可能面临质疑而暂停 IPO 发行。因为证监会对于拟上市公司的盈利能力等各方面采取严格的审核标准，在 IPO 发审期间因诉讼等造成的重大负面信息可能导致审核中止或延期。

《首次公开发行股票并上市管理办法》第 30 条规定：“发行人不得有下列影响持续盈利能力的情形：……（五）发行人在用的商标、专利、专有技术以及特许经营权等重要资产或技术的取得或者使用存在重大不利变化的风险……”

知识产权对上市企业的重要性不言而喻，企业拟上市期间更应当注意“专利流氓”以提起知识产权诉讼、向证监会举报为要挟向该企业非法索取巨额钱财的风险，建议企业及时做好防范和应对措施，并注意采取措施控制媒体舆论对社会的影响。

四、拒绝“碰瓷”，从何做起？

敲响警钟，未雨绸缪很重要。企业在日常经营中，为防止遭遇流氓碰瓷，应该怎么做呢？

（一）建立专利预警系统

企业及时监控专利公告并收集竞争对手、管理企业的相关专利情报，并关注

相关领域专利许可、诉讼的发展动态，不仅可以使企业避免重复研究，还可以避免专利侵权，减少企业诉累。

（二）充分检索，完善产品专利布局

企业还应加强专利申请意识，“充分尊重他人知识产权，在产品开发时即充分检索、分析他人专利技术，将他人专利吃透，能规避的规避、能迂回设计的迂回设计”。[①]

（三）积极应诉 + 迂回对抗

在遭遇到专利流氓的碰瓷之后，应积极应诉，通过聘请专业的专利律师介入，制定科学的应诉策略。此外，由于专利流氓选择的诉讼时间点往往为企业发展的关键点，如新产品大量投放市场，企业上市等，选择正面对抗的方式难保结果万无一失，在这种时候，通过与专利流氓签署专利许可使用协议的方式确保企业渡过关键节点实则为最稳妥的方式。待企业渡过关键节点，再向法院提出确认之诉，请求确认目标专利无效也不失为一种迂回的解决问题的方式。

① 《如何应对“专利流氓”？三位知识产权专家联合“支招”》，载微信公众号“IPDaily”2015 年 2 月 1 日，https：//mp.weixin.qq.com/s/narpld_0lOUcwAc6tYTmSg。

传媒篇

从"乔丹"案看名人在先权利的保护

齐宝鑫　池振华　龚未云

最高人民法院对迈克尔·杰弗里·乔丹（以下简称乔丹）诉乔丹体育股份有限公司（以下简称乔丹公司）商标侵权案作出裁决：由国家知识产权局对第6020578号"乔丹及图"商标（见图1）重新作出裁定。可以预见到，该商标被撤销几成定局。

图1　乔丹公司涉案商标

关于名人肖像权与姓名权等权利的保护问题一直是近年来的热门话题，如范冰冰工作室申请注册了"范冰冰""FANBEAUTY""QUEEN FAN"等500余件商标。而乔丹与国家工商行政管理总局商标评审委员会及乔丹公司关于"乔丹"商标行政纠纷系列案件入选最高人民法院的指导性案例，对于名人肖像权及姓名权保护具有很高的指导意义。笔者统计了乔丹系列纠纷案件，从案件的判决理由、胜诉率等角度出发，逐一进行分析。

一、乔丹系列案件概述

以“乔丹”为关键词，限定案由为“商标行政诉讼”，在威科先行上共检索到162起案件。经筛选，其中共有78起案件与乔丹及乔丹公司相关。

其中，仅涉及姓名权的案件共有42起，占比为53.85%；仅涉及肖像权的案件共有13起，占比为16.67%；既涉及姓名权又涉及肖像权的案件共有23起，占比为29.48%。

在42起仅涉及姓名权的案件中，乔丹胜诉的案件共有3起，占比为7.14%；在涉及肖像权的案件中，乔丹均败诉。

在78起案件中，商评委、一审法院、二审法院与最高人民法院意见相左的案件均为3起，占比均为3.85%。

二、案件分析

在前述78起案件中，原告主要提出了三大诉讼理由：（1）乔丹公司未经原告许可，擅自将与原告中文译名相同或近似的标志申请注册为商标，属于2001年《商标法》第31条规定的“损害他人现有的在先权利”的情形；（2）乔丹公司的行为属于2001年《商标法》第10条第1款第8项规定的“有其他不良影响”的情形；（3）乔丹公司的行为属于2001年《商标法》第41条第1款规定的以“其他不正当手段取得注册”的情形。下文将针对乔丹系列案件中仅涉及姓名权的案件进行分析。

（一）胜诉案件

在3起胜诉的案件中，争议商标均由“乔丹”两个汉字组成，其胜诉理由如下：

1. 我国相关公众、新闻媒体普遍以“乔丹”指代原告，“乔丹”二字已和原告产生了联系，原告对争议商标标志“乔丹”享有在先的姓名权。

2. 乔丹公司明知原告在我国具有长期、广泛的知名度，仍然使用“乔丹”申请注册争议商标，容易导致相关公众误认为标记有争议商标的商品与原告存在代言、许可等特定联系，损害了原告的在先姓名权。

最终，法院以2001年《商标法》第31条的规定支持了原告的诉讼请求。

（二）败诉案件

在涉及姓名权的败诉案件中，争议商标均由“乔丹”的拼音或者在读音及字形上与“乔丹”相同或近似的文字构成，其败诉理由归结为如下几点：

1. 原告对争议商标不享有在先姓名权，不符合2001年《商标法》第31条规定的“侵害在先权利”撤销事由。如在（2016）最高法行再29号案件中，最高人民法院认为：争议商标标志“QIAODAN”系再审申请人英文姓名“Michael Jeffrey Jordan”的部分中文译名“乔丹”的拼音。根据再审申请人提交的我国境内有关报纸、期刊、网站上刊登的关于再审申请人的文章，以及相关书籍、专刊、庭审笔录、调查报告等证据，虽然可以证明再审申请人及“乔丹”在我国具有长期、广泛的知名度，但不足以证明相关公众使用“QIAODAN”指代再审申请人，也不足以证明“QIAODAN”与再审申请人之间已经建立了稳定的对应关系。因此，再审申请人对“QIAODAN”不享有在先姓名权。

2. 争议商标标志并不具有其他不良影响，并不符合《商标法》第10条第1款第8项规定的“有其他不良影响”撤销事由。且即使争议商标的注册损害了再审申请人的特定民事权益，也应通过商标法的其他规定获得救济，不宜纳入《商标法》第10条第1款第8项调整的范畴。如在（2016）最高法行再30号案件中，最高人民法院认为：争议商标标志不存在可能对我国政治、经济、文化、宗教、民族等社会公共利益和公共秩序产生消极、负面影响的情形。再审申请人主张争议商标标志是否已经与再审申请人建立了更强的对应关系，是否会容易导致相关公众的混淆，与本案争议商标的注册是否符合《商标法》第10条第1款第8项的规定不具有直接关系。即使争议商标的注册损害了再审申请人的特定民事权益，也应通过商标法的其他规定获得救济，不宜纳入《商标法》第10条第1款第8项调整的范畴。因此，一审、二审法院关于该条法律不适用于本案的认定正确，应予维持。再审申请人关于争议商标既损害了其作为特定民事主体的权益，又导致了公众混淆，从而损害了公共利益和公共秩序的主张没有事实和法律依据，法院不予支持。

3. 争议商标并不是以“不正当手段”取得注册，不符合2001年《商标法》第41条第1款规定的以“其他不正当手段取得注册”撤销事由。即使争议商标的注册损害了特定民事权益，也应当通过商标法的其他相应规定进行审查判断，而不应纳入《商标法》第 41 条第 1 款调整的范围。如在（2016）最高法行再 31 号案件中，最高人民法院认为：争议商标的注册并不属于扰乱商标注册秩序、损害公共利益、不正当占用公共资源或者以其他方式谋取不正当利益的行为，不属于《商标法》第 41 条第 1 款所规定的“其他不正当手段”。再审申请人亦未提供证据证明争议商标的注册系以欺骗手段或者其他不正当手段取得注册。即使争议商标的注册损害了特定民事权益，也应当通过商标法的其他相应规定进行审查判断，而不应纳入《商标法》第 41 条第 1 款调整的范围。再审申请人关于争议商标系以其他不正当手段取得注册，违反了《商标法》第 41 条第 1 款规定的主张，法院不予支持。

三、案件思考

前述案件中认定若争议商标的注册损害了原告的特定民事权益，也应通过商标法的其他规定获得救济，不宜纳入《商标法》第 10 条第 1 款第 8 项调整的范畴。此时，即引发在先权利条款与不良影响条款的适用问题，是否损害了特定民事权益不能寻求不良影响条款的救济？下文将结合现行《商标法》具体分析。

（一）特定条款概述

我国《商标法》第 32 条规定：申请商标注册不得损害他人现有的在先权利，也不得以不正当手段抢先注册他人已经使用并有一定影响的商标。一般而言，“在先权利”，包括现行法律已有明确规定的在先法定权利，及其他合法权益。该条款所述的理由也经常被称为相对事由。

我国《商标法》第 10 条第 1 款第 8 项规定：有害于社会主义道德风尚或者有其他不良影响的标志不得作为商标使用。在判断有关标志是否属于具有其他不良影响的情形时，一般应当考虑该标志或者其构成要素是否可能对我国政治、经济、文化、宗教、民族等社会公共利益和公共秩序产生消极、负面影响。该条款所述的理由也经常被称为绝对事由。

（二）在先权利条款适用的局限性

我国《商标法》第 45 条第 1 款规定：已经注册的商标，违反本法第 13 条第 2 款和第 3 款、第 15 条、第 16 条第 1 款、第 30 条、第 31 条、第 32 条规定的，自商标注册之日起5年内，在先权利人或者利害关系人可以请求商标评审委员会宣告该注册商标无效。对恶意注册的，驰名商标所有人不受5年的时间限制。

由前述法律规定可知，即使一个商标的申请注册损害了他人现有的在先权利，但若该商标核准注册超过5年，即无法再适用《商标法》第32条的规定请求宣告该商标无效。在此情形下，若再坚持通过《商标法》其他规定寻求救济，恐怕难以维护在先权利人的合法权利。

（三）不良影响条款适用的正当性

无论从现行法律规定还是从司法实践来看，当无法适用《商标法》第32条所规定的在先权利寻求救济时，适用《商标法》第10条第1款第8项所规定的不良影响条款寻求救济具有正当性和合理性。

从法律规定来看，我国《商标法》第44条第1款规定：已经注册的商标，违反本法第4条、第10条、第11条、第12条、第19条第4款规定的，或者是以欺骗手段或者其他不正当手段取得注册的，由商标局宣告该注册商标无效；其他单位或者个人可以请求商标评审委员会宣告该注册商标无效。由前述规定来看，《商标法》第10条作为请求宣告注册商标无效的理由不受5年时效规定的限制，此正好可以填补在先权利条款适用的时效性限制。

从司法实践来看，现有司法判决已明确权利人的肖像权可通过《商标法》第10条第1款第8项所规定的不良影响条款寻求救济。如在吴某与张裕公司“张弼士”商标权无效宣告行政纠纷系列案例中，第3308140号诉争商标申请注册已超过5年，北京市高级人民法院认为：吴某与张弼士、张裕公司并无关联，其将张弼士肖像及张裕公司开始筹办的年份作为商标注册在第33类葡萄酒等商品上，易使相关消费者将商品的品质特点与张弼士本人或张裕集团及其产品相联系，从而误导消费者，并造成不良影响。因此，被诉决定认定诉争商标的注册已经构成2001年《商标法》第10条第1款第8项规定所指情形并无不当，原审判决具有事实和法律依据。

乔丹案件历时已久，在先权利条款与不良影响条款的适用的具体走向还有待进一步“揭开司法面纱”。

演艺经纪合同纠纷的司法现状及应对措施分析

齐宝鑫　池振华　常　澄

近年来，随着我国文化娱乐业的迅猛发展，“造星”类娱乐节目层出不穷，各类经纪公司也如雨后春笋般纷纷涌现。原本共生共赢的艺人与经纪公司，却时常因解约事件而见诸报端，吸引着大众的眼球。对于艺人单方终止演艺经纪合同纠纷的法律性质及其法律后果，已成为法律界人士关注的热点话题。笔者拟就所参与的多起演艺经纪合同纠纷案件，对艺人单方终止经纪合同纠纷的司法现状作考察，并提出法律应对措施建议。

一、演艺经纪合同纠纷频发的起因

艺人在刚出道之时，由于自身知名度有限、行业资源匮乏，在签订经纪合同时往往处于劣势。因此签订的演艺经纪合同往往对自身不利，主要集中体现为双方权利义务不对等、高额的违约金、较长的演艺合同期、经纪公司的“雪藏”权，等等。待到艺人声名鹊起时，起初的心态也会发生很大变化，其话语权已变得相对强势，双方对于原有合同的认识、利益分配、工作安排等矛盾日益凸显。加之对于部分经纪人、经纪公司“造星”能力的质疑，双方分道扬镳已成为摆在面前的选项。另外，针对艺人的离心离德，甚至“另起炉灶”，已经为艺人成名前期投入了大量资源的经纪公司显然无法接受，双方对簿公堂也就顺理成章了。①

二、演艺经纪合同的法律性质

法律关系的性质涉及具体的法律适用问题，因此必须慎重。“演艺经纪合同”虽是行业内常见的合同名称，但在最高人民法院公布的民事案由中却并未列入该案由。当然，我们知道合同的标题、名称和关键词并非合同性质判断的决定因素，合同的性质主要取决于合同的内容，因为合同内容承载着当事人的权利义务关系，并以其主合同义务确定合同的性质和类型归属。②

笔者针对所掌握的演艺经纪合同内容进行了大致的分类，一般的经纪合同中都包括了经理人服务（Manager）内容，代理签约的经纪服务（Agent）内容，知识产权、姓名权、肖像权等权利许可和权利归属内容，经纪公司的管理内容等。从演艺经纪合同的内容看，这些内容涉及当事人之间诸多权利义务关系，并非单一的某种类型的法律关系所能囊括，因此演艺经纪合同并不能归入委托合同、居间合同等任何一类合同中，而应当视为混合合同（综合性合同）。

司法实践对于演艺经纪合同的性质也在逐步统一认识。在“林某某诉上海唐人电影制作有限公司案”③中，原审法院将演艺经纪合同认定为委托合同，进而适用相应法条裁判。但在二审阶段，法院纠正了一审法院的认定，并认为：“该《经理人合约》并非单纯的‘合同法’项下的委托合同，现从该系争合约的性质来看，其同时具有委托合同、劳动合同、行纪合同和居间合同等特征，应认定该合约为包含了多种权利义务关系的综合性合同。”④在“窦某诉北京新画面影业有限公司演

---

① 据不完全统计，除突发事件导致的艺人集体解约外，仅2019年就有8起明星解约案件。参见《艺人频频主动公开解约，谁在破坏偶像行业？》，载娱乐资本论2020年1月8日，https://baijiahao.baidu.com/s?id=1655131191759942976&wfr=spider&for=pc。有数据统计，2014~2018年，艺人作为原告提起解除演艺经纪合同的案件比例为82%。参见刘承韪：《论演艺经纪合同的解除》，载《清华法学》2019年第4期。

② 参见最高人民法院《关于经济合同的名称与内容不一致时如何确定管辖权问题的批复》（法复〔1996〕16号）。

③ 参见上海市闵行区人民法院民事判决书，（2013）闵民一（民）初字第3749号。

④ 上海市第一中级人民法院民事判决书，（2013）沪一中民一（民）终字第2086号。

出经纪合同纠纷案”中北京市高级人民法院也持相同的意见。[①] 从目前看，演艺经纪合同属综合性合同的性质已经得到了司法界的普遍认可，这对于演艺经纪合同纠纷的司法裁判具有重要的意义。

三、艺人单方终止演艺经纪合同的司法现状

艺人单方终止与经纪公司的演艺经纪合同的法律途径，主要通过申请法院或仲裁机构撤销双方签订的演艺经纪合同、解除合同或者诉请确认合同无效三种方式。

（一）撤销演艺经纪合同

我国《民法总则》第 147~151 条规定了在欺诈、胁迫、显失公平、重大误解四种情形下当事人撤销演艺经纪合同的权利。从目前笔者检索的司法判决情况看，欺诈、重大误解、显失公平是艺人常见的抗辩事由，但由于合同撤销权的行使条件比较严苛，故艺人以此为由撤销演艺经纪合同的成功案例并不多。

目前，笔者检索尚未发现以重大误解或显失公平为由撤销演艺经纪合同的成功案例。在该类型的案件裁判上，法院通常认为：“本案中，原告是完全民事行为能力人，在签约前亦曾为江南影视艺术职业学院的学生，对演艺行业应有明确的认知能力，对其自身今后的演艺规划及人生构想应具有自我识别的能力，结合原告的身份、经历，只要尽到了初步的谨慎义务，《艺人合约》中的大多约定后果是可以预见的，所以合同个别条款的约定虽存在与法律法规冲突或表述不准确的情况，但不足以导致整个合同效力发生变化，故原告以双方在签订上述合约时存在重大误解及显失公平为由要求撤销合同理由不充分，可另行寻求其他途径解决，本院对原告的请求不予支持”。[②]

（二）解除演艺经纪合同

古罗马法谚有云：“债即法锁”。“现代合同法普遍将严守契约和鼓励交易作

---

① 参见北京市高级人民法院民事判决书，（2013）高民终字第 1164 号，该案例入选“2013 年中国法院 50 件典型知识产权案例”。

② 北京市东城区人民法院民事判决书，（2016）京 0101 民初 19436 号。

为宗旨，而解除合同的法律效果使当事人之间的权利义务关系终止”，[①] 脱离了合同关系，因此，现代国家普遍将解除合同的事由范围及当事人的权利加以明确规定。我国《合同法》第 93 条及第 94 条分别规定了合同解除的三种方式，分别为协商解除、约定解除和法定解除。

1. 协商解除

对于协商解除，这属于当事人之间意思自治、合同自由的范畴，只需要双方在不违反法律法规的条件下，协商一致即可，故于兹不赘。

2. 约定解除

关于约定解除，通常是在演艺合同中，一方约定在某种特殊情况下，行使的单方面解除权，如合同通常会约定艺人在合同期间发生违法犯罪等行为时，经纪公司享有单方解除权。演艺经纪合同文本中，由于经纪公司往往处于强势地位，故经纪公司常常规定了大量约定解除权条款，而艺人通常不享有约定解除权。[②] 此外，法院仍会根据案件的综合情况赋予一方单方解除权，如在笔者参与代理的上海英模文化发展有限公司与王某经纪合同纠纷案件中，法院认为：“系争合同是英模公司提供的格式合同，规定己方享有单方解除权，而对方不享有，并未以合理的方式提请对方注意。综上，综观双方关系、签约经过、履约情况等，可认定王某亦享有单方解除权，系争经纪合约自王某函告英模公司之日起解除。”[③]

3. 法定解除

关于艺人与经纪公司双方是否符合法定解除的情形，是演艺经纪合同纠纷中常见的争议焦点。根据《最高人民法院公报》（2014 年第 10 期）公布的指导性案例：当事人一方解除合同的理由，不符合双方合同关于解约条件的约定，亦不

---

① 刘承韪：《论演艺经纪合同的解除》，载《清华法学》2019 年第 4 期。

② 但也有不少例外情况，这主要是根据艺人与经纪公司在签约时的地位相关。如“薛某某与上海坤宏传媒投资管理有限公司其他合同纠纷案”［上海市静安区人民法院民事判决书，（2014）静民一（民）初字第 1163 号］，薛某某与坤宏传媒的合同中，即约定坤宏传媒为薛某某首张专辑的投入至少 150 万元，合同签订后的一年内发行薛某某的专辑，违反该条款薛某某即享有合同解除权，薛某某正是基于此而解除了合同。再如曹某与北京一轮辉煌文化传播有限公司解约案［北京市第一中级人民法院民事判决书，（2017）京 01 民终 3291 号］等。

③ 参见上海市黄浦区人民法院民事判决书，（2018）沪 0101 民初 17190 号；上海市第二中级人民法院民事判决书，（2019）沪 02 民终 3813 号。笔者对法院赋予艺人单方解除权的法律依据存在疑问。

属于《合同法》第 94 条可行使法定解除权的情形，其通知解除的行为，不发生解除合同的效力，[①] 因此《合同法》第 94 条的适用具有严格的条件，不享有解除权的一方无权解除合同。[②]

在法律实务中，即便是艺人以公司拖欠报酬或未及时支付报酬为由请求解除合同，也未必会得到法院认可。例如，在上海脉淼信息科技有限公司与谭某某其他合同纠纷中，法院认为：脉淼公司在合同履行过程中确实存在迟延支付部分合作费和道具分成的情况，但至谭某某向脉淼公司寄送解除通知之时，脉淼公司拖欠支付的时间均未超过两个月，谭某某也未举证证明其对脉淼公司迟延支付费用的行为提出过异议或进行过催告，故脉淼公司迟延支付费用的行为虽已构成履行瑕疵，但未达到使谭某某合同目的不能实现的程度……谭某某在向脉淼公司寄送《解除通知》时不享有合同解除权。其解除通知不管是否已送达脉淼公司，均不发生合同解除效力。[③] 同时，正如上文所述，目前理论与实务界已取得共识，演艺经纪合同不属于委托合同，故艺人并不享有《合同法》第 410 条所赋予的任意解除权，自然也无法援引《合同法》第 94 条第 5 款的规定解除合同，此时，艺人如提出解除合同即无法实现。

但演艺经纪合同与其他类型合同有存在众多不同之处，尤其是其带有较强的人身属性，需要合同双方具有一定的信任基础，合同才能得以顺利履行。一旦双方诉诸法律，多是意味着已陷入了谈判困境，双方关系已经闹僵，信任基础已不复存在。因此，在艺人提出解约时，即便是艺人的解约理由不够充分，甚至不能成立，多数法院仍然会以"已无继续履行可能""缺乏信任基础"为由

---

① 参见最高人民法院民事判决书，(2013) 民一终字第 18 号。

② 最高人民法院民二庭法官会议纪要（2017 年 12 月 2 日）也认为："当事人根据《合同法》第 96 条的规定通知对方解除合同的，必须具备《合同法》第 93 条或者第 94 条规定的条件，即需要具备约定或法定的解除权，合同才能解除。人民法院在审查合同是否解除时，需要审查发出解除通知的一方是否享有合同解除权，不能仅仅以约定或法定的异议期限届满而受通知一方未起诉表示异议就认定合同已经解除。"

③ 参见上海市浦东新区人民法院民事判决书，(2017) 沪 0115 民初 64176 号，相似案如"蒋某某与天津唐人影视股份有限公司合同纠纷案"，北京市第三中级人民法院民事判决书，(2016) 京 03 民终 13936 号。

解除合同。[①] 但通常认为，合同解除权归属于守约方，违约方不享有合同解除权，并无"违约解除权"，[②] 只是在《合同法》第 110 条规定了三种非金钱债务的违约责任情形，其中第 1 款中即列明"法律上或者事实上不能履行"，但理论通常认为该条仅针对非违约方主张继续履行时，违约方的抗辩，而不能主动提出解除合同，[③] 有学者据此称法院行使的是"酌定解除权"。[④]

由于我国法律上一般不承认违约解除权，且缺乏信任并非合同解除权的法定理由。此外，从双方利益考量上看，如果允许艺人在违约情况下解除合同，也有违背公平及诚实信用等基本原则之嫌，不利于艺人经纪行业的长期良性发展。故司法实践中也存在部分支持演艺经纪公司要求继续履行合同的案例，如 2016 年"蒋某某案"、[⑤]2017 年"孙某宏案"、[⑥]2018 年"金某案"[⑦] 等。

（三）确认演艺经纪合同无效

在演艺合同纠纷案件中，演艺公司没有取得《营业性演出许可证》等证照或者证照过期，成为艺人解约或者确认经纪合同无效的常用理由。[⑧] 根据《营业性演出管理条例》第 7 条、第 43 条的规定，演出经纪机构，应当具备《营业性演出许可证》。但实际上，是否取得《营业性演出许可证》与双方签订的演出经纪合同效力并无直接关系。正如"羽泉与 IMAR 公司经纪合同纠纷案"中北京市高级人民法院认为，"依据《营业性演出管理条例》的规定，演出经纪机构应当取

---

① 根据学者统计，在 2014~2018 年请求解除合同的 68 份案例中，法院支持或者部分支持原告诉请的有 57 份，原告胜诉率为 84%。参见刘承韪：《论演艺经纪合同的解除》，载《清华法学》2019 年第 4 期。法院一般会依据《合同法》第 60 条"诚实信用原则"的规定，甚至并不直接指明具体的法律依据而径行判决解除。

② 当然，法律和司法解释均有例外规定。例如，《合同法》第 268 条、第 410 条，最高人民法院《关于审理商品房买卖合同纠纷案件适用法律若干问题的解释》第 23 条、第 24 条，最高人民法院《关于审理融资租赁合同纠纷案件适用法律问题的解释》第 11 条等。

③ 参见韩世远：《合同法总论》，法律出版社 2018 年版，第 666 页。

④ 刘承韪：《论演艺经纪合同的解除》，载《清华法学》2019 年第 4 期。

⑤ 参见北京市第三中级人民法院民事判决书，（2016）京 03 民终 13936 号。

⑥ 参见上海市第一中级人民法院民事判决书，（2016）沪 01 民终 13315 号。

⑦ 参见北京市第三中级人民法院民事判决书，（2017）京 03 民终 12739 号。

⑧ 笔者参与代理的王某与上海英模文化发展有限公司经纪合同纠纷案中，王某也提出该抗辩理由；笔者代理的另一"超模"解约仲裁案件中，该超模也提出类似解约理由。

得《营业性演出许可证》，IMAR 公司作为外国公司并未取得该许可证。但该条例作为行政法规就此作出强制性规定，其目的在于加强对中国境内营业性演出行业的行政管理，而并非否认与之相关合约在私法上的效力，故该强制性规定在性质上属于管理性强制规范，而不属于我国《合同法》第五十二条第五项规定的效力性强制规范。因此，IMAR 公司是否违反该规定均不影响其对外签订的合约在私法上的效力。”①

此外，在演艺经纪合同纠纷中，缔约主体的不适格问题往往是经纪公司忽略的导致合同被确认的重要原因之一。如“赵某与利时影业（北京）有限公司确认合同纠纷案”中，二审法院推翻了一审法院对于“视为完全行为能力人”的认定，并认为“《中华人民共和国未成年人保护法》第五十条规定，公安机关、人民检察院、人民法院以及司法行政部门，应当依法履行职责，在司法活动中保护未成年人的合法权益。故对于赵某在签订涉案合同时，是否符合《中华人民共和国民法总则》第十八条第二款所规定的视为完全民事行为能力人的情形，应予以严格审查。”②

四、艺人单方终止演艺经纪合同的法律措施应对分析

经纪公司在艺人发展前期对其培养、包装和推广要花费大量的人力、物力、财力，若任由艺人单方随意解除合同，将导致经纪公司在艺人发展前期投入的成本打水漂，进而使经纪公司将不愿投入巨资培养新人，这在增加经纪公司经营风险的同时，也将极大地抑制了演艺行业未来的发展。因此，有必要针对艺人单方面终止演艺合同进行必要的风险防范和应对。

（一）艺人单方终止演艺经纪合同前的法律风险防范

法律的作用不仅在于事后的补救，更在于事前的风险预测和防范。鉴于当前艺人单方终止演艺合同纠纷的高发态势，有必要在签订合同时根据总结归纳的风险点，做好风险预防工作。例如，签约前，对艺人签约行为能力的严格审核，必要时针对 18 周岁以下艺人应在其监护人陪同下共同签字认可；对于演艺经纪合同内容的审核，针对免除或者限制艺人责任的条款应当以合理方式提请其注意，

① 北京市高级人民法院民事判决书，（2009）高民终字第 2019 号。

② 北京市第三中级人民法院民事判决书，（2019）京 03 民终 14629 号。

并对该条款进行说明；对于明确艺人不享有单方任意解除权的约定，应参考保险合同的相关规范，要求其手写等。

（二）艺人单方终止演艺经纪合同后的法律风险应对

1. 申请诉前行为保全

我国《民事诉讼法》第 100 条规定："人民法院对于可能因当事人一方的行为或者其他原因，使判决难以执行或者造成当事人其他损害的案件，根据对方当事人的申请，可以裁定对其财产进行保全、责令其作出一定行为或者禁止其作出一定行为；当事人没有提出申请的，人民法院在必要时也可以裁定采取保全措施。"以上海法院首起对跳槽主播为第三人进行直播服务的行为保全裁定案例来看，行为保全裁定对于制止艺人继续违约，弥补演艺公司损失起到了关键作用。

2. 以不正当竞争为由起诉与艺人合作的第三方

一般而言，艺人与经纪公司签署的均为独家经纪合约，受法律保护，但是"挖墙脚"的行为仍然屡见不鲜。"（株）S.M.ENTERTAINMENT 诉黄某某、通用磨坊贸易（上海）有限公司其他侵权责任纠纷案"[①] 及"荣信达诉欢瑞世界影视传媒股份有限公司、北京光线传媒股份有限公司不正当竞争案"，[②] 虽然未能支持经纪公司的主张，但在其后"武汉鱼趣网络科技有限公司与上海炫魔网络科技有限公司、上海脉淼信息科技有限公司等著作权权属、侵权纠纷案"[③] 中，法院以炫魔公司、脉淼公司违反《反不正当竞争法》第 2 条之规定，认定炫魔公司、脉淼公司构成不正当竞争行为。该判决虽然是针对游戏主播跳槽的行为，但对于演艺经纪公司仍然具有一定的启示，有利于威慑争抢流量艺人的第三方经纪公司。

3. 以根本违约为由起诉艺人

在艺人以自己的行为明确表示不履行演艺经纪合同，且双方谈判无果时，演艺经纪公司应当尽快采取法律行动，要求艺人继续履行合同，并要求其赔偿损失，避免损失的继续扩大。

---

① 参见上海市浦东新区人民法院民事判决书，（2016）沪 0115 民初 44270 号。

② 参见北京市朝阳区人民法院民事判决书，（2015）朝民（知）初字第 04629 号。

③ 参见武汉市中级人民法院民事判决书，（2017）鄂 01 民终 4950 号。

从“举报信案”论公众人物名誉权的边界与维权

齐宝鑫　池振华　朱乐雯

2019年11月29日，一封《举报信》的截图引发了舆论关注。《举报信》中，举报人饶某在斥责了国家自然科学基金委对其的调查请求后，转而将矛头对准了其他3位科研工作者，并建议国家自然科学基金委调查3位的学术造假行为。[①]举报人的较大社会影响力及其所举报内容的较高社会关注度，迅速吸引了万千读者的注意，各大网络媒体的争相报道。《中国新闻周刊》《文汇报》等媒体更是找到了涉案当事人进行求证，并发布了大量新闻报道，部分报道的阅读量在短时间之内已突破10万。

该案所折射出的学术争议事件，以及由该类学术争议引发的名誉权侵权纠纷案，其实在司法实践中并不鲜见。本文拟以“举报信案”为引，结合相关司法判例，对本次事件可能衍生出的公众人物名誉权的边界与维权问题进行简要法律分析。

一、公民行使检举、控告权是否为名誉权侵权的免责事由？

最高人民法院《关于审理名誉权案件若干问题的解释》第5条规定：“公民

① 参见曹颖、冯雨昕：《饶毅“举报信”背后：学术科研造假的冰山一角》，载南方周末网2019年12月12日，http://www.infzm.com/contents/172221。

依法向有关部门检举、控告他人的违法违纪行为，他人以检举、控告侵害其名誉权向人民法院提起诉讼的，人民法院不予受理。如果借检举、控告之名侮辱、诽谤他人，造成他人名誉损害，当事人以其名誉权受到侵害向人民法院提起诉讼的，人民法院应当受理。”

“举报信案”的导火索便是以饶某为落款人的实名举报信，而公开举报其实质则为公民行使检举、控告权的一种常见的表现形式。在司法实践中，公民行使检举、控告权能否作为名誉权侵权的免责事由，须结合案情综合判断。

在陈某某与邓某某名誉权纠纷案件①中，被告陈某某在某网络问政平台上发布名为《举报开县德阳中学校长——邓某某》的帖子，举报原告邓某某在管理学校的过程中存在“乱收费”的情况，而后，中共开县县委教育工委就上述网帖作出了回复，称关于陈某某反映的“乱收费”的情况并不属实。法院认定：即使被告举报内容经查证后并不属实，但其合法的言论自由仍应受到法律的保障。但是被告在举报同时，称原告是“毒瘤”，应当“为民除害”，这些词汇从汉语言通常表达形式看均具有明显的贬义，带有人身侮辱性，其行为侵害了原告的名誉。

而在王某澄诉王某敏名誉权纠纷案件②中，被告王某澄系原告王某敏曾经的学生和助手，其根据所了解的情况公开实名举报了原告王某敏论文造假、博士学位造假、申报院士时造假等问题。法院认定：被告有一定的事实材料为依据，虽然存在言辞过激之处，但尚属其行使正当权利的范畴。在主管机关出具了初步调查意见后，原被告虽均持异议，但主要异议在于对相关行为的定性，为此被告仍坚持其观点并将之诉诸互联网公开发表，亦不能据此认定其具有侵害原告名誉权的主观恶意，且原告作为社会公众人物对此亦负有相应的容忍义务。故被告仅就公开实名举报的行为而言，不构成对原告名誉权的侵害。

由此可知，法院在判定公民是在合法行使检举、控告权，还是借检举、控告之名侵害他人名誉时，审查重点乃是检举、控告信的内容以及言词表达。如陈某某与邓某某名誉权纠纷案，被告脱离了对“乱收费”情况的陈述，使用了一些带有人身侮辱性的“毒瘤”等词汇时，则可能会被认定为构成名誉权侵权。虽然，法院在王某澄诉王某敏名誉权纠纷案件中允许被告言辞过激，但“基本属实标

---

① 参见重庆市第二中级人民法院民事判决书，（2016）渝02民终00884号。

② 参见上海市第一中级人民法院民事判决书，（2016）沪01民终10822号。

准”[①]仍需遵守，即行为人所检举、控告的内容应当有一定的合法的来源和根据，不得过度引申及演绎。

二、网络公开发表言论的自由与责任边界问题

微博、微信公众号、博客、论坛等自媒体，因其低成本的特点以及无远弗届的跨地域传播能力，[②]使公民的表达权及言论自由得到了技术性的提升，但也正因网络与生俱来的开放性及便捷性的技术特性，使网络侵权造成的后果可能更甚。在邹某与北京大学名誉权纠纷案件[③]中，法院对于微博平台言论自由的界限进行了如下阐释：“个人微博是个人社交的重要方式，相比正式场合的言论，微博上的言论随意性更强，主观色彩更加浓厚。但是，自由既是一种权利，也是一种责任，自由的界限就是不得侵犯他人的合法权利。网络是现实社会的投影和延伸，因此，在微博中自由发表言论也不例外”，并提出在公开发表微博言论时，一个“诚信谨慎之人”应做到以下四个层次的一般注意义务：

1.“事实陈述”时，所述事实应当基本或大致属实；

2.“意见表达”时，评论内容应当大致客观公正；

3.陈述或评论时，不得使用侮辱性言辞攻击他人；

4.当微博言论涉嫌侵害他人合法权益，所致不利影响迅速扩散时，应当积极配合查证并消除不利影响。

然而，上述四个层次的一般注意义务针对的是普通民众发表言论的情况，在司法实践中，相较普通民众，法院对公众人物发表言论的注意义务提出了更高的要求；相较私人事务话题，法院对于公共事务话题的言论尺度进行了适当放宽。

（一）公众人物区别于普通民众的注意义务

“公众人物”的概念早期见于美国1964年的“沙利文案”、1967年的“巴茨案”

① 白小莉：《控告与名誉侵权的边界问题——北京三中院判决张咪诉华筝古韵中心等名誉权纠纷案》，载《人民法院报》2014年第6期。

② 参见胡瑶：《论网络言论自由的法律边界》，华东政法大学2018年硕士学位论文，第1~2页。

③ 参见北京市第一中级人民法院民事判决书，（2014）一中民终字第09328号。

以及1973年的“格茨案”,[①]3起案件法官分别提出“公共官员”“在有关公共问题与事件上的言行，与公众的紧密程度堪比政府官员的人”“在社会事务中发挥突出作用的、占据具有说服力和影响力的职位的、主动卷入某些特别的公共争议中、引起了人们关注与讨论的人”属于公众人物的概念。

而我国现行的法律法规中，暂无针对公众人物的界定，但法院却早已将“公众人物”这一概念运用在审理注意义务高低的司法实践中。在王某某等与方某某名誉权纠纷案件[②]中，法院指出“公众人物因具有较高的知名度，其言行具有强大的号召力和影响力。公众人物在享受知名度带来的便利的同时，应当充分预见到自身的言行往往对社会公共利益产生较大影响，其不当言论会较一般言论而言引发更严重的损害后果及不良影响。因此，面对网络环境的现实情况，公众人物应当具备更高的注意义务，提升自身的言行标准”。本案中，原告方某某（笔名方舟子）因“方舟子系列打假”事件而为公众广泛知晓，被告王某某为微博认证的资深媒体人，粉丝数于案件审理时已达341,043人，法院认定双方均是“具有一定社会影响的公众人物”。2015年6月25日10时7分，王某某发博文称“方舟子碰瓷诉讼以败诉而告终”；方舟子认为该内容构成名誉权侵权，请求法院判令删除；王某某抗辩称“碰瓷”败诉是媒体、民众对上述事件的解读，并提交了新浪新闻与凤凰娱乐的相关报道；法院在一审判决书中强调：虽然王某某提交证据辩称其指称该案为“碰瓷”系有关媒体及网络用户的在先解读，但王某某作为公众人物，在公开发言时应当尽到比普通网络用户更高的注意义务，在没有相应事实根据的情况下，不可人云亦云，以讹传讹，故法院对其辩称不予采信。可见，法院对公众人物提出的注意义务的要求已高于普通网络用户。

由此可推知，本文前文所提及的“举报信案”中，作为公众人物的饶某，在表达者的角色里应尽到比普通民众更高的注意义务，以免利用自己的影响力并通过自己的言行使公众产生错误性的认识，对其他人物的名誉造成不必要的损害。

---

① 参见曹宋琪：《新媒体环境下公众人物名誉权的限制与保护》，华中科技大学2019年硕士学位论文，第6~7页。

② 参见北京市第一中级人民法院民事判决书，(2019)京01民终4172号。

（二）公共事务话题区别于私人事务话题的言论尺度

在方某某与崔某某名誉权纠纷案件[①]中，被告方某某是自由撰稿人、科普作家。原告崔某某原为中央电视台节目主持人，现为中国传媒大学高级编辑。二人微博均有大量粉丝，双方由转基因食品安全性问题的科学辩论逐步升级为带有恶意人身攻击性质的骂战，一度成为社会关注的焦点。法院在进行双方具体微博内容的侵权分析时，提出双方讨论的话题并非单纯的科学问题，还涉及公众知情选择权、食品健康安全等社会公共利益，因此，对双方微博中指责对方在转基因等科学问题上“传谣”“造谣”之类的言论，虽然个别用语令人不快，但仍属于法律上要求当事人应保持适当宽容度的言论，不构成侵权。

所谓真理越辩越明，对公告事务话题言论尺度的扩大，不单单是为减轻公众关于因言获罪的担忧，也是希望在争论中可以求得真理、达成共识。英国哲学家密尔曾提出：“即使是错误的意见通常也包含部分真理，而被普遍接受的意见也不完全是真理，所以，只有通过敌对意见的冲突才能使遗失的真理有机会得到补充。”[②]但需强调的是，尺度的扩大并不意味着绝对的自由，方某某与崔某某二人把对公共议题的讨论转化为“比人品”“比下限”的竞赛，法院只得认定为侵权，并在判决书中“建议双方在今后进行微博发言时，能够对其语言、行为方式进行反思，秉承客观、理性、宽容、负责的议事原则，科学论证、节制表达、对事不对人”。此点建议不仅适用于二人，同样也适用于每一个就公共事务话题行使言论自由权的大众们。

三、总结

在我国，目前基本权利冲突最常见的表现形式为因言论自由权的行使而衍生出的名誉权侵权纠纷，[③]本文以“举报信案”为引，旨在就可能涉及的几个公众人物名誉权的边界与维权问题作简要解答，现总结如下：

1. 公众人物名誉权与公众的检举、控告权的边界在于“基本属实标准”，行为人所检举、控告的内容应保证有一定的合法的来源和根据，不得作过度引申及

① 参见北京市海淀区人民法院民事判决书，（2014）海民初字第 7504 号。

② ［英］密尔：《论自由》，程崇华译，商务印书馆 1959 年版，第 56 页。

③ 参见胡瑶：《论网络言论自由的法律边界》，华东政法大学 2018 年硕士学位论文，第 1~2 页。

演绎。公众人物维权时，应重点关注检举、控告信的内容以及言词表达。

2. 公众人物名誉权与言论自由权的边界视表达者的身份或表达内容所涉事项而调整：

（1）当表达者系公众人物时，其在行使言论自由权时，相较普通民众有着更高的注意义务，即使他人如新闻报道已进行相关的在先解读，公众人物仍应尽到核实义务，而不建议直接援引。否则，存在被认定为侵权的风险。

（2）当表达内容涉及公共事务时，其言论尺度将有所扩大，但仍建议秉承客观、理性、宽容、负责的议事原则，科学论证、节制表达、践行“对事不对人”。若升级为“对人不对事”，则名誉权侵权风险仍然存在。

综艺节目模式的知识产权保护之路

齐宝鑫　池振华　朱乐雯

腾讯视频近期推出了一档职场观察类综艺《令人心动的offer》，展现了8位实习生在4位带教律师的帮助下，从校园步入职场时的蜕变过程。《令人心动的offer》开播当日，在法律圈就引发热议。其中一些“综艺迷”们发现，《令人心动的offer》与韩国*Good People*的节目模式大体相近，一时间引发了观众们的热议。其实综艺节目的引进并不足为奇，这也是目前国内各地方卫视颇为常见的引进海外综艺节目模式的做法。

而谈到海外综艺节目模式的引进这一话题时，法律人不得不提的便是浙江唐德影视股份有限公司（以下简称唐德影视）和上海灿星文化传播有限公司（以下简称灿星制作）及浙江卫视关于《中国好声音》的节目模式争议。据悉，《中国好声音》系灿星制作斥资300万元引进的荷兰原型节目*The Voice of Holland*，第一季的播出便打破了当时音乐选秀类节目持续低迷的局面。然而，当灿星制作等仍在继续使用《中国好声音》进行第五季的海选和录制时，唐德影视却已“获得独家授权在五年期限内在中国区域（含港澳台地区）内独家开发、制作、宣传和播出第5~8季《中国好声音》节目，并行使与《中国好声音》节目相关知识产权的独占使用许可”，[①]之后，唐德影视便以“侵犯商标权”及“不正当竞争”为由，

① 北京知识产权法院民事裁定书，（2016）京73行保1号。

于2016年6月23日正式提起诉讼。值得注意的是，唐德影视起诉的案由里并无“侵犯著作权”，相信这是代理律师基于对中国相关法律和司法判例慎重研判后选择的最优方案，因为我国法院对“侵犯节目模式著作权”的主张多持消极态度。①

然而，综艺节目模式的商业价值不言而喻，不断刷新的“海外版权费”纪录便是最直接的印证。但一个新的节目模式的开发从创意、策划、立项、融资、生产制作到最后的广告或宣传播出，②所投入的成本也是相当可观的，若不加以保护，同质化现象将直接影响节目模式制作人继续研发、设计节目模式的动力，最终会严重影响娱乐业的健康发展。但究竟应如何为综艺节目模式提供知识产权保护，便是本文接下来旨在探究的内容。

一、综艺节目模式引进的内容

在探究如何对综艺节目模式提供知识产权保护之前，首先需厘清保护对象——节目模式，从海外引进的具体内容。以《中国好声音》为例，300万元人民币“海外版权费”的背后，对于灿星制作及浙江卫视而言，其引进的内容究竟包含哪些？据笔者了解，所包含内容具体如下：

1. 综艺节目制作宝典：详细记载了节目的宗旨、操作流程、录制时间表、每日工作计划、学员挑选方式、摄影机的摆放位置、乐队和观众的录制位置以及其他被授权国家的历史经验总结，等等。③

2. 飞行制作人：指从原型节目 *The Voice of Holland* 制作方派来的专业指导人员。其提供的是为谨遵原节目标准，从方式方法层面“传授”灿星制作及浙江卫视如何制作的专业指导服务。曾经在制作过程中，同时有7位外国顾问到场进行“贴身”指导，细节的把控已精确到导师和身旁音响的距离以厘米计量。④

3. 标志性要素、道具的知识产权许可：回想《中国好声音》，留下深刻印象的莫过于“V”字手势Logo和导师所坐的转椅，而这些标志性要素及道具原型节

① 参见郑直：《引进节目模式应注意的法律问题》，载《中国新闻出版广电报》2017年6月8日，第5版。

② 参见王琦：《综艺节目模式法律问题研究》，中国政法大学2016年硕士学位论文，第43页。

③ 参见浙江卫视《中国好声音》栏目组编著：《梦工厂：音乐电视真人秀节目运作秘笈》，中国人民大学出版社2013年版，第7页。

④ 同上。

目 *The Voice of Holland* 制作方早已进行了相关的商标注册和专利申请，[1] 故在《中国好声音》制作方签订引进合同时，为实现节目风格的统一性，最直观的呈现节目品牌，有效利用在海外已获得市场认可度提升国内的知名度，因此，许可使用权也被纳入引进的范围里。

由此可知，引进方购买的并非一个确定的“模板”，而是“节目制作方法”与“节目形式”叠加的打包集合体。根据 1990 年《英国广播电视法》修订草案规定，节目模式被定义为“同时拥有固定和不固定的元素可开发成系列节目的节目框架”，[2] 从节目制作过程角度理解，其主要的构成元素包含节目类型、题材、任务、规则和流程设计、人员选择、场景、拍摄手法和后期制作手法等，而这些元素从策划到制作完成的过程中，都在不断地调整和完善，并非完全固定。

二、从我国法律规定看综艺节目模式的保护

我国《著作权法》第 3 条按照不同的表达形式对作品进行了分类，而节目模式并不能直接归类于现有的独立作品类型中，同时《著作权法实施条例》第 2 条规定具有“独创性”和“能以某种有形形式复制”的智力成果，构成著作权法所称作品。其中，“可以有形形式复制”首先要求的便是“必须有具体、明确的表达形式”。

如前所述，节目模式同时具备固定和不固定的元素，综艺节目之所以能够区分于影视作品，即在于它是一个由“人造情境”“自由时空”“真实记录”[3] 相互协作的产物。举例而言，节目制作方通过设定任务和规则埋设矛盾冲突，但节目嘉宾在实际情况下的表现是不由制作人事先预设的，正如《中国好声音》制作方会事先设定选人机制，但导师和学员在相互选择过程中所产生的具体的戏剧效果是无法预见的，而这些素材通过后期制作，进行一定导向性的剪辑和特效制作，最终才会形成“具体、明确的表达形式”，即综艺节目本身。因此，节目模式的形成更像是一种在“具备明确具体表达形式”的综艺节目里，抽象出如节目规则、框架等属于思想和方法的范畴里的东西，因而，综艺节目模式不满足“可以有形

① 参见王琦：《综艺节目模式法律问题研究》，中国政法大学 2016 年硕士学位论文，第 43 页。

② 郑直：《引进节目模式应注意的法律问题》，载《中国新闻出版广电报》2017 年 6 月 8 日，第 5 版。

③ 王琦：《综艺节目模式法律问题研究》，中国政法大学 2016 年硕士学位论文，第 18 页。

形式复制”要求，不能构成著作权法意义上的作品。

三、从我国司法实践看综艺节目模式的保护

在世熙传媒诉搜狐侵犯《面罩》节目模式案件[①]中，北京海淀区人民法院认为，“世熙公司关于《面罩》节目构思、创意本身并不属于我国著作权法规定的作品保护范围。由于《面罩》节目模式并不属于著作权法意义上的作品，所以对世熙公司要求认定搜狐公司制作的《面罩》节目侵犯其著作权的主张，法院不能支持”，最终驳回原告的全部诉讼请求。

在另一起乾清国际文化传媒（北京）有限公司与中央电视台著作权权属、侵权纠纷案件[②]中，北京市海淀区人民法院在一审民事判决书中亦作出了类似的认定，法院认为：“涉案的 30 人 31 足的节目模式体现的是一种思想和方法的范畴，并不属于著作权法所要保护的表达方式。另外，30 人 31 足，与 2 人 3 足等类似的绑腿比赛，仅仅区别在参与人员数量上，并无本质不同，且涉案节目表达方式是有限的，如果将涉案节目模式视为一种作品，势必会损害到其他类似的比赛，对社会公共利益形成不良影响，故乾清公司自日本引进的 30 人 31 足节目模式并非著作权法所应保护的客体。”

由上述两案可见，我国法院认为节目模式体现的是一种思想和方法的范畴，根据“思想表达二分法”的核心理念，著作权法的保护范围仅限于表达，并不延及思想。故无法给予著作权法上的保护。

四、综艺节目模式的知识产权保护建议

综上，笔者结合法律规定及司法实践，建议在引进海外综艺节目模式时，应降低对我国给予著作权法保护的期待，并就知识产权保护进行事先安排，以及事后救济。

---

① 参见王玉奇：《电视节目模式法律保护研究——从〈中国好声音〉说起》，载《电视研究》2018 年第 11 期。

② 参见北京市海淀区人民法院民事判决书，（2017）京 0108 民初 5708 号。

（一）海外综艺节目标志性要素落地后的商标权归属和使用确定[①]

海外综艺节目在未引进前一般采用本国语言作为节目名称，因而在海外节目模式引入中国后，需对其节目名称进行汉化处理。如韩版的“Running Man”与落地后的“奔跑吧兄弟”，荷兰方的“The Voice of Holland”与落地后的“中国好声音”，引进方应在合同签署时，对于该等汉化后的名称，就引进方是否可以申请注册商标，申请注册成功后双方使用的权利进行重点谈判，避免日后产生商标权争议。

（二）海外综艺节目模式的间接性保护

在北京市高级人民法院 2015 年《关于审理涉及综艺节目著作权纠纷案件若干问题的解答》中，明确提出：综艺节目模式属于思想的，不受《著作权法》保护；综艺节目中的节目文字脚本、舞美设计、音乐构成作品的，可以受到《著作权法》保护。因此，如《中国好声音》里现场红色的背景、节目 Logo 的形状、宣传片头、海报设计等，[②]只要符合著作权法上所要求的“独创性”，则可以受到著作权法的保护。另外，综艺节目本身属于我国《著作权法》第 3 条第 6 项规定的“电影作品和以类似摄制电影的方法创作的作品”，若存在节目采取直接抄袭、原封不动照搬的做法，此时则可以寻求著作权法上的救济。换言之，节目本身或节目部分元素得到保护，一定意义上也将起到间接保护节目模式的作用。

最后，笔者提醒引进方，由于综艺节目一般采取按季度播出的特殊形式，导致节目模式引进协议一般也会采取按季度签订的做法。故在与原型节目制作方签订合同时，为避免因落地节目大热而模式输出方大幅涨价的情形发生，建议在首次签订合同时，对后续合作也应作出相应安排，[③]保证日后仍能以合理价格继续合作。

---

① 参见郑直：《引进节目模式应注意的法律问题》，载《中国新闻出版广电报》2017 年 6 月 8 日，第 5 版。

② 参见苏任远：《从“中国好声音”谈电视节目模式的法律保护》，载《法制与社会》2013 年第 1 期。

③ 参见郑直：《引进节目模式应注意的法律问题》，载《中国新闻出版广电报》2017 年 6 月 8 日，第 5 版。

不同阶段，商标权与姓名权谁胜谁负？

齐宝鑫　池振华　龚未云　朱乐雯

2019年12月24日，最高人民法院发布了《关于发布第22批指导性案例的通知》，供各省、自治区、直辖市高级人民法院等在审判类似案件时参照。其中，“迈克尔·杰弗里·乔丹与国家工商行政管理总局商标评审委员会、乔丹体育股份有限公司‘乔丹’商标争议行政纠纷案”作为第22批4个指导性案例之一，受到公众广泛的关注。该案中，乔丹于2012年10月31日向商标评审委员会提出撤销申请，2014年4月14日，商标评审委员会作出维持争议商标裁定。乔丹不服被诉裁定，向北京市第一中级人民法院提起行政诉讼，请求撤销被诉裁定，北京市第一中级人民法院于2015年4月1日作出一审行政判决，驳回乔丹的诉讼请求。乔丹不服一审判决，提起上诉。北京市高级人民法院于2015年8月17日作出二审行政判决，驳回乔丹上诉，维持原判。乔丹仍不服，向最高人民法院申请再审。最高人民法院提审后，于2016年12月7日作出再审行政判决：撤销一审、二审判决及商评委维持争议商标的裁定，并判令商标评审委员会对第6020569号“乔丹”商标重新作出裁定。根据国家知识产权局商标局的查询结果，该“乔丹”商标已于2017年10月23日公告宣告无效。

从2012年10月31日乔丹提出撤销“乔丹”商标申请，到2017年10月23日商标局公告该商标宣告无效，历时近5年。其间，一场场关于姓名权与商标权的较量在国家知识产权局以及各级人民法院展开，对于谁胜谁负，乔丹可能在2016年收到再审判决前都无从得知。第22批指导性案例的公布，因其对其他法院所具有的参考价值，已经在向类似乔丹这样的知名人士传递着积极信号。本文统计了2018年1月1日至2019年12月31日涉及姓名权与商标权冲突的二审案件，旨在比较各级法院以及商标评审委员会审查的重点，尤其是姓名权人主张诉争商标的申请注册损害其姓名权，而法院最终不予支持的案件。

一、姓名权与商标权冲突的案件统计

以“姓名权”为关键词，限定时间为2018年1月1日至2019年12月31日，限定审判程序为二审（因再审仅一起，且不涉及姓名权与商标权的冲突），限定案由为“商标行政管理”，在威科先行上共检索到42起案件，去除不相干的案件，共有32起。

其中，姓名权人为外国自然人的共27起，占比84.4%。在这27起案件中，8起（占比30%）是因商标局核准注册或维持诉争商标，由外国自然人提起的商标行政诉讼案件；剩余的19起（占比70%）则是因商标局宣告诉争商标无效、不予注册诉争商标或驳回商标申请，由商标权人提起的商标行政诉讼案件。而32起案件的剩余5起案件，姓名权人则为国内自然人，占比仅为15.6%，且这5起案件均是因商标局宣告诉争商标无效或不予注册，由商标权人提起的商标行政诉讼案件。

可见，这两年在行政阶段，商标局对于认定“商标权人申请注册包含姓名权人姓名的商标，是否侵害姓名权人姓名权”的问题上，持肯定态度的案例占据上风。尤其是以国内自然人的姓名申请注册为商标的，根据数据统计结果，商标局认定商标权人申请注册包含姓名权人姓名的商标，系侵害姓名权人姓名权的概率高达100%。而以国外自然人的姓名申请注册为商标的，根据数据统计结果，商标局认定侵害外国自然人姓名权的概率也已达70%。

一审阶段，以这32起案件为例，北京知识产权法院（一审法院）与商标局的认定思路较为一致。除1起外国自然人的一审案件并未涉及姓名权认定外，剩余的26起案件，北京知识产权法院支持外国姓名权人在先权利的案件共计18起，占比69%；支持商标权人的案件共计8起，占比31%。而国内自然人的5起案件中，除2起并未涉及姓名权认定外，剩余3起案件，支持国内姓名权人的比例仍占100%。

二审阶段，同样以这32起案件为例，除上述提到的2起未涉及姓名权认定的案件外，剩余的30起案件中，有29起案件北京市高级人民法院维持原判，与北京知识产权法院审判思路基本一致。但值得注意的是，在这30起案件中存在1起商标局及北京知识产权法院均认定为“商标权人未侵害姓名权人的在先权利”，而北京市高级人民法院认定“侵犯了姓名权人的在先权利”案件。该案于2018年作出判决，涉案姓名权人为足球明星“科比·布莱恩特（Kobe Bryant）”。

二、案件趋势分析

综上，虽然乔丹案件从2012年申请撤销“乔丹”商标至2017年该商标被宣告无效历经5年之久，让许多姓名“被”注册为商标的想维权的姓名权人望而却步，但从对2018年年初至2019年年底商标权与姓名权冲突案件的统计结果来看，整体上姓名权人处于优势地位，各个阶段中对姓名权人的支持力度均比较大。而且相信以后，各地法院对于审理姓名权与商标权冲突纠纷案件，将会更加注重对姓名权人在先权利的保护。

三、对姓名权人的建议

姓名权人需注意，若发现他人注册自己姓名为商标，建议先行审查本人姓名在相关公众中的知名度，以及知名度涉及的领域与争议商标指定使用的商品或服务是否存在特定联系。从目前总结的案例来看，法院或商标局判决维持，或核准注册诉争商标的原因均为姓名权人的姓名在中国相关公众中不具有知名度，或所具有知名度的领域与核定使用的商品或服务范围不存在特定联系。

重罚广告违法

——“天价”罚单给广告主敲响警钟

齐宝鑫　池振华　岳晓芸

瓜子二手车直卖网因“创办一年，成交量就已遥遥领先”广告宣传语缺乏事实依据、与实际情况不符而被开出1250万元的“天价”罚单的消息一经传出，震惊了整个行业。

作出这一行政处罚决定的北京市工商行政管理局海淀分局认为，金瓜子科技发展（北京）有限公司于2016年9月7日至12月8日在乐视网发布的视频广告违反了《广告法》第4条和第28条第2款第2项的规定，根据相关法律规定对该公司处以罚款。瓜子二手车发表声明称，其已根据法律程序申请行政复议。

一、虚假广告的定性

2018年，国家市场监督管理总局共计公布了80起典型虚假违法广告案件，涉及食品、医疗、美容产品、教育、房地产等多个行业领域，多家知名企业收到了巨额罚单。由此可见，广告市场监管力度明显加大，广告违法执法力度可谓“史上最严”。

在这股严打违法广告风气下，向律所咨询广告合规的客户明显增多。结合笔者收到的客户咨询问题，关于广告合规，客户最关心的问题有两个：

第一，我司的广告宣传语会不会有虚假宣传之嫌？

第二，因涉嫌虚假宣传被起诉或被举报，可能受到多重的处罚？

要回答这两个问题，需要从法律规定和实务案例中看行政机关是如何认定“虚假广告”并对企业予以处罚的。

行政机关为何要严打虚假广告？答案很明显。虚假广告本质上可以说就是弄虚作假，故意隐瞒或虚构事实以骗取消费者的钱财，其大量存在将严重侵害广大消费者的知情权和选择权。为了维护广告市场的正常经济秩序、保障广告信息传播的公平性和准确性，必须对虚假广告进行行政和司法管制。

（一）法律依据

我国《广告法》第 28 条规定：“广告以虚假或者引人误解的内容欺骗、误导消费者的，构成虚假广告。广告有下列情形之一的，为虚假广告：（一）商品或者服务不存在的；（二）商品的性能、功能、产地、用途、质量、规格、成分、价格、生产者、有效期限、销售状况、曾获荣誉等信息，或者服务的内容、提供者、形式、质量、价格、销售状况、曾获荣誉等信息，以及与商品或者服务有关的允诺等信息与实际情况不符，对购买行为有实质性影响的；（三）使用虚构、伪造或者无法验证的科研成果、统计资料、调查结果、文摘、引用语等信息作证明材料的；（四）虚构使用商品或者接受服务的效果的；（五）以虚假或者引人误解的内容欺骗、误导消费者的其他情形。”

我国《反不正当竞争法》第 8 条规定，经营者不得对其商品的性能、功能、质量、销售状况、用户评价、曾获荣誉等作虚假或者引人误解的商业宣传，欺骗、误导消费者。经营者不得通过组织虚假交易等方式，帮助其他经营者进行虚假或者引人误解的商业宣传。

（二）典型案例

2018 年 11 月，国家市场监督管理总局公布了“2018 年第三批典型虚假违法广告案件”共计 30 件，处罚事由包括广告内容违反《广告法》第 9 条的禁止性规定；违反《广告法》第 28 条规定构成虚假广告；违反《英雄烈士保护法》相关规定；违反《广告法》第 13 条规定含有贬低同行内容；招商广告违反《广告法》第 25 条的禁止性规定；房地产广告违反《广告法》第 26 条的禁止性规定；教育培训广告违反《广告法》第 24 条的禁止性规定；医疗广告违反《广告法》第 46

条的事先审查规定以及《医疗广告管理办法》相关规定等。

在第三批典型虚假违法广告案件中，以下7个案件均因违反《广告法》第28条规定构成虚假广告，被予以行政处罚，最高罚款数额达到146.875万元。广告主应当重点关注这些典型案例中的广告投放平台、广告内容和罚款数额，避免广告中存在类似的不合规内容。

1. 某房地产开发公司在户外媒体发布声称为非居住属性的房产项目，与实际情况不符，欺骗误导消费者，受到“责令停止发布违法广告，并处罚款139.2万元”的行政处罚。

2. 某生物制品公司在其网店上发布“消除黑眼圈、眼袋、丰胸、骨骼强壮”等内容的食品广告，欺骗、误导消费者，受到“责令停止发布违法广告，并处罚款5万元”的行政处罚。

3. 某科技公司在其产品包装袋上发布“比复合肥利用率高25%~35%以上；40公斤大于同等含量复合肥50~60公斤的肥效”等内容的广告，受到“责令停止发布违法广告，并处罚款135万元”的行政处罚。

4. 江苏某医院利用广播电台和印刷品等媒介发布含有“美国PPH微创除痔技术”等内容的医疗广告，受到“责令停止发布违法广告，并处罚款40万元”的行政处罚。

5. 某食品公司在微信公众号和宣传彩页上发布含有“木婉清食疗养生，助您远离糖尿病；全国已拥有近2000家实体体验店；将人体对木耳营养元素的吸收率提高到98%”等内容的广告，受到“责令停止发布违法广告，并处罚款30万元”的行政处罚。

6. 某商贸公司在电视媒体发布含有“植发造林，21天长新发；天天用，天天长，周期用，浓密黑”等虚构使用效果的广告，且发布范围广，受众范围大，造成严重社会影响，受到“责令停止发布违法广告，吊销当事人营业执照，并处罚款人民币146.875万元”的行政处罚。

7. 某互联网公司利用互联网发布含有“海南股交所是国内唯一的股交所互联网公司，也是国内首家集股权登记托管、股权融资、债权融资和交易等多功能于一体”内容的广告，受到“责令停止发布违法广告，并处罚款100万元”的行政处罚。

二、律师说法

（一）应当重视互联网广告合规

通过相关法律规定以及上述典型虚假违法广告案件可以看出，在如今严打违法广告的环境下，我国对虚假广告的管理也相应从严，可谓“触及红线即虚假、信息不符即虚假”；打击的平台也相当广泛，包括但不限于产品包装袋、海报、传单、展板、广播、电视、微信、网店、搜索引擎等互联网媒介。一旦行政部门认定广告中的信息与实际情况不符且对消费者购买行为有实质性影响，便很可能被认定为虚假广告而受到行政处罚。

（二）法律意见

1. 根据《广告法》第 4 条、第 9 条规定及实务案例，广告中不得含有“国家级”“世界级”“最高级”“最佳”“顶级”“最高端”“史上最低价”“全球领先”等绝对化词义且无法通过客观证据证明的极限用语，不得违反《广告法》第 9 条中其他禁止性规定。广告主须对广告内容的真实性负责，广告不得含有虚假或者引人误解的内容，不得欺骗、误导消费者，否则可能被认定为虚假广告而受处罚。

2. 建议广告主在投放商业广告前严格审查如下两点：

（1）广告宣传的产品和服务本身是否客观真实；

（2）广告所宣传的产品和服务的主要内容（包括所使用的注册商标、获奖情况、产品或服务的效果等）是否真实。

3. 广告主尤其应当注意避免在广告宣传语中使用虚构的商品效果、无法证明的数据、与事实不符的荣誉或销售情况等内容。

4. 鉴于目前广告市场上明星代言费等广告费用不菲，一旦被行政机关认定为虚假广告予以处罚，以广告费用为基础计算的罚款金额可能超出企业预期，给企业经营带来重大不利影响。

5. 广告主须知发布虚假广告可能面临非常严重的后果，除了高额罚款外，情节严重的可能被吊销营业执照，构成犯罪的，还可能根据《刑法》第 222 条虚假广告罪的规定被依法追究刑事责任。

6. 广告经营者、广告发布者也不能掉以轻心，根据《广告法》第 37 条规定，如果广告经营者、广告发布者明知或应知系虚假广告仍设计、制作、发布的，应依法承担连带责任。

三、总结

违反《广告法》规定或发布虚假广告可能导致严重后果，对公司产生极为不利的影响，甚至付出沉重代价，应当引起各广告主、广告经营者、广告发布者的高度重视。

企业追求广告带来的利益最大化自然无可厚非，但要坚持这样的信念——在现代商业经营行为中，诚实守信始终是生意场上的底线，弄虚作假终会变成企业发展路上的“绊脚石”。

科技篇

字体侵权赔偿及规避措施

齐宝鑫　池振华　龚未云

A 公司在其微信公众号的推文中使用了某字体，近期收到 B 公司的函件和证据材料，主张其是字体的著作权人，要求 A 公司停止使用相关字体，并立即与 B 公司协商购买事宜。A 公司遇到的是现在司法实践中最常见的字体侵权问题，本文将就字体侵权事宜分析如下。

一、字体是否构成作品

在司法实践中，不同法院对于判断字体是否构成美术作品、是否应受到著作权法的保护持有不同的观点。若相关字体具有独创性，则可能构成美术作品，可能受到著作权法的保护，否则，则无法受到著作权法的保护，但需要经过相关法院的分析判定。

在北京北大方正电子有限公司诉暴雪娱乐股份有限公司等侵害著作权纠纷案[①]中，最高人民法院认为："每款字体（字库）均使用相关特定的数字函数，描述常用的 5000 余汉字字体轮廓外形，并用相应的控制指令对相关字体字形进行相应的精细调整，因此每款字体（字库）均由上述指令及相关数据构成，并非由线条、色彩或其他方式构成的有审美意义的平面或者立体的造型艺术作品，因此其不属于著作权法意义上的美术作品。由于汉字本身构造及其表现形式受到一定的限制等特点，其经相关计算机软件调用后产生的单个字是否具有著作权法意义

① 参见最高人民法院民事判决书，(2010) 民三终字第 6 号。

上的独创性，需要进行具体分析后尚能判定。但鉴于汉字具有表达思想、传递信息的功能……无论前述汉字是否属于著作权法意义上的美术作品，其均不能禁止他人正当使用汉字来表达一定的思想，传达一定的信息的权利。”

但在北京汉仪科印信息技术有限公司诉青蛙王子（中国）日化有限公司等侵害著作权纠纷案，[①] 江苏省高级人民法院认为：在满足独创性要求的前提下，字库中的单字属于著作权法规定的美术作品，应受法律保护。在将字库单字作为美术作品进行保护时，其独创性应当具备较高的独特审美要求，并能够与已有字体明确区分开来。

二、字体公司是否享有著作权

若字体被法院认定具有独创性，构成美术作品，则需要判断字体公司是否具有著作权。根据最高人民法院《关于审理著作权民事纠纷案件适用法律若干问题的解释》（法释〔2002〕31 号）第 7 条的规定：当事人提供的涉及著作权的底稿、原件、合法出版物、著作权登记证书、认证机构出具的证明、取得权利的合同等，可以作为证据。

此时，可在全国作品登记信息数据库管理平台等网站上复核被控侵权字体是否进行著作权登记，如进行著作权登记，则需确定字体的著作权人，同时还需结合字体公司提供的其他证据材料综合考虑。一般而言，若字体构成美术作品，且字体公司已将该字体进行著作权登记，则著作权人系该字体公司。

三、字体侵权的赔偿数额

一般而言，法院将结合使用的侵权字体数量、使用场所、主观意图、侵权获得的经济利益或权利人的经济损失、涉案字体的许可使用费、制止侵权行为的费用等综合确定赔偿额，一般单个字体的赔偿额在几百元、上千元，甚至上万元不等。

例如，在北京北大方正电子有限公司与南京威风科技有限公司著作权侵权纠纷一案[②]中，南京市玄武区人民法院认为：被告未经原告同意或许可，在其网站

① 参见江苏省高级人民法院民事判决书，（2012）苏知民终字第 0161 号。

② 参见南京市玄武区人民法院民事判决书，（2015）玄知民初字第 169 号。

产品宣传中使用原告享有著作权的喵呜体字库中的27个字，侵犯了原告享有的美术作品复制权、获得报酬权，因此被告应当承担相应的侵权法律责任。法院判令被告南京威风科技有限公司应于判决生效之日起10日内赔偿原告北京北大方正电子有限公司经济损失16,000元，则单个字体判赔592.6元。

又如，在北京北大方正电子有限公司与上海超人电气有限公司、南京悦家超市有限公司、南京悦家超市有限公司大行宫店著作权侵权纠纷一案①中，江苏省南京市玄武区人民法院认为：本案涉及的“我”“就”“要”“超”字的笔画特征，与现有公知领域中其他美术字体相比具有个性特征，体现了一定的独创性，能够独立构成美术作品，“人”字笔画简单，与现有公知领域中其他美术字体相比个性特征不明显，缺乏独创性，不能构成美术作品。判令被告上海超人电气有限公司自判决生效之日起10日内一次性赔偿原告北京北大方正电子有限公司人民币30,000元，则单个字体判赔7500元。

再如，在北京汉仪科印信息技术有限公司诉青蛙王子（中国）日化有限公司等侵害著作权纠纷一案②中，江苏省高级人民法院判令双飞公司、青蛙王子公司立即停止使用涉案秀英体“城市宝贝”四个单字，双飞公司、青蛙王子公司赔偿汉仪公司经济损失包括为制止侵权所支出的合理费用计人民币4.8万元，则单个字体判赔1.2万元。

四、规避措施

我国《著作权法》第10条规定：“著作权包括下列人身权和财产权：……（五）复制权，即以印刷、复印、拓印、录音、录像、翻录、翻拍等方式将作品制作一份或者多份的权利……著作权人可以许可他人行使前款第（五）项至第（十七）项规定的权利，并依照约定或者本法有关规定获得报酬。”因此，可通过获得字体公司的许可从而规避侵权。

在著作权人无明确、合理且有效限制的情况下，委托经合法授权的第三方设计不构成侵权。如在北京北大方正电子有限公司与广州宝洁有限公司、北京家乐

① 参见南京市玄武区人民法院民事判决书，（2017）苏0102民初1615号。

② 参见江苏省高级人民法院民事判决书，（2012）苏知民终字第0161号。

福商业有限公司侵犯著作权纠纷一案[①]中，北京市第一中级人民法院认为：被控侵权产品上使用的“飘柔”二字系由被上诉人宝洁公司委托NICE公司采用“正版”方正倩体字库产品设计而成。对于汉字字库产品这类知识产权载体，在产品权利人无明确、合理且有效限制的情况下，购买者对屏幕上显示的具体单字进行后续使用的行为属于购买者合理期待的使用行为，应视为经过权利人的默示许可。法院认为，在北大方正公司并无对NICE公司上述后续使用行为进行明确、合理且有效限制的情况下，NICE公司对设计成果进行后续复制、发行的行为，属于其合理期待的使用行为，应视为已获得上诉人许可的行为。同时，北京市第一中级人民法院也对合理的限制进行了限定，即依据购买者的性质将产品划分为个人版（或家庭版）与企业版，以区分商业性使用与非商业性使用行为，通常应视为合理的限制。除此之外，其他限制内容是否合理则应视具体情况而定。但原则上应考虑汉字具有的工具性这一特点，并兼顾汉字使用方式及使用范围的广泛性，不得通过限制条款对购买者或社会公众的使用行为及利益造成不合理的影响。

五、结论

不同法院对于判断字体是否构成美术作品，是否应受到著作权法的保护具有不同的观点。若字体构成美术作品，则需进一步核实字体的著作权人。

一般而言，法院将结合使用的侵权字体数量、使用场所、主观意图、侵权获得的经济利益或权利人的经济损失、涉案字体的许可使用费、制止侵权行为的费用等综合确定赔偿额，一般单个字体的赔偿额在几百元、上千元，甚至上万元不等。

在著作权人无明确、合理且有效限制的情况下，委托经合法授权的第三方设计字体不构成侵权。因此，为规避侵权风险，可在使用字体之前，除获得字体公司的许可外，还可在字体公司无明确、合理且有效限制的情形下，委托经合法授权的第三方设计字体。

---

① 参见北京市第一中级人民法院民事判决书，（2011）一中民终字第5969号。

用图一时爽，赔钱泪千行

齐宝鑫　池振华　韩晨曦

在这个“有图才有真相”的年代，为了吸引大家的眼球，不少网站、微信文章都使用大量插图，殊不知这样做存在很大的侵权风险。近两年来，由于公众号文章使用免费网站上下载的图片，被权利人索赔高额赔偿的现象时有发生。笔者整理了实务中经常遇到的一些问题在此进行简单阐述。

一、我的公众号发布的都是一些健康小常识，不营利，也构成侵权吗？

有些人称他们公司的公众号只是在一篇“教你三伏天的养生方法”的文章中使用了一张网上下载的图片，这篇文章只是为了分享、交流养生的知识，也没宣传公司的业务、产品，也没要求别人打赏，怎么就构成侵权了呢？

从《著作权法》的角度来讲，是否构成侵权，需要区分行为人是否经过了权利人的许可，或者是否属于合理使用、法定许可的情形。如果未经许可，也不具备上述的法定的免责事由，则会构成侵权。使用图片的主观目的并不是判断侵权的依据，而仅仅可以作为确定判赔额度时考虑的因素。再者，从上述案例来看，分享、交流知识的目的归根到底在于增加公众号的关注度，以给公司带来经营上的便利和优势，从这个角度上来讲，并不能完全否认间接获利。

二、我把网上下载的图片后期加工（PS）一下再用，也构成侵权吗？

如果不直接使用网上下载的免费照片，把这些照片 PS 一下，是不是就可以用了呢？其实这种做法比直接使用照片更加危险，未经权利人许可对照片进行加工修改，不仅可能侵犯原作者的复制权，还涉嫌侵犯原作者所享有的修改权、保护作品完整权。这个时候，还有可能承担赔礼道歉等其他类型的民事责任。著名艺人林志颖曾因发出的一条微博使用的图片是经 PS 过的摄影作品，被摄影师朱庆福投诉侵权，最终被判赔偿各种损失 30 万元，并在微博置顶道歉声明 72 小时。

三、应如何避免图片侵权？

在使用图片时一定要注意，免费网站下载的图片不能随意使用。

1. 不使用带水印的图片。对于图片上有明显的水印的，说明作者已经就版权进行了声明，需要使用的，需根据水印信息及时获得原作者或者图库的授权。并且百度等搜索引擎对其自身网站所包含的图片等资料，在其版权声明中也明确要求用户不得用于商业目的。

2. 不使用搜索引擎搜索出的免费图片。对于搜索引擎搜出来的不带水印的图片，也不能掉以轻心。因为搜索引擎会自动抓取图片，来源较广泛，极有可能出现版权纠纷。

3. 购买图片版权许可。对于业务部门需要使用图片的，需联系拥有版权的图片供应商，先获得授权，后进行使用，以防止出现侵权风险。

四、接到权利人的侵权警告，应该怎么做？

接到权利人的侵权警告时，首先应该和对方核实身份信息并要求对方提供侵权图片的著作权证明，如著作权登记证书等；在确认对方确实对图片享有著作权的，应及时删除侵权图片，并与对方协商授权或者赔偿问题，该阶段为防止对方出价过高，可请律师介入对侵权赔偿数额等进行评估判断；如果协商无法进行的，应做好应诉准备。

五、发现图片被侵权时，应采取何种措施？

1. 立即固定证据。网页具有更新快、易修改等特点，权利人一旦发现图片被盗用，应及时通过网页公证的方式保全证据，直接将侵权网页截图，避免因为无法同原件进行核对而存在瑕疵，影响侵权行为的认定。

2. 准备相关证据。准备能证明自己是著作权人的证据，如著作权的底稿、原件、合法出版物、著作权登记证书、认证机构出具的证明、取得权利的合同等。

3. 联系盗图者协商解决或准备提起诉讼。

4. 采取技术措施，预防被侵权。除了在图片被侵权之后亡羊补牢之外，我们还可以事先采取一些预防措施，如在图片上加盖水印或者进行加密等以防止图片侵权。

六、结语

综上，千万不要为了图一时方便，就随便使用从网上下载的图片，不存在营利目的或者已修改了原图都不能成为抗辩图片侵权的理由，使用图片前应尽量获取权利人的图片授权。在遭遇权利人索赔时，应注意核实对方身份以及要求对方提出著作权权属证明。在自己的图片遭遇侵权时，应注意固定相关侵权事实，以及保存好能证明自己著作权权属的证据。

互联网公司“爬取”数据的隐藏风险

齐宝鑫　池振华　岳晓芸

一篇文章《估值 175 亿的旅游独角兽，是一座僵尸和水军构成的鬼城？》，引爆了无数话题，数据业务繁荣背后屡见不鲜的“爬虫软件”照搬点评、虚假点评、刷单等痼疾重回大众视线。被卷入风波中的不仅有“旅游独角兽”马蜂窝，更有目前市场上各类 OTA（Online Travel Agent，在线旅行社）、UGC（User Generated Content，用户原创内容）平台、电商平台等互联网公司。“爬虫”是合法手段还是侵权行为？这场没有硝烟的流量争夺战背后隐藏着什么法律风险？本文将带大家速览马蜂窝事件和互联网公司的那些事儿。

一、数据造假？——这可真“捅了马蜂窝”

2018 年 8 月有消息称马蜂窝计划融资 3 亿美元，估值或达 25 亿美元。最初从一个旅游社区起步，以游记和攻略起家的马蜂窝，从 2012 年开始对积累下的旅游数据进行结构化处理。

2015 年年初，马蜂窝发布自由行战略，开始尝试“内容 + 交易”的商业闭环；截至 2017 年年底，马蜂窝已获得 4 轮融资近 2.5 亿美元。2017 年 12 月，马蜂窝在 D 轮融资中吸引了美国 General Atlantic、Ocean Link、淡马锡、元泰投资、厚朴投资及今日资本、启明和高瓴资本等新的投资者，2018 年 10 月的 D+ 轮投资又吸引了腾讯产业共赢基金领投，上市前景可谓一片大好。

但突如其来的爆料以实锤指控马蜂窝数据造假、注水，称其“抄袭点评占总点评数 85%”，游记、攻略中也存在大量“职业水军”。旅游攻略、旅游问答、旅游点评等内容都是马蜂窝的核心产品，该爆料使大众对马蜂窝数据及估值真实性产生了质疑。

尽管马蜂窝随后发表澄清声明并向法院提起了名誉权侵权诉讼，但此次造假风波的影响仍在持续。

二、OAT、UGC 平台的流量主要靠“爬虫”？

假如，A 公司从事互联网旅游业务，也在网站开通了用户点评版块，而如何快速实现用户增长、积累流量对于创业初期的 A 公司是个大难题。A 公司想要使用其他网站的点评信息丰富其点评版块以吸引更多用户，并称“爬虫软件”可以自动抓取其他网站点评信息，淘宝上还可以联系到许多刷单平台，其他经营类似业务的平台也大都如此操作。

那么，在互联网行业普遍使用“爬虫”采集内容的背景下，A 公司这样做会不会面临诉讼风险？

首先要明确，使用“爬虫软件”（又称“蜘蛛”“机器人”）抓取信息一般不违法。大多数网站都声明了“爬虫协议”（“robots 协议”“网络爬虫排除标准”）是网站所有人单方面采取的一种排除“爬虫”访问的标准，目前搜索引擎都基本遵循这一协议，其已成为互联网搜索行业的技术标准和通行做法。robots.txt 文件会告诉“爬虫”程序在服务器上可查看的文件范围，哪些页面可以抓取，哪些页面不能抓取。其次，若站点在权利声明中禁止“爬虫”采集，则采集其内容具有法律风险。

比如，淘宝网的权利声明中明确，“除非淘宝网另行声明……任何人不得以包括通过机器人、蜘蛛等程序或设备监视、复制、传播、展示、镜像、上载、下载等方式擅自使用淘宝网内的任何内容”。若未获得淘宝网服务提供者或其他有类似权利声明的网站许可，采集使用其数据，则企业会面临诉讼风险。

由此可见，遵守“爬虫协议”采集其他网站内容发布在 OTA、UGC 平台上一般不违法，但是互联网公司在使用这些数据时仍需遵守商业道德、规避法律风险。

三、勿滥用“爬虫”——互联网公司须知的数据造假法律责任

国内法院相关案例表明，利用“爬虫软件”采集内容的行为是否符合“爬虫协议”，只涉及抓取信息行为是否符合行业准则的评价判断，不能解决抓取信息后的使用行为是否合法的问题。

因此，要注意以下几点：

第一，若互联网公司因“爬虫”采集的内容产生著作权纠纷，应该区分对待抓取信息行为和使用信息行为。互联网公司应当知悉法律风险，不能因抓取信息行为不违法，就推定自己使用这些信息的行为不构成侵权。

若“爬虫”采集的内容属于受《著作权法》保护的作品，则可能构成侵犯著作权。根据《著作权法》以及最高人民法院《关于审理著作权民事纠纷案件适用法律若干问题的解释》相关规定，侵犯著作权人合法权利的，应当根据情况，承担停止侵害、消除影响、赔礼道歉、赔偿损失等民事责任。

第二，我国《反不正当竞争法》第 2 条要求经营者在市场交易中，应当遵循自愿、平等、公平、诚实信用的原则，遵守公认的商业道德。

对于以数据为核心资产的 OTA、UGC 平台等互联网公司来说，商家甚至平台自己使用“爬虫软件”采集其他竞争关系平台网站的内容，即使不违反“爬虫协议”，仍应本着诚实信用的原则和公认的商业道德，合理控制采集于其他网站的内容的使用范围和方式，否则可能涉嫌不正当竞争，依法承担民事责任。因不正当竞争行为受到损害的经营者的赔偿数额，按照其实际损失确定；实际损失难以计算的，按照侵权人因侵权所获得的利益确定。赔偿数额还应当包括经营者为制止侵权行为所支付的合理开支。

第三，若互联网公司用“爬虫”采集涉及个人信息的数据将面临较高风险。

我国《民法典》第 111 条明确规定个人信息权受法律保护，若采集个人信息未经授权，则存在侵犯人格权风险。根据《网络安全法》第 64 条规定，违反本法第 44 条规定，窃取或者以其他非法方式获取、非法出售或者非法向他人提供个人信息，尚不构成犯罪的，由公安机关没收违法所得，并处违法所得 1 倍以上 10 倍以下罚款，没有违法所得的，处 100 万元以下罚款。此外，故意使用计算机技术绕过网站权限认证，非法获取个人信息等数据，后果严重的，还可能根据《刑法》有关规定构成破坏计算机信息系统罪、非法获取计算机信息系统数据罪，承担刑事责任。

正义的“天平”不应侧倾
——软件侵权的矛与盾

齐宝鑫　池振华　刘晏承

21世纪用数字技术作为骨架，支撑着它的飞速发展；而数字技术则以无数的计算机软件作为灵魂，维持着它的正常运转。计算机软件正在以井喷式的增长趋势渗透入我们生活的每一个角落，随之而来的就是纷乱的著作权之争。

多年以来，我国软件版权状况不容乐观。盗版软件如同附骨之疽，不断侵蚀着软件市场，老牌软件企业元气大伤，被迫调整价格和销售策略，许多有潜力的新兴软件企业在初创阶段就遭遇“当头棒”而悻悻离场。但随着社会各界对软件权利的关注度直线上升，国家对于软件侵权的打击力度日渐加强。然而，在软件著作权保护逐渐完备的同时，也有些软件企业另有所图，想好好乘一下这阵“东风”，让软件使用者们苦不堪言。

一、软件公司套路拆解

（一）函件交锋

在软件侵权纠纷初期，软件商最常使用的手段就是函告，函告包含律师函、警告信、告知函等多种形式。在函件中，软件商会严词说明己方开发的软件被未经授权使用，甚至能大概说出收函者的使用规模。软件商在义正词严地对使用行为作出批判后，提出种种要求，再以公司名头、侵犯法律等说辞施加重重压力，要求收函者马上作出答复。有人说，函告可以用最小的成本达到最想要的结果，但实际上，它不过是一封合法的恐吓信罢了。函告的作用就在于给收函者施加压力，迫使其不能冷静地作出应对，而后自己把侵权证据送到软件商面前。许多软件使用者在接函后匆忙与软件商联系，被对方言语引导而自认侵权，这一类的聊天记录、通话录音等就成了诉讼过程中认定侵权事实的“铁证”。

在面对软件公司发来的函件时，收函方最好避免主动接收。一旦接函则意味着双方进入了磋商阶段，此时接函者如果态度过于消极，则可能在诉讼中被认为存在恶意。如果函件已经被接收，则收函者此时最应该采取的措施就是联系己方的法律顾问，一同制订积极、严密的应对措施，牢牢掌握谈判的主动权。掌握了谈判节奏，收函者就可避免承受无妄之灾，为不存在的侵权行为“背黑锅”，而如果己方确实违规使用了软件且该软件的作用不可替代，收函者则可以尝试压低价格，防止对方“狮子大开口”。

在接到律师函时，软件使用者们心里最大的疑惑就是，软件商究竟从何处获得了侵权行为的线索？有些软件商会制作自己的企业调查清单，将与己方软件领域相关的大型企业、知名企业纳入考虑范围。软件商会观察该公司是否在公开信息中披露了用己方软件制作的文件，或是否在招聘信息中要求员工掌握己方软件的使用方法，一旦发现，就可以初步判定该公司在使用自己开发的软件。软件商依据公司规模估算办公电脑数量，再与该公司从自己手中购买的正版数量进行对比，判断对方是否存在侵权行为、侵权规模数量大概有多少。还有些软件在被设计之时就留有后门程序，即便使用盗版软件跳过正版验证程序，也会在连接互联网的时候把用户信息反馈给软件商，通过比照订单，不难看出哪些企业在使用侵权软件。

另一个获得侵权线索的方式是 Telnet 协议，软件商在电脑上通过 Telnet 协议就可以远程访问目标公司网站服务器，得到包括服务器域名、软件名称、软件版本等信息反馈，确认对方电脑中是否存在己方软件信息。这一方法不仅可用于维权前期的线索收集，还可以当作颇有证明力的证据在诉讼阶段使用。虽然法院现在对 Telnet 并未形成统一的判决标准，但对其支持率较高。Telnet 虽然只能证明对方电脑中存在软件信息，不能证明存在软件，但如果辅以其他证据补强或法院在对方电脑中确实核查到了未被删除掉的软件痕迹，基本就可以认为存在侵权行为。例如，（2015）苏知民终字第 00108 号美国磊若公司诉捷奥比公司案中，磊若公司采用 Telnet 手段就曾获得法院的支持，审判此案的法官认为：“通过 Telnet 检测服务器的 21 端口，其反馈信息具有较高的确定性，已经可以达到民事诉讼证据高度盖然性的标准。”

但是，即使软件商手中有上述诸多搜寻线索的渠道，其得到的信息也不一定是完全准确的，诬告、恐吓等情况仍可能发生。进入诉讼过程毕竟费时费力且需要掌握确凿证据，软件商更愿意在谈判阶段取得自己可以接受的成果，因此，谨慎应付、据理力争是软件使用者必须牢记的自保之法。

（二）证据固定

1. 行政执法和证据保全

基于计算机软件本身具有的无形性及技术性极高的特点，软件侵权案件中想要取得充足的证据具有很大的难度。对于行业巨鳄来说，想要掌握他人电脑中安装软件的确凿情况和规模也不是一件容易的事，而且很有可能涉嫌侵犯隐私。因此，软件商更倾向于借助公权力施加制裁，针对有实际经营场所的目标时，申请行政执法或证据保全就是他们手中最有力的武器。

在锁定侵权者后，软件商可向当地的文化市场行政执法总队举报，请求对侵权公司办公场所的计算机进行现场调查。调查一般采取抽样方式，执法人员确定抽取比例，核查被抽样的电脑中是否安装了侵权软件，并现场制作《现场检查笔录》《计算机软件信息现场检查登记表》对检查情况进行详细记录。同时，执法人员可对侵权公司员工进行调查询问，并将对话记载在笔录中。以上信息均会被留档，在诉讼过程中可以调取作为证据使用。基于该文件的性质，固定下的侵权情况被反驳的可能性较小。除此之外，执法总队还会对违法行为作出行政处罚，受到处罚后拒不改正的情形也可以作为诉讼中的加重情节。例如，在达索公司诉上海雅申汽车技术服务有限公司案中，文化执法总队对被告的经营场所内进行现场检查，制作的《计算机软件信息现场检查登记表》载明：“该经营场所有 3 台计算机安装的软件名称及版本均为 CATIA V5 计算机软件，每台计算机安装的软件数量均为 1 套。”并于检查后对其处以罚款 73,500 元。

诉讼保全的执行方式虽和行政执法基本相同，但是由法院亲自实施的。法院在对被告工作场所进行抽样调查后制作民事裁定书，其证明力可想而知。无论是在行政执法还是诉讼保全过程中，如果发现侵权者有临时删除软件的情形，软件商同样可以主张其存在主观恶意。通过抽样调查得到的侵权比例还会在诉讼中被用于推算整体侵权数量，计算赔偿数额。例如，达索公司诉上海知豆电动车技术有限公司案中，法院认为："保全结果为抽查的 15 台计算机中 100%安装了涉案软件，故根据上述推算规则，可以认定 73 台计算机均安装了涉案软件。"

虽然这两种方法均有公权力介入主持正义，但在操作过程中还是存在明显不合理之处，那就是用抽查结果推算整体侵权情况。如果抽查比例表明侵权范围较大，软件商一定会乐意以偏概全，而一旦样本不具有实际上的代表性，软件使用者则可能为此付出大量不必要的代价。为了维护自身的正当权利，软件使用者一定要尽力反对使用不合理的样本代表整体情况，提供充足的证据证明实际的侵权情况并不似那般严重，请求法院核实，谨慎决定。

2. 公证

除了在实体经营场所的办公电脑中安装软件外，软件侵权另外一种常见的表现形式就是网络售假。网络售假的主要形式为网店销售电脑时帮忙安装盗版软件或系统。针对这样的侵权现象，软件公司一般通过购买他们的产品，并对购买过程、商家承诺帮忙安装软件的聊天记录、快递信息、发票以及商品本身等进行公证，直接明确侵权行为的存在。例如，（2017）粤 03 民终 11319 号微软公司诉深圳兰菲科技有限公司案判决书中记载："被侵权人通过'QQ 聊天内容'，要求对所购手提电脑安装侵权软件，该取证方式虽存在诱导式取证之嫌，但只是为证明侵权人安装侵权软件所采取的取证手段，该取证方式不为法律禁止，未侵害侵权人合法权益，具有证据的证明力，被告未提交反驳证据足以反驳，故本院认为涉案《公证书》可作为认定本案事实依据。"

从上述判决书内容可以看出，使用公证方式证明网络售假行为难以被反驳，但是公证书也仅仅能够证明侵权行为存在，却不能够被用来主张赔偿金额。在上述（2017）粤 03 民终 11319 号案件中，微软公司在证明了侵权行为存在后，主张使用兰菲公司网店销售的电脑数量为基础计算侵权数额，而这一观点在一审和二审中均未获得法院的支持。微软公司辩称法院应要求兰菲公司提供数据，法院在判决书中表示："本院认为，首先，微软公司未就其因侵权行为遭受的损失进行举证，不能证明其侵权损失。"可见，侵权赔偿数额的举证责任应完全归属于原告方，若软件商提出不合理的计算方式或要求使用者提供证明数据，软件使用者可以请求法院明确举证责任划分，维护自身合法权利。

二、诉讼中的维权策略

即使侵权行为确实存在，也不代表软件商可以站在道德的制高点上肆意要求软件使用者作出赔偿，在法庭交锋阶段，软件使用者应注意在如下几个方面保护自身的正当利益。

被控侵权方应密切注意对方提供证据的准确性、全面性、关联性，及时提出己方的质疑和反驳，并提供有力证据支撑，防止被冠以“莫须有”之罪。首先，应确认对方是否具备维权资格。如果涉诉软件不具备足够的独创性，则可能不属于《著作权法》中定义的“作品”，更不用说以这样的软件来要求使用者进行赔偿。其次，即使涉诉软件确实构成作品，也应明确对方是否具备完整、合法的权属。只有权利人才有资格维权，这是一个很浅显却容易被忽略的道理。如果对方不能提供完备的国内权属证明文件，或虽提供了外国的登记注册文件但缺少中国公证机构对其效力的公证，则很有可能对方不是软件的权利人，没有资格向使用者主张赔偿。

如果对方提供使用软件企业的官网截图、招聘信息截图等主张存在侵权行为，则应注意该类信息的截取时间及信息是否经过公证。如果企业在日常风险防控中发现了侵权隐患，并早已对侵权行为及该类信息进行修正，软件公司以修正前且未经公证过的截图信息证明企业尚存侵权行径显然是欠妥的。

在软件价格认定方面，维权方通常会提供与第三方签订的合同，主张以交易价格作为赔偿标准。软件使用者应注意此类合同是否有发票、银行交易凭证等予以佐证，防止对方以并未进行交易的虚假合同“狮子大开口”。软件公司还可能主张用曾达成的和解协议、判决先例、调解先例中的价格作为计算赔偿数额的标准，对此，软件使用者要注意该主张是否确实是针对同款、同版本软件的，这些细小的差异可能会导致价格上的巨大不同。因此，如果其主张可能并不具有关联性，则不可作为参照。此外，被控侵权方也可拿出类似证据主张一个更有利于自己的价格，保护己方合法权利，不做“冤大头”。

三、软件使用合规化

在纷乱复杂的软件侵权纠纷中，双方都应紧握法律武器保护自身权益。在日常的工作、生活中，我们也应注意软件使用行为合规化。合规化地使用软件既可以帮助软件使用者防患于未然，也是稳定软件市场秩序、保护软件商利益的重要因素。

无论个人还是企业，在工作和生活中都应使用正版软件；盗版软件的使用者应尽早停止侵权，换用免费或低价的正版替代品；企业应定期对员工擅自非法安装侵权软件的行为进行内部排查，一旦发现，立即纠错并保存相关记录，以证明是个人使用而非商业使用；在与第三方签订软件服务合同时注意明确侵犯他人计算机著作权的法律责任划分，避免为别人的侵权行为“背黑锅”。

只有双方都能合法、良性地发展经营，软件市场的“天平”才能够保持平衡。希望在日渐有序的市场环境下，国产软件保持健康成长，成为支撑国家发展的“脊梁”。

综合篇

知识产权与“一带一路”（一）
——知识产权发展聚焦

徐　杰*

为维护和激励科技创新和技术进步，加快创新驱动发展战略实施，加速“丝绸之路”经济带核心区建设，为“一带一路”倡议提供强有力的司法保障，2020 年 4 月 26 日，在第二十个“世界知识产权日”，乌鲁木齐知识产权法庭在乌鲁木齐市中级人民法院揭牌，这标志着新疆首个专门集中管辖知识产权案件的法庭正式成立。乌鲁木齐知识产权法庭除管辖发生在乌鲁木齐市辖区内有关商标权、著作权、不正当竞争、技术合同纠纷的第一审知识产权民事和行政案件，不服乌鲁木齐市辖区内基层人民法院审理的第一审知识产权刑事案件的上诉案件之外，还将集中管辖发生在全区范围内的有关专利、植物新品种、集成电路布图设计、技术秘密、计算机软件、涉及驰名商标认定及垄断纠纷的第一审知识产权民事和行政案件。

2020 年 5 月 25 日，国家知识产权局下发同意建设中国（克拉玛依）知识产权保护中心的批复，目前，该中心已启动建设。该中心建成后，其将成为新疆首个知识产权保护中心，对促进提升西部地区知识产权创造、保护和运用水平，支撑石油开采加工和新材料产业创新发展具有重要意义。

2020 年 9 月 4 日，国家主席习近平在 2020 年中国国际服务贸易交易会全球

* 上海市锦天城（乌鲁木齐）律师事务所律师。

服务贸易峰会上致辞说："我们要顺应数字化、网络化、智能化发展趋势，共同致力于消除'数字鸿沟'，助推服务贸易数字化进程。中国将拓展特色服务出口基地，发展服务贸易新业态新模式。中国愿同各国一道，加强宏观政策协调，加快数字领域国际合作，加大知识产权保护，积极促进数字经济、共享经济等蓬勃发展，推动世界经济不断焕发生机活力。"

上述利好事件反映了知识产权已经作为保护人类智慧结晶的无形资产在市场中发挥着越来越重要的作用，而新疆作为"一带一路"建设的核心区，近年来随着边境贸易的业务增长，侵犯知识产权的案例逐渐涌现。本文以新疆维吾尔自治区为例，梳理知识产权纠纷的重大争议焦点，旨在帮助相关律师和企业了解该行业纠纷动态，并根据"一带一路"给新疆建设带来的发展机遇，结合实际情况提出对策建议，为预防法律风险提供参考。

2019 年，新疆维吾尔自治区公布的涉及知识产权纠纷裁判文书共 205 份，2020 年截至 10 月 1 日，新疆维吾尔自治区公布的涉及知识产权纠纷裁判文书共 112 份。本文以上述公布的判决书作为此次大数据报告的核心分析样本，通过对判决书的深入阅读研究，解读争议焦点、司法观点及裁判理由，并对比较典型的案件进行深入解析。

一、检索条件

1. 案例来源：威科先行数据库
2. 检索日期：2020 年 10 月 1 日
3. 年份：2019 年及 2020 年（截至 2020 年 10 月 1 日）
4. 区域：新疆
5. 案由：知识产权与竞争纠纷

二、检索结果

1. 知识产权合同纠纷（2019 年、2020 年案件情况见图 1、图 2）

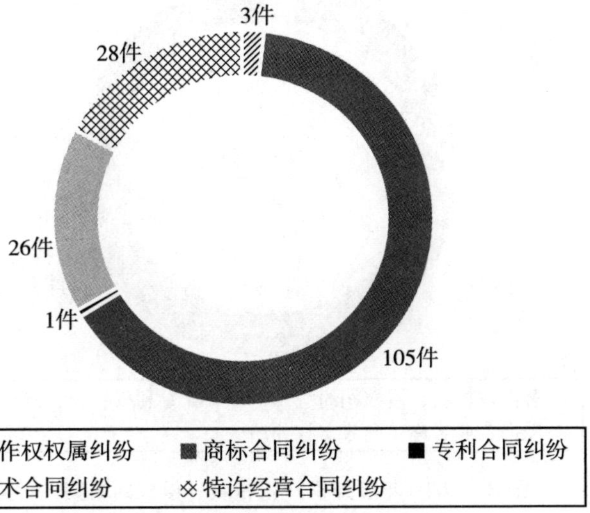

图 1　2019 年知识产权合同纠纷案件数量

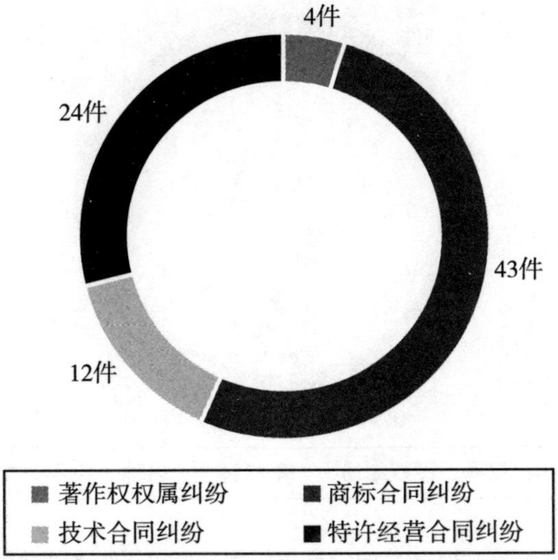

图 2　2020 年知识产权合同纠纷案件数量

2. 知识产权权属、侵权纠纷（2019 年、2020 年案件情况见图 3、图 4）

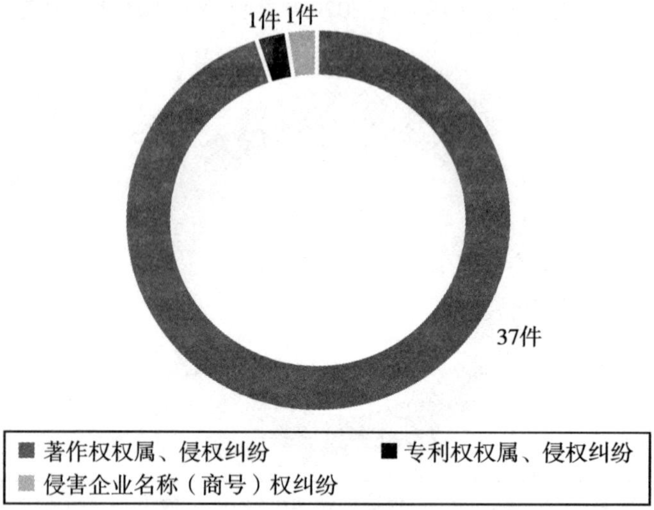

图 3　2019 年度知识产权权属、侵权纠纷案件数量

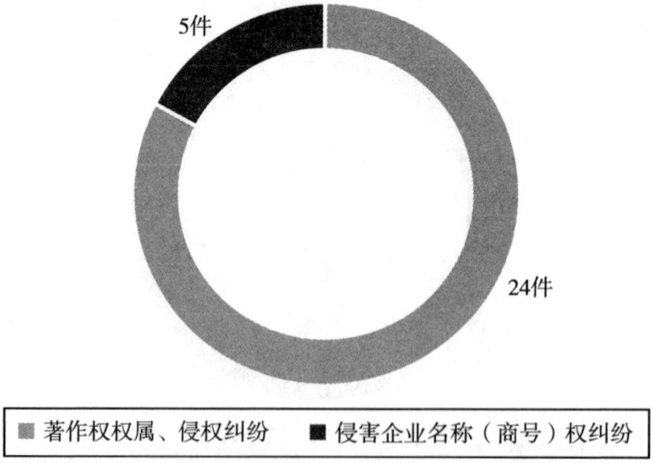

图 4　2020 年度知识产权权属、侵权纠纷案件数量

三、基本情况分析

通过对案由的检索及案例分析可以看出，相较 2019 年，2020 年新疆法院受理并审理的涉及知识产权案件数量有所下降（见图 5），究其背后原因可能与受新冠肺炎疫情影响新疆两度封城、经济发展受阻有关，抑或与知产案件的调、撤比重大相关。截至目前，新疆涉诉的知识产权案件多为常规类诉讼，新型案件纠纷在新疆几乎为零。根据统计结果显示，常规类诉讼中主要纠纷集中在著作权、商标合同纠纷、侵害商标权、侵害外观设计专利权纠纷和特许经营合同纠纷。其中，涉及著作权、商标权、专利权纠纷多为批量维权案件。著作权中被告多为 KTV 经营者、电视台；商标权、专利权中被告多为个体工商户等终端销售商；特许经营合同纠纷多为因加盟费所引发的争议。可见，在知识产权诉讼案件中仍然是以侵权案件为主，同时由于著作权与商标案件维权成本较低，因此数量较多，且有很大一部分以调解后撤诉结束。而较为复杂的专利侵权案件，由于涉及复杂的技术及法条解释等原因，往往存在审限相对较长、标的额较大、审级较高的特点，这也从侧面表明司法实践中对乌鲁木齐设立知识产权法庭的迫切需要。通过涉诉行业、领域观察，截至 2020 年 10 月，新疆知识产权与竞争纠纷涉及的行业

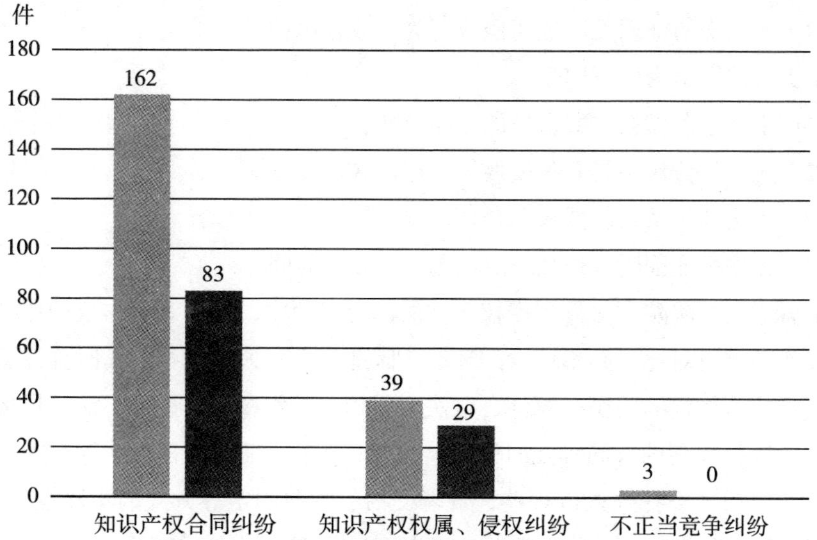

图 5　2019~2020 年相关案例案由分析

主要集中在文化、体育和娱乐业，租赁和商务服务业，科学研究和技术服务业，制造业，批发和零售业。文体行业所占案件比例较高，究其原因在于文体、娱乐行业的公众性较强、社会参与程度高，而社会公众甚至部分企业对相关知识产权的保护意识较差，使该行业的侵权事件发生频率较高。在这其中，盗版侵权和商标侵权又是最为常见的纠纷类型。

四、争议焦点解读、分析

（一）著作权权属、侵权纠纷

因涉及著作权产生争议的纠纷繁多，其中又以著作权权属问题最多。权属问题主要表现为作品是否符合我国著作权法所规定的作品范畴，当事人是否为权利人，创作是否具有一定的独创性。

法院经审理支持的理由主要有以下三点：

（1）权利人主张保护的是否为作品或者是否为邻接权的客体，所主张的内容具备了作品的属性即产生了著作权；

（2）被诉侵权人未经允许或授权，擅自使用或进行宣传和经营；

（3）所提交的证据无法证明侵权行为构成合理使用。

不支持的理由为以下四点：

（1）不属于著作权法所保护的作品范畴；

（2）无法举证作品具有独创性的表现形式；

（3）无法证明系合法授权、合法来源；

（4）无法举证证明其作品形成或公开发表的时间。

笔者建议，法院在著作权侵权案件的认定审理中，将享有著作权的作品与被诉侵权作品进行对比是必不可少的环节。因此，权利人在进行创作时要注意将创作过程中的著作权的底稿、原件、合法出版物、著作权登记证书、认证机构出具的证明、取得权利的合同等及时固定、保留；对于要证明侵权行为存在的，则可以通过自行或者委托他人以订购、现场交易、拍照固定等方式购买侵权复制品，并保留所取得的实物、购物发票，也可以通过公证的形式固定证据。

（二）商标权权属、侵权纠纷

商标作为一种最普遍、最常见、最显著、最重要的商业标识，是商品质量和企业信誉的标志和表现。商标权权属、侵权纠纷项下的子案由是商标权权属纠纷和侵害商标权纠纷，一般较少出现权属争议，实践中多为侵害商标权纠纷。

法院经审理支持的理由主要有以下四点：

（1）权利人系商标的商标专用权人，享有商标专用权且商标在合法有效期限内；

（2）被诉侵权人对诉争标识的使用属于商标性使用；

（3）诉争标识与权利人请求保护的注册商标或驰名商标属于同一种或类似商品上的相同或近似商标；

（4）未经权利人许可，在相同商品上使用相同商标或在同种商品上使用近似商标，或在类似商品上使用相同或近似商标且容易导致混淆。

不支持的理由有以下四点：

（1）使用行为不构成商标性使用，系正当使用；

（2）主张先用抗辩权；

（3）具有合理来源；

（4）权利人无法证明被诉侵权人销售的商品系侵权产品。

笔者建议，对于自身享有的商标要定期监测是否存在侵权行为或侵权事实，发现后要及时固定证据，制止恶意当事人获得相关权利。权利人应当积极通过可以获知的公开渠道收集被诉侵权人经营侵权商品的相关证据，包括经营规模、侵权商品的单位销售利润、产量、销售时间、销售门店数量、地域范围等，用以证明被诉侵权人因为侵权所获的利益。对于赔偿数额，需要及时收集相关被诉侵权人长期、大量使用和销售与注册商标或驰名商标关联性强的侵权产品，且侵权主观恶意明显，侵权时间长、范围广、获利巨大等相关证据。对不清楚是否侵犯他人商标权情形应当事先检索，及时避让，避免侵权。若涉及商标权纠纷案件，也要注意，虽然诉争商标在构成要素上可能具有近似性，但还需要综合考量其他相关因素，因为只有构成“足以造成市场混淆”才是最终认定商标侵权的标准。

（三）专利权权属、侵权纠纷

在我国专利权包含发明专利权、实用新型专利权和外观设计专利权三项，其中新疆涉诉较多的案件系侵害外观设计专利权纠纷。

法院经审理支持的理由主要有以下四点：

（1）权利人系专利权人，该专利至今合法有效；

（2）被诉侵权技术方案落入专利权的保护范围；

（3）被诉侵权技术方案包含与权利要求记载的全部技术特征相同或者等同的技术特征；

（4）举证证明被诉侵权人实施了侵权行为。

不支持的理由有以下五点：

（1）无法举证证明被诉侵权人实施了专利权侵权行为；

（2）被控侵权产品或方法的技术特征与涉案专利的技术特征不是等同特征；

（3）被控侵权产品或方法并未落入涉案专利的保护范围；

（4）缺少基于专利要求给予司法保护的请求事由；

（5）所提供的证据无法进行是否侵权的比对。

笔者建议，在专利侵权纠纷案件中，当事人举证责任分担的一般原则是“谁主张，谁举证”。对于涉及专利的维权而言，需要对被诉的侵权事实及时固定证据、合理取证，所提供的证据应当符合进行比对的需求，且侵权比对的对象是侵权比对的基础所在，一般均需要进行公证保全。若是在无直接证据仅有相关间接证据的情况下，则需要间接证据的证明力能够反映其与案件事实存在客观联系。

（四）特许经营合同纠纷

特许经营合同纠纷本质上属于合同纠纷，在我国是一种比较新型的合同类型。在实践中，特许经营往往被称为加盟经营或特许连锁，主要适用的法律规范是《商业特许经营管理条例》。

法院经审理支持的理由主要有以下四点：

（1）特许人拥有注册商标、企业标志、专利等经营资源；

（2）存在合法有效的特许经营合同法律关系；

（3）双方约定的经营模式符合特许经营模式；

（4）双方已实际履行特许经营合同。

不支持的理由有以下两点：

（1）举证不足；

（2）法律关系适用错误，经释明，仍不变更诉讼请求。

笔者建议，实务中，关于特许经营合同的认定需要根据合同内容是否符合特许经营的基本特征而判断，不能仅仅依据名称而确定适用特许经营合同纠纷案由，应根据具体的合同条款、合同目的、内容等相互结合后，综合考虑是否属于特许经营合同；对于特许经营合同的实际履行情况也要根据实际情况而定，而不是仅仅依据合同条款。另需要注意，《商业特许经营管理条例》第3条第2款规定属于行政法规的效力性强制性规定，非企业单位或者个人作为特许人签订的特许经营合同将被认定为无效合同，但对于被特许人一般无资质要求。同时，首次签订特许经营合同应依据《商业特许经营管理条例》第8条和第25条进行备案，否则可能会面临被罚款的风险。

五、“一带一路”给新疆建设知识产权带来的思考

通过新疆地区知识产权与竞争纠纷案件的数量可知，虽然2020年疫情对相关业务类项影响较大，但知识产权相关纠纷案件的态势仍不容小觑。从案由分布来看，著作权权属、侵权纠纷，商标合同纠纷，特许经营合同纠纷类案件仍占主要部分；从诉讼行业分布情况来看，文体、娱乐行业涉及诉讼的案件较多。

新疆区域既是古代丝绸之路的重要组成部分，又在“一带一路”倡议中新丝绸之路经济带建设中具有明显的地缘优势。从地理区位来看，新疆是新丝绸之路经济带的核心建设区，向东可以连接广大内地省份，甚至可以辐射整个东亚，向西可以连接中亚、南亚、俄罗斯甚至整个欧洲，是贸易互联、互通的重要通道。因此，在构建新丝绸之路经济带的国家战略时期，新疆应当以更加开发、包容的态度去积极开拓，大力发展知识产权的建设，加强知识产权的维权。以共赢、合作、共享的态度搭建桥梁，助力经济道的打通，成为中国向西发展的“桥头堡”。

我国2021年1月1日起施行的《民法典》中有关知识产权的条文共52条，体现了对国家知识产权的保护和重视，也符合国家构建创新型国家、实现自身经济社会发展目标的需要。有关知识产权的法律条文主要集中在以下几个方面：（1）物权编取消知识产权出质必须订立书面合同的要求；（2）合同编新增技术许可合同，扩大买卖合同订立过程中的保密义务范围；（3）婚姻家庭编明确将知识产权收益列为夫妻共同财产；（4）侵权责任编确立知识产权侵权惩罚性赔偿制度，完善网络侵权的“通知—删除”机制。我国《民法典》浓墨重彩地将上述内容进

行修订或完善，说明知识产权已经成为企业提高经济效益、增强核心竞争力的重要资产，我们也应当重视《民法典》实施后对于知识产权创新的挑战与机遇。

“一港、两区、五大中心、口岸经济带”，是新疆落实“一带一路”倡议、推进西出通道上的核心区建设的重要抓手。那么新疆作为“桥头堡”，更应当激发企业创新热情，打造新疆自主品牌、自主文化，通过各项利好政策助力企业提升知识产权运用能力，助推高质量创新发展，因地制宜地结合新疆特色突出地州风味，以更丰富、更多彩的形式向全国人民推介“新疆制造”“新疆创造”“新疆品牌”“新疆服务”，让多元化、广阔化的新疆特色不仅是在新疆广袤的土地上绽放，还要去其他市场大放异彩。而这背后所需要付出的工作成果，需要我们每个企业、每个人共同思考、共同努力、共同创造、共同建设。

综上所述，知识产权作为企业无形资产的重要一环，是加速企业经济发展、推动企业创新的关键和重要支撑。通过上述分析报告，笔者建议，企业在发展经济的同时，应加强自身的知识产权保护，不仅要完善企业的规章制度，而且要注重知识产权保护意识，企业内部要注重知识产权布局，提升维权意识，规避侵权风险。公众在进行自主创业或文艺创作、发明创新时，要牢固树立知识产权保护意识，学会尊重他人知识成果。

知识产权与“一带一路”（二）
——中亚五国专利申请

齐宝鑫　池振华　朱乐雯

一、乌兹别克斯坦

（一）发明或实用新型专利申请

乌兹别克斯坦发明或实用专利申请途径为，向乌兹别克斯坦专利局提交申请。自然人或法人均可申请乌兹别克斯坦的发明或实用新型专利，申请人可为乌兹别克斯坦居民，也可为外国人，但是外国申请人应委托乌兹别克斯坦代理人办理专利申请业务。

乌兹别克斯坦发明专利申请需时 2~5 年，实用新型申请需时 1~2 年。

乌兹别克斯坦发明专利有效期为自申请日起 20 年（按时缴纳年费的情况下），根据法律法规获得准入许可后方可使用的药物、杀虫剂、农药的发明专利，可以延期，但不得超过 5 年。实用新型的有效期为自申请日 5 年（按时缴纳年费的情况下），可以延期，但不得超过 3 年。

PCT 申请进入乌兹别克斯坦国家阶段的期限为自优先权日的 31 个月内。

巴黎公约申请进入乌兹别克斯坦国家阶段的期限为自优先权日的 12 个月内。

（二）外观设计申请途径

乌兹别克斯坦外观设计申请途径为，向乌兹别克斯坦专利局提交申请。自然人或法人均可申请乌兹别克斯坦外观设计，申请人可为乌兹别克斯坦居民，也可为外国人，但是外国申请人应委托乌兹别克斯坦代理人办理专利申请业务。

乌兹别克斯坦外观设计申请需时 12~18 个月。

乌兹别克斯坦外观设计的有效期为自申请日 10 年（按时缴纳年费的情况下），可延期，但不得超过 5 年。

巴黎公约途径进入乌兹别克斯坦国家的期限为自优先权日的 6 个月内。

二、哈萨克斯坦

（一）发明或实用新型专利申请

哈萨克斯坦发明专利申请途径为，向哈萨克斯坦专利局提交专利申请；向欧亚专利局提交专利申请。哈萨克斯坦实用新型专利申请途径为向哈萨克斯坦专利局提交申请。

自然人或法人均可申请哈萨克斯坦的发明或实用新型专利，申请人可为哈萨克斯坦居民，也可为外国人，但是外国申请人应委托哈萨克斯坦代理人办理专利申请业务。

哈萨克斯坦发明专利申请需时 3~5 年，实用新型申请需时 1 年。

哈萨克斯坦发明专利的有效期为自申请日 20 年（按时缴纳年费的情况下）。根据法律法规获得准入许可后方可使用的属于药物、杀虫剂或农药的发明专利，可以延长有效期，但不得超过 5 年。实用新型有效期为自申请日 5 年，可延期，不得超过 3 年（按时缴纳年费的情况下）。

PCT 申请进入哈萨克斯坦国家阶段的期限为自优先权日 31 个月内，巴黎公约申请进入哈萨克斯坦国家阶段的期限为自优先权日的 12 个月内。

（二）外观设计申请

哈萨克斯坦外观设计申请途径为，向哈萨克斯坦专利局提交申请。

自然人或法人均可申请哈萨克斯坦外观设计，申请人可为哈萨克斯坦居民，也可为外国人，但是国外申请人应委托哈萨克斯坦代理人办理专利申请业务。

哈萨克斯坦外观设计申请需时 1~1.5 年。

哈萨克斯坦外观设计的有效期为自申请日 15 年（按时缴纳年费的情况下），可延期，但不得超过 5 年。

巴黎公约途径进入哈萨克斯坦国家的期限为自优先权日的 6 个月内。如由于不可控原因，申请人无法在规定期限内提交申请，可延期，但不得超过 2 个月。

三、塔吉克斯坦

（一）发明或实用新型专利申请

塔吉克斯塔发明专利申请途径为，向塔吉克斯坦专利局提交申请；向欧亚专利局提交申请。值得注意的是，塔吉克斯坦不保护实用新型，但是存在与实用新型近似的临时专利。

自然人或法人均可申请塔吉克斯坦的发明专利或临时专利，申请人可为塔吉克斯坦居民，也可为外国人，但是外国申请人应委托塔吉克斯坦代理人办理专利申请业务。

塔吉克斯坦发明专利申请需时 2~4 年，临时专利申请需时 1~2 年。

塔吉克斯坦发明专利有效期为自申请日起 20 年，而临时专利有效期为自申请日 10 年（按时缴纳年费的情况下）。

PCT 申请进入塔吉克斯坦国家阶段的期限为自优先权日的 31 个月内，巴黎公约申请进入塔吉克斯坦国家阶段的期限为自优先权日的 12 个月内。

（二）外观设计申请

塔吉克斯坦外观设计申请途径为，向塔吉克斯坦专利局提交申请。

自然人或法人均可申请塔吉克斯坦外观设计，申请人可为塔吉克斯坦居民，也可为外国人，但是外国申请人应委托塔吉克斯坦代理人办理专利申请业务。

塔吉克斯坦外观设计的有效期为自申请日 10 年（按时缴纳年费的情况下），可延期，但不得超过 5 年。

巴黎公约途径进入塔吉克斯坦国家的期限为自优先权日的 6 个月内。

四、吉尔吉斯斯坦

（一）发明或实用新型专利申请

吉尔吉斯斯坦发明或实用新型专利申请途径为，向吉尔吉斯斯坦专利局提交发明或实用新型专利申请。

自然人或法人均可申请吉尔吉斯斯坦的发明或实用新型专利，其中法人申请人可为吉尔吉斯斯坦居民法人，也可为非居民法人。但是，国外申请人应委托吉尔吉斯斯坦代理人办理专利申请业务。

吉尔吉斯斯坦发明专利申请需时 2~4 年，实用新型申请需时 1.5 年。

吉尔吉斯斯坦发明专利的有效期为自申请日 20 年（按时缴纳年费的情况下）。根据法律法规获得准入许可后方可使用的属于药物、杀虫剂或农药的发明专利，可以延长有效期，但不得超过 5 年。实用新型有效期为自申请日 5 年，可延期，不得超过 3 年（按时缴纳年费的情况下）。

PCT 申请进入吉尔吉斯斯坦国家阶段的期限为自优先权日 31 个月内，巴黎公约申请进入吉尔吉斯斯坦国家阶段的期限为自优先权日的 12 个月内。

（二）外观设计申请

吉尔吉斯斯坦外观设计申请途径为，向吉尔吉斯斯坦专利局提交申请。

自然人或法人均可申请吉尔吉斯斯坦外观设计，申请人可为吉尔吉斯斯坦居民，也可为外国人，但是外国申请人应委托吉尔吉斯斯坦代理人办理专利申请业务。

吉尔吉斯斯坦外观设计申请需时 6~12 个月。

吉尔吉斯斯坦外观设计的有效期为自申请日 10 年（按时缴纳年费的情况下），可延期，但不得超过 5 年。

巴黎公约途径进入吉尔吉斯斯坦国家的期限为自优先权日的 6 个月内。

五、土库曼斯坦

（一）发明或实用新型专利申请

土库曼斯坦发明专利申请途径为，向土库曼斯坦专利局提交申请；向欧亚专利局提交申请。值得注意的是，土库曼斯坦不保护实用新型，但是存在与实用新型近似的临时专利。

自然人或法人均可申请土库曼斯坦的发明专利及临时专利，申请人可为土库曼斯坦居民，也可为外国人，但是外国申请人应委托土库曼斯坦代理人办理专利申请业务。

土库曼斯坦发明专利申请需时1~6年（具体时间取决于申请专利的类型）。

土库曼斯坦发明专利有效期为自申请日起20年，而临时专利有效期为自申请日10年（按时缴纳年费的情况下）。根据法律法规获得准入许可后方可使用的药物、杀虫剂、农药的发明专利，可以延期，但不得超过5年。

PCT申请进入土库曼斯坦国家阶段的期限为自优先权日的31个月内，巴黎公约申请进入土库曼斯坦国家阶段的期限为自优先权日的12个月内。

（二）外观设计申请

土库曼斯坦外观设计申请途径为，向土库曼斯坦专利局提交申请。

自然人或法人均可申请土库曼斯坦外观设计，申请人可为土库曼斯坦居民，也可为外国人，但是外国申请人应委托土库曼斯坦代理人办理专利申请业务。

土库曼斯坦外观设计的有效期为自申请日15年（按时缴纳年费的情况下）。

巴黎公约途径进入土库曼斯坦国家的期限为自优先权日的6个月内。

六、PPH试点

另外，根据《中华人民共和国国家知识产权局与欧亚专利局关于专利审查高速路试点的谅解备忘录》规定，中国国家知识产权局（State Intellectual Property Office，SIPO）与欧亚专利局（Eurasian Patent Organization，EAPO）专利审查高速路（Patent Prosecution Highway，PPH）试点将于2018年4月1日启动，为期3年，至2021年3月31日。

SIPO–EAPO PPH试点启动以后，申请人可以按照《在SIPO–EAPO专利审查高速路（PPH）试点项目下向中国国家知识产权局（SIPO）提出PPH请求的流程》向SIPO提出PPH请求；按照《在SIPO–EAPO专利审查高速路试点项目下向欧亚专利组织之欧亚专利局提出专利申请加快审查请求的流程》向EAPO提出PPH请求。自此，中国申请人向欧亚专利组织成员方递交专利申请时，可以考虑通过

PPH 来加速申请。欧亚专利的授权周期一般为 2~4 年，通过 PPH 加速，顺利的话，可以加快到 1 年左右。该加速程序加速效果明显且可控，同样没有官费，但是因涉及多次提交可能会产生更多的国外事务所费用。

七、生效的共性

中亚五国采用专利许可登记对抗制度，规定专利许可合同生效后，必须向国家专利主管部门登记，否则专利许可无效。

八、典型案例

近年来，越来越多的“中国智慧”受到各国肯定，中国的专利审查授权在部分“一带一路”沿线国家获得直接认可。我国企业积极在中亚五国进行专利申请和登记，申请方式既包括通过欧亚专利局渠道，也包括直接在中亚五国进行申请。

在西气东输战略的建设过程中，中国石油天然气集团有限公司在中亚五国进行了多项技术专利申请。比如，复杂地质构造块状模型构建方法（PCT/CN2010/000140，G06T 17/50），连续管导入装置（PCT/CN2012/000510，E21B 19/24），一种生产低浊点高粘度指数润滑油基础油的方法（PCT/CN2011/000946，C10G 65/04）等。

除了国有控股企业之外，还有像清华大学同方威视、华为、兰州金福乐生物工程有限公司这样的企业，以及中国医药工业研究院、中国科学院新疆理化技术研究所等研究所在智能物流、车辆检查系统、卫生疾病、新材料等方面进行了许许多多的专利技术申请。比如，智能物流电子锁设备和系统（PCT/CN2017/110773，G06Q 10/08），分布式光纤周界安防系统、声音还原系统及方法（PCT/CN2016/095649，G08B 13/00），一种治疗糖尿病的口服制剂（PCT/CN2013/085588，A61K 31/567）等多项专利。

在线教育的合理使用与第三方侵权行为探讨

齐宝鑫　池振华　刘晏承

丰富的网络资源和高速的信息传输，使教育行业迈入了互联网时代。在线教育成了这个时代中不可或缺的教育方式，同时也把教育行业带上了不可避免的改革之路。在这次的新冠肺炎疫情中，网课扮演着非常重要的角色，“停课不停学”的手段使教育行业免于瘫痪。网课正在受到越来越广泛的认可和鼓励，但是新颖的在线教育手段背后也反映出了立法的滞后性。由于有着授课者、听课者、课程制作者、教育机构、授课平台等多方参与，而且打破了原有著作权保护屏障的在线信息传输方式，急需立法做出变化。

一、在线教育与合理使用

（一）现行法律规定

合理使用制度在近300年前的版权保护伊始就已经诞生，并一直作为平衡著作权人私权利和社会公共利益的天平，随着社会的变革不断变化着。早在现代社会的第一部版权法——英国《安娜法令》中，就创设了“公共领域”的概念。它横亘在私权利人的专有领域之中，为社会公众便捷地使用他人作品撑起了一方天地，但这个领域范围的界定始终是模棱两可的。

授课者难免会使用、引用一些他人的作品，却未经过原作者授权。我国现有的合理使用制度吸收了很多国外、国际立法例。例如，《著作权法实施条例》第21条规定："依照著作权法有关规定，使用可以不经著作权人许可的已经发表的作品的，不得影响该作品的正常使用，也不得不合理地损害著作权人的合法权益。"该规定其实就引用了《伯尔尼公约中》提出的"三步检验法"的后两步。《著作权法》第24条对"三步检验法"第一步"在某些特定情况下"进行了限缩，通过罗列"（一）为个人学习、研究或者欣赏，使用他人已经发表的作品；（二）为介绍、评论某一作品或者说明某一问题，在作品中适当引用他人已经发表的作品；（三）为报道时事新闻，在报纸、期刊、广播电台、电视台等媒体中不可避免地再现或者引用已经发表的作品；（四）报纸、期刊、广播电台、电视台等媒体刊登或者播放其他报纸、期刊、广播电台、电视台等媒体已经发表的关于政治、经济、宗教问题的时事性文章，但作者声明不许刊登、播放的除外；（五）报纸、期刊、广播电台、电视台等媒体刊登或者播放在公众集会上发表的讲话，但作者声明不许刊登、播放的除外；（六）为学校课堂教学或者科学研究，翻译或者少量复制已经发表的作品，供教学或者科研人员使用，但不得出版发行"等12种属于合理使用的情况，并设置兜底条款，一定程度上缩小了"三步检验法"的外延。最高人民法院在2011年发布了《关于充分发挥知识产权审判职能作用推动社会主义文化大发展大繁荣和促进经济自主协调发展若干问题的意见》，指出考虑使用行为的性质和目的、被使用作品的性质、被使用部分的数量和质量、使用对作品潜在市场或价值的影响等因素判定是否构成合理使用。这参考了美国的"四标准法"，并融合我国自己的"新三步"，扩充了合理适用的认定空间。

（二）在线教育机构与合理使用

在线教育之所以和传统教育有所不同，就在于其利用网络拥有高效的数据分享、传输能力。对此，虽然对于他人作品的使用是基于"课堂教学或科学研究"的目的，但由于面向的受众不特定且可能范围极广，而且听课者只需要轻动手指就可以将被使用的作品随意复制、任意传播，对于著作权人权利的侵害度可能成指数倍激增。这种"使用"超出原来立法中对于"合理"的理解，触碰到了"合理"二字背后想要保护的法益。

高校和教育机构的教学中涉及使用他人作品的情况基本相同，但有些学者认为，高校援引合理使用制度并无不妥，可大部分教育机构的营利性会阻断其对合理使用制度的适用。因此，我们从营利性教育机构的视角分析合理使用制度适用的可能性，更容易看出在线教育和现有法规之间的矛盾。

1. 使用行为的性质、目的

我国《著作权法》规定的 12 种合理使用情形中的第二种是“为介绍、评论某一作品或者说明某一问题，在作品中适当引用他人已经发表的作品”，对于课件、课程内容的制作者来说，这种情形很容易被轻视。引用行为的目的仅仅被限定为“介绍、评论、说明”，要求引用者必须有强烈的目的性，避免仅仅基于展示目的——让听课者了解被引用作品的内容、美感、优点等而引用他人作品。举例来说，曾经的知名网红“谷阿莫”曾凭借他制作的“X 分钟带你看完电影”系列作品在网上获得了很高的点击量。但是由于其视频引用了大量电影片段，并且视频的主要内容仅仅是为观众讲述电影的情节，而被迪士尼等多家公司起诉。虽然该案现在还没有最终宣判，但是当地检方已经认定其行为侵权。有趣的是，如果引用作品的目的是说明其缺点，则比较有可能被认定属于“评论”目的，如著作权法理论中的“滑稽模仿”。胡戈的视频《一个馒头引发的血案》是陈凯歌《无极》的模仿作品，当时曾激起了声势浩大的口水仗和版权纷争。虽然该事件慢慢归于平静，但法学界仍进行了激烈讨论。主张《一个馒头引发的血案》由于具有一定的艺术创造，并且其创作目的在于以喜剧手段指出《无极》的缺陷，让公众对原作有了新的认识，属于一种“评论”，应当属于“滑稽模仿”而不侵权的呼声颇高。

还有些授课者为了活跃课堂气氛、丰富视觉、听觉效果，在教学课件中使用一些未经授权的图画作为装饰，或者在教学过程中穿插一些未经授权的视频、音乐，这类的使用目的也不符合合理适用的规定。但在上海美术电影制片厂诉浙江新影年代、华谊兄弟著作权侵权案二审判决［（2015）沪知民终字第 730 号］中，法院认为虽然新影年代公司制作的电影《80 后的独立宣言》海报中，未经许可使用了美影厂拥有著作权的“葫芦娃”和“黑猫警长”动画形象，但是由于两个形象是与“二八”自行车、黑白电视、缝纫机等 20 多个表明“80 后”时代特征的元素一同作为背景使用，使两个动画形象在海报中具有了新的价值、意义和功能，其原有的艺术价值功能发生了转换，而且转换性程度较高，是为了彰显影片的时代背景，属于我国著作权法规定的为了说明某一问题的情形。二审法院最终判决驳回上诉，维持原判，认定该使用行为构成合理使用。因此，在线教育者一定要注意，若非出于有目的的介绍、评论、说明，尽量不要引用他人未授权的作品。

2. 被使用作品的性质、数量、质量

由于著作权本就是用来保护有独创性的智力成果的，因此，被引用作品的性质也会影响到合理使用的认定——被引用作品的原创性越高，就越难构成合理使用。例如,《明朝那些事儿》虽然是历史题材的书籍，但由于作者的切入角度独特、语言风趣幽默，曾常年处于各大图书销量榜榜首。引用《明朝那些事儿》中的记述，与引用一本纪实性历史书籍对同一个事件的记述，其间原创性的差距不言而喻，引用《明朝那些事儿》的内容被认定为合理使用的难度自然会更大。

在教材、课件中引用他人作品中的例句、例题是授课者的常用手段，但这种引用想要构成合理使用也很难把握分寸。首先，无论是例句还是例题，引用的数量一定不能太多，在原作品中的占比要尽量小。对于例题来说，由于其编写的难度较大，其中还包含了编题者许多思维活动，每道例题都有可能构成文字作品，还需要根据实际引用情况具体分析。

3. 使用对作品潜在市场或价值的影响

对于这个抽象的标准，学界有很多不同的声音。有学者认为，现在是互联网时代，网络使人们能够更轻易、快速地得到各种素材，著作权人将作品上传到网络的时候也应该知晓这一点。著作权所保护的界限已经模糊，而合理使用制度被设计的初衷就是使私利让步于更大的公共利益。在线教育作为具有互联网时代鲜明特征的新产物，对整个社会的发展有着很强的促进作用。因此，对于在线教育应该给予更多的包容和支持，让著作权人让出一部分私利。但还有学者认为，在线教育由于面向的群体庞大，对于著作权人潜在利益的损害也是巨大的，绝对不能纵容。然而，这种影响的程度以及是否能定性为合理使用或许只能在具体实践中个案分析了。

二、第三方侵权

（一）技术措施

技术措施是著作权人在自己的作品之上施加的限制性保护措施，对于在线教育机构、网络平台来说，其主要表现方式就是通过登录、购买、VIP 充值等手段限制下载和接触。其实，书店里售卖的新书外面包裹着塑料薄膜就是一种纸质书时代的技术措施，防止未购买的顾客阅读其内容。著作权的内涵中并不包括阅读权、接触权，只能通过限制复制、发行等流通渠道，达到控制阅读及接触行为的效果。对于在线教育的老师们来说，如果在课上把自己已经购买的书籍翻开来给学生观看，由于该书籍并未被复制，只是被学生阅读了，并不能认定为侵犯了著作权。

而正像前文所说，技术措施通过限制流通渠道间接限制阅读，但即便是未经授权的阅读也不会构成侵犯著作权。因此，如果有人单纯破解了机构、平台设置的技术措施，或破解后让更多的人阅读、观看到了平台上的作品，但是并未导致复制等行为的发生，就不会侵犯著作权。但如果破解人带有营利目的，则可能构成不正当竞争。我国在线教育版权刑事保护第一案就是一个“90 后”青年破译了沪江网校的技术措施，而且后续又实施了复制行为进行谋利，最终被定侵犯著作权罪判有期徒刑 1 年，缓刑 1 年；知名教育机构“51talk”也曾因为通过不正当手段获取其竞争对手新东方的网课资源，复制后在网络平台上售卖被判赔偿 24 万元。

（二）盗版网课

令在线教育机构最头疼的问题就是资源被泄露，现在很多平台上都可以免费看到流出的付费课程，还有些人购买课程后在网上无偿分享资源，使教育机构的潜在客户数量锐减。这一类的行为无疑是构成侵权的，并且视频的观看者也有构成侵权的风险。美国学界提出过“暂时复制”的概念，是说利用电脑等设备观看文件、视频时，后台会有一个自动的保存行为，虽然客观上构成了对于作品的复制，但是由于机器行为不是人所能控制的，所以这个复制行为不构成侵权。在世界知识产权组织（World Intellectual Property Organization，WIPO）1996 年的版权条约中，暂时复制也被排除在了复制权的范围之外。与之相对应的就是，有学者认为一旦观看者自己对视频、文件进行了再复制、主动下载、分享等行为，就可能侵犯了原作者的著作权。可是在（2011）一中民初字第 1321 号案中，法院站在了这一观点的对立面。该案中，被告谷歌公司未经许可对原告的作品进行电子化扫描，并在谷歌中国网站的“图书搜索”中收录该作品。法院在认定中特意强调，虽然未经许可的复制原则上构成侵权，但在法律规定的合理使用的情形中，有些合理使用行为的实施需要以复制为前提。在这种情况下，专门为了合理使用行为而进行的复制，应当与后续使用行为结合起来作为一个整体看待，而不应与后续的合理使用行为割裂开。如果视频观看者在复制后并没有实施后续的侵权行为，而是仅供自己学习使用，还是较有可能被认定为不构成侵犯著作权的。

有人说，在当今时代，如果不对合理使用进行扩充解释，必然会导致公众在使用网络资源时被掣肘。而随着网络的便捷逐步渗入我们的生活，为了避免侵权，人们对于资源的使用甚至会比前互联网时代更为胆怯、艰难，这不应该是互联网带给人类的。尼古拉·特斯拉放弃了对于交流电的专利，才让科技得以飞速发展，人类的进步就应当是站在前人的肩膀上行进，私人利益为公共利益让步是理所当然。但也有人说，不能以牺牲一部分人的正当利益换取进步和发展。

在线教育时代下的合理保护制度将会走向何方犹未可知，但在线教育确实是互联网时代的珍宝。在当前的法律体系之下，在线教育者在授课的同时要尽可能地保证自己独特的创造性，减少引用他人作品的行为，在面对不法侵害时也要勇于利用法律武器保护自己的合法权利。

商标侵权类似商品关联性判断标准研究

齐宝鑫　池振华　龚未云

一、问题的提出

商标法赋予商标权人专用权和禁止权，“专用权的范围相对固定，而禁止权则是排除他人在类似商品上使用与他人相同或近似商标，或者在相同商品上使用与他人近似商标，禁止权主要是利用近似商标和类似商品确定其权利边界”。①根据我国《商标法》第30条②和第57条第2款③的规定，类似商品也是商标注册审查和商标侵权的判断因素之一。但在司法实践中，行政机关和司法机关、不同司法机关之间对类似商品适用标准还是有所出入，尤其是商品关联性的适用标准。

我国最高人民法院《关于审理商标民事纠纷案件适用法律若干问题的解释》

① 孔祥俊：《商标法适用的基本问题》，中国法制出版社2014年版，第50页。

② 《商标法》第30条规定：“申请注册的商标，凡不符合本法有关规定或者同他人在同一种商品或者类似商品上已经注册的或者初步审定的商标相同或者近似的，由商标局驳回申请，不予公告。”

③ 《商标法》第57条第2项规定：未经商标注册人的许可，在同一种商品上使用与其注册商标近似的商标，或者在类似商品上使用与其注册商标相同或者近似的商标，容易导致混淆的，也属侵犯注册商标专用权。

（法释〔2002〕32 号，以下简称《司法解释》）中仅仅提及特定联系，[①] 尚未对该概念进行任何解释和说明。最高人民法院在其印发的《关于充分发挥知识产权审判职能作用推动社会主义文化大发展大繁荣和促进经济自主协调发展若干问题的意见》[②]（法发〔2011〕18 号，以下简称《知产审判意见》）中首次明确：当引证商标具有一定知名度且已经实际使用的情况下，认定商品是否类似时，应当考虑商品之间的关联性。商标行政机关在 2017 年最新版的《商标审查及审理标准》[③] 中明确：两个商品在功能、主要原料、销售渠道等客观方面具有较大关联性时，可以被认定为类似商品。何为类似商品关联性，如何具体认定类似商品关联性，现行法律尚未规定。

《知产审判意见》第 20 条主要从主观标准对类似商品关联性进行认定，最新版《商标审查及审理标准》则是从客观标准对类似商品关联性进行判断，两个法律之间存在冲突之处。而最高人民法院在《最高人民法院知识产权案件年度报告（2015 年）摘要》（以下简称《摘要》）及其提审 [④] 或再审 [⑤] 案件中已明确表明：当商标具有知名度时，可以适当放宽商品关联性的判断标准。但在本文所研究的 60 个案件中，商评委在其所做的裁定中很少适用商标知名度及显著性判断商品关联性。且在理论界，仍然有学者坚持客观标准，[⑥] 主张把商标知名度排除在商品关联性判断要素之外。判断商品关联性是采取主观标准还是客观标准，不仅在学界没有一个明确标准，而且在现行立法以及立法与司法之间存在冲突之处。

本文从商品关联性入手，通过理论研究和实证研究，对商品关联性的概念进

① 《司法解释》第 11 条第 3 款规定："商标法第五十二条第（一）项规定的类似商品，是指在功能、用途、生产部门、销售渠道、消费对象等方面相同，或者相关公众一般认为其存在特定联系、容易造成混淆的商品。"同时，为了表述上的方便，下文将"特定联系"与"关联性"统称为"关联性"，"类似商品关联性"用"商品关联性"表述。

② 《知产审判意见》第 20 条规定："充分考虑商标所使用商品的关联性，准确把握商品类似的认定标准……主张权利的商标已实际使用并具有一定知名度的，认定商品类似要充分考虑商品之间的关联性。相关公众基于对商品的通常认知和一般交易观念认为存在特定关联性的商品，可视情纳入类似商品范围。"

③ 《商标审查及审理标准》第八部分类似商品或者服务审理标准第 2.1 条规定："类似商品是指在功能、用途、主要原料、生产部门、销售渠道、销售场所、消费群体等方面相同或者具有较大关联性的商品。"

④ 参见最高人民法院行政判决书，（2014）行提字第 29 号。

⑤ 参见最高人民法院行政裁决申诉行政判决书，（2016）最高法行再 10 号。

⑥ 参见余晖：《司法实践中如何判断类似商品》，载《电子知识产权》2007 年第 4 期。

行界定，同时研究和分析商品关联性的判断因素并提出研究结论，以求能进一步完善商品关联性的实质内涵及判断标准。

二、类似商品关联性立法与司法实践问题

虽然“类似商品的判定极大程度地依赖于商品间的关联性以及关联程度，且商品之间的关联性是决定受保护的商标范围的重要判断标准”。[①] 然而，在司法实践中，商品关联性的判断仍存在很多问题，商标行政机关与司法机关、不同司法机关之间的判断标准更是严重不一。

（一）现行商标法尚未规定类似商品关联性

我国《商标法》仅仅规定了类似商品的重要性，如《商标法》第 30 条明确规定了类似商品在商标注册审查时的重要性，即若申请注册的商标与他人在相同或者类似商品上已经注册或初步审定的商标相同或近似的，商标局应驳回申请。《商标法》第 57 条第 2 款规定了类似商品在判断商标侵权时的重要性，即若未经商标权人的许可，在类似商品上使用与他人注册商标相同或近似商标，容易导致混淆的，视为侵犯他人的商标专用权。因此，判断一个商标是否应被核准注册以及是否侵权的条件之一是，引证商品与诉争商品是否构成类似商品，但《商标法》尚未对类似商品关联性进行任何规定，也未提及类似商品关联性的判断标准。

根据《司法解释》第 11 条第 3 款的相关规定，类似商品可从以下两个方面进行认定：一是用途、功能等客观方面相同的两个商品；二是相关公众认为存在特定联系且容易造成消费者混淆的两个商品。基于此，我们仅仅能够看出“功能、生产部门、消费对象”等客观因素与特定联系属于并列关系，且特定联系与容易导致混淆密切相关，即存在特定联系且容易造成消费者混淆的商品可以被认定为类似商品，但尚未对商品关联性进行明确规定。

《知产审判意见》第 20 条规定了判断商品是否具有关联性时应采取主观标准，即在引证商标已经实际使用且具有一定知名度的情况下，认定商品是否类似时，应充分考虑商品之间的关联性。而且，类似商品关联性的判断也可以相关公众对商品的通常认知和一般交易观念为标准。但是，何为关联性以及如何具体判断关

① 田龙：《关联性商品纳入类似商品范围的个案分析》，载《中华商标》2013 年第 3 期。

联性，该法并未作出明确规定。

（二）类似商品关联性的司法冲突

根据商标评审委员会（以下简称商评委）发布的 2012 年、2013 年、[①]2014 年及 2015 年[②]商标评审案件行政诉讼情况汇总分析，虽然类似商品认定在商评委败诉案中占的比重有所下降，但是如何判断类似商品仍然在败诉案中占了很大比重，详见表 1。

表 1　2012~2015 年商标评审案件行政诉讼情况汇总

单位：%

行政诉讼情况	年份			
败诉原因	2012	2013	2014	2015
商标近似	24	26	29	22
商品类似	24	22	16	11
驰名商标	5	17	10	6
不良影响	6	5	10	5
恶意抢注	4	2	3	2
情势变更	2	0.8	8	15
共存协议	—	—	3	4
新法十条一款（七）项	—	—	0.1	2
显著性	—	—	5	6
其他在先权利	5	8	5	6
集体商标、证明商标审查	—	—	0	0.6
商标使用问题	—	—	2	6
以欺骗或者其他不正当手段取得注册	—	—	0.6	1.2
采信新证据	10	7	8	14
程序问题	—	—	3.8	6.2

① 参见徐琳：《2013 年商标评审案件行政诉讼情况汇总分析》，载《中华商标》2014 年第 8 期。

② 参见李俊青：《2015 年商标评审案件行政诉讼情况汇总分析》，载《中华商标》2016 年第 10 期。

“商评委在2015年裁决的商标评审案件共计10.89万件；其收到北京一中院和北京知识产权法院的应诉通知书共计7362件，同2014年相比增长2.4%；北京高院二审的案件共计2014件，基本与2014年持平；其中有224件案件进入最高院再审程序，与2014年相比增长了近四倍。”① 同时，从商评委2012~2015年对外发布的数据来看，虽然因类似商品判断导致的败诉率正在逐年下降，但是仍然位居商标行政案件败诉原因的第三位，于2015年占比11%，2013年占比是它的两倍。“尽管商评委的工作报告中指出他们在商标近似、在先商标知名度较高、恶意明显的案件中已经适当突破商品分类表，加大了对在先商标的保护力度。”② “但在商标裁决和评审的案件中，很多事实的认定都有很强的主观性，没有一个清楚、明确的界限，使得法院和商评委在个案的把握上存在很多不同之处，面对同一问题，商标行政机关和司法机关、司法机关和司法机关之间的判断标准可能都不相同。”③ 商评委的审查员认为：“以2013年为例，因类似商品判定败诉的案件中，有超过一半是因对第25类供穿戴类商品是否为类似商品的认定标准不一导致的，法院认为第25类商品基本都应被认定具有关联性，应被认定为类似商品，但商评委则有不同观点。”④

本文随机选取了60个商标行政案件进行分析，在这60个案件中，行政机关与司法机关对商品之间是否具有关联性的意见不一的有33个，不同司法机关对于两个商品之间是否具有关联性也尚存争议的有10个。产生纠纷的根源在于，商标行政机关与司法机关对同类不同群或不同类的商品是否具有关联性，以及什么样的商品之间能被初步认定具有关联性的意见不一。在这60个案件中，也存在是否应把商标知名度及显著性作为类似商品关联性的判断因素，以及类似商品关联性与混淆可能性的逻辑关系问题。综上，本文认为，商品关联性判断在司法实践中存在以下三大难题。

1. 如何认定同类不同群或不同类的商品具有关联性看法不一

若两个商品属于同一大类的不同群组，或者属于不同大类，此时哪些商品之间能被认定具有关联性，商评委与司法机关的判断标准不一。如在产品与部件或

① 李俊青：《2015年商标评审案件行政诉讼情况汇总分析》，载《中华商标》2016年第10期。

② 同上。

③ 同上。

④ 徐琳：《2013年商标评审案件行政诉讼情况汇总分析》，载《中华商标》2014年第8期。

者部件与部件是否应被认定具有关联性时，商评委基本上都认为不具有关联性，而司法机关则大部分都认为具有关联性。在LOJ商标案[①]中，法院认为：被异议商标指定使用的“纺织工业用机器、纺织机”等商品与引证商标核准使用的“纺锤支架及纺织机卷筒、纬纱输出器及织布机用纬纱供给器”等商品，均属于纺织行业的机械及其部件，具有关联性，构成类似商品，而商评委对此持有不同看法。

而且，司法机关与行政机关对于搭配使用的商品之间是否具有关联性的观点也不一，在“邦强”商标案[②]中，引证商品为装卸设备、起重设备，而争议商品为非金属装卸吊带、装卸用非金属吊索、非金属缆等，商评委认为不具有关联性，但一审法院及二审法院基于其可以搭配使用都认为两个商品之间具有关联性。

2. 是否适用商标知名度及显著性作为判断要素观点不一

《知产审判意见》中首次写明当商标具有知名度时，需要充分考虑商品关联性，而《商标审查及审理标准》则认为，应从销售渠道等客观方面来认定关联性。而且在司法实践中，商标知名度及显著性是否应作为类似商品关联性的判断因素，行政机关与司法机关的态度也不一。

在“歌力思GLEAS及图”商标案[③]中，商评委未考虑主观因素，直接认定异议商品与引证商品之间不具有关联性。但北京市第一中级人民法院认为，引证商标“歌力思”经过长期、广泛使用，已经在服装等商品上具有较高知名度和较强显著性，两个商品具有关联性。北京市高级人民法院也认同此观点，其认为：歌力思投资公司成立于1996年，该公司于1999年即开始广泛宣传，并已具有一定知名度，此后仍长期、持续地进行宣传，因此，商品之间关联程度较高，构成类似商品。两个法院都判决驳回商评委的裁定。

在本文所研究的60个案件中，商评委在其所做的裁定中很少适用商标知名度及显著性判断商品关联性，而司法机关在大多数案件中都把商标知名度及显著性作为商品关联性的判断因素。因此，是否应将商标知名度及显著性作为商品关联性的判断标准，行政机关与司法机关的观点不一。

---

① 参见北京市高级人民法院行政判决书，（2014）高行（知）终字第2461号。

② 参见北京市高级人民法院行政判决书，（2015）高行（知）终字第2875号。

③ 参见北京市高级人民法院行政判决书，（2014）高行终字第466号。

3．何时以混淆可能性为目的导向态度不一

在司法实践中，不同司法机关之间、行政机关与司法机关之间对何时适用混淆可能性的态度不一。例如，在“SPORTSMAN”商标案[①]中，北京市第一中级人民法院认为：“摩托车需要取得交通部门特别批准的驾驶资格，且它的使用人群与自行车的消费群体有很大差异，很多消费者不会将这两个商品联系在一起，不会产生混淆，故非类似商品。”而北京市高级人民法院则认为：“随着市场不断发展和完善，若近似商标共同存在于有一定关联性的商品上，容易使消费者认为两个商品的提供者为同一人或者两个提供者之间存在特定联系，此时应认定为类似商品。”由此，可以看出法院与法院之间关于何时产生混淆存在矛盾之处。

“VOV VOGUE OF VOGUE”商标案[②]则证实了商评委与法院对何时以混淆可能性为目的导向态度不一。在此案中，商评委认为诉争商品“香”与引证商品“香水”会使消费者对两个商品的来源产生误认，故对此商标不予核准注册。而北京知识产权法院和北京市高级人民法院则认为：“两者不会造成相关公众混淆误认，不具有关联性。”

三、类似商品关联性的关系判定

笔者经过对相关案例的总结与归纳认为，在现行司法实践中，同类不同群或不同类的两个商品之间具有如下任一种关系时，两个商品可被认为具有关联性，构成类似商品。

（一）商品之间具有搭配、配套使用关系

在“拉法基”商标案[③]中，引证商品为石膏板等非金属材料，被异议商品为轻钢龙骨建材，法院认为两者都属于现代装饰各种吊顶、隔墙时通常配合使用的装饰基础材料，具有关联性。最高人民法院在“BLANCPAIN”商标案[④]中再次证实此观点，该案的引证商品为第14类手表部件、钟、表、表芯、表盒、表套等商品，异议商品是第25类服装、帽、袜、鞋、领带、针织服装、皮带（服饰用）

① 参见北京市高级人民法院行政判决书，（2013）高行终字第666号。

② 参见北京市高级人民法院行政判决书，（2016）京行终1978号。

③ 参见江苏省南京市中级人民法院民事判决书，（2011）宁知民初字第577号。

④ 参见最高人民法院行政裁决申诉行政判决书，（2016）最高法行再10号。

等商品。在司法实践中，当两个商品具有搭配、配套使用关系时，法院通常会认为两者之间具有关联性，构成类似商品。

（二）商品之间属于产品与部件、部件与部件关系

在“ZGSNS”商标案[①]中，北京知识产权法院认为：被异议商标指定使用在“泵（机器、发动机或马达部件）、液压元件（不包括车辆液压系统）、液压滤油器、气动元件”等商品上，其与引证商品发电机、轴承（机器零件）、非陆地车辆用减速齿轮等都是机器零部件。在“FLUB-BMM”商标案[②]中，争议商标核准使用在“汽车发动机凸轮轴、汽车发动机飞轮”等商品上，而引证商品为汽车发动机用泵（机器、发动机或马达部件）、发动机喷油嘴等，这些商品都是汽车发动机的部件，法院认为其具有关联性。

（三）商品之间属于产品与原料、产品与工具关系

在“人頭馬路易十三 LOUISXIIIDEREMYMARTIN”商标案[③]中，诉争商标指定使用的“饮料制剂、泡沫饮料用粉”等商品是引证商标核准使用的“含酒精饮料（不含啤酒）”等商品的原料，故法院认定两个商品之间存在特定联系。当两个商品之间的关系属于产品与工具的关系时，两个商品也会被认为具有关联性。例如，在“NIVEA”商标案[④]中，引证商品为第 3 类的“香水、化妆品”等，而诉争商品为第 8 类的“指甲刀（电动或非电动的）、电动修指甲工具”等，法院认为：虽然诉争商品都不是化妆品，但这些商品属于洗护用具或化妆用具，因此两个商品具有关联性。

（四）商品具有相同作用

在“德仕多美”案[⑤]中，诉争商品为家具、有抽屉的橱、衣架、桌子、金属家具、书架、床、美容柜（家具）、打字台、餐具柜，引证商品是金属门、金属窗框，两

① 参见北京知识产权法院行政判决书，（2015）京知行初字第 2096 号。

② 参见北京市高级人民法院行政判决书，（2016）京行终 2217 号。

③ 参见北京市高级人民法院行政判决书，（2014）高行（知）终字第 3573 号。

④ 参见北京市第一中级人民法院行政判决书，（2012）一中知行初字第 701 号。

⑤ 参见北京市高级人民法院行政判决书，（2013）高行终字第 1194 号。

者都是家居装饰用品，在家装市场上可同时销售并进行选购。在“斑马王子 UPM”商标案[①]中，异议商品为“卫生纸、复印纸（文具）、笔记本”等，引证商品为“文具制品和纸”等，这些商品均属于办公文具用品，法院认定两者具有关联性。

（五）商品的原料相同

在“海沃”商标案[②]中，引证商标核准使用的“升降设备”与被异议商标核准使用的“支撑机器的器械”均为机械装置，两者都是使用金属材料制作而成，异议商品与引证商品之间具有关联性。

（六）商品属于上、下位关系

在“青酒红”商标案[③]中，诉争商品为“酒精饮料（啤酒除外）、果酒（含酒精）、烧酒、米酒”等，而引证商品为“酒”，诉争商品是引证商品的具体类别。因此，法院认为诉争商品与引证商品之间具有关联性。

（七）商品同属日常饮品

在“随变”商标案[④]中，诉争商品为“啤酒、无酒精果汁”等，其与引证商品“刨冰（冰）、冰淇淋”等均是供人们日常饮用的饮品之一，故法院认为两个商品之间具有关联性。

（八）商品同属日常穿着用品

在“PANSIR”商标案[⑤]中，被异议商标核准使用在第 25 类的裤子、服装、衬衣、皮质服装、针织服装、睡衣等商品上，引证商标核准使用在第 25 类的绣花衣服、大衣、便服、针织衣服、外衣上，最高人民法院认为这些商品均属于日常穿着用品，关联性很强，应被认定为类似商品。

---

① 参见北京市第一中级人民法院行政判决书，（2012）一中知行初字第 3059 号。

② 参见北京市高级人民法院行政判决书，（2014）高行终字第 71 号。

③ 参见北京市第一中级人民法院行政判决书，（2015）京知行初字第 1202 号。

④ 参见北京市高级人民法院行政判决书，（2014）高行终字第 1917 号。

⑤ 参见最高人民法院行政判决书，（2016）最高法行再 9 号申诉。

（九）商品之间具有可替代性

在“santoprene”商标案[①]中，被异议商品为未加工塑料，引证商品为热塑弹性体，最高人民法院认为，热塑弹性体已经成为塑料的替代品之一，故两个商品之间具有关联性。

虽然前文已归纳出商品具有关联性的9种情形，然而在司法实践中，若商标具有显著性或知名度，则可以适当突破这9种情形。但现行与商标相关的法律法规对在判断商品关联性时应采取主观标准还是客观标准仍然存在冲突，且判断类似商品关联性时是否应当引入商标知名度和显著性作为其判断因素仍是当前理论界和实务界的一个争议点。

例如，在“FULIANSHENG图文组合”商标案[②]中，最高人民法院认为：“当引证商标具有较高知名度和较强显著性时，相同行业的竞争者应当负有更高的避让和注意义务。”最高人民法院在“FPA”商标案[③]中也赞同此观点，其认为：“在引证商标具有较高知名度和较强显著性时，应结合商品之间的关联性，适当从宽把握商品类似的范围。”

在“Blancpain”商标案[④]中，最高人民法院就充分运用了适当从宽的标准。最高人民法院认为：“关于引证商标的知名度。宝珀公司在复审阶段向商标评审委员会提交的《名牌》杂志2003年第8~11期、《中国市场名表》2004年第3~4期等证据足以证明引证商标在被异议商标申请日以前已经获得一定的知名度。随着企业经营方式的发展，尤其是时尚类服装、饰品等领域，公司经营同一品牌的服装、饰品现象亦为多见，诉争商品与引证商品具有关联性。”

最高人民法院在相关案例中明确了判断类似商品关联性时应考虑商标知名度及显著性，当商标具有较高知名度及较强显著性时应当从宽把握商品关联性的判断标准。但是，在本文所研究的60个商标行政案件中，商评委在其所作的裁定中很少适用商标知名度及显著性判断商品关联性。因此，理论界和实务界对是否应将商标知名度及显著性纳入商品关联性判断标准仍然存在争议。

---

① 参见最高人民法院行政裁决申诉行政判决书，（2014）行提字第29号。

② 参见最高人民法院行政判决书，（2015）知行字第116号。

③ 参见最高人民法院行政判决书，（2015）知行字第105号。

④ 参见最高人民法院行政裁决申诉行政判决书，（2016）最高法行再10号。

四、重设类似商品关联性判断标准

我国类似商品制度在商标法体系中具有重要作用，而商品关联性是认定类似商品的一个重要因素，但现行立法不仅对商品关联性规定得非常模糊，现行法律法规之间也存在冲突之处，且我国理论界和实务界对商品关联性的内涵及其判断标准也存在很大争议。因此，完善我国商标法中商品关联性的概念及其判断标准对学理研究及司法适用的统一都有重大意义。

（一）商标知名度及显著性

无论是从立法、司法实践来看，还是从对有一定知名度商标的保护及制度借鉴来看，我国都应把商标知名度及显著性作为商品关联性的判断要素。

从现行法律法规来看，我国《知产审判意见》第20条明确规定判断商品关联性时应考虑主观因素，即在判断商品关联性时需考虑商标知名度及显著性。

从现行司法实践来看，最高人民法院已在《摘要》及相关案例中明确商标知名度及显著性是类似商品关联性判断的一个考量因素。

从现实意义来看，我国仅对驰名商标规定了跨类保护。现行法律法规中还尚未对如何保护有一定知名度但还未达到驰名的商标进行规定。“把商品关联性作为认定类似商品的一个考量标准，主要是基于保护知名商标的目的。”① 在判断类似商品或类似商品关联性时，考虑商标知名度及显著性，能够填补这方面的空白，即能够保护此类商标，从而遏制恶意模仿、抢注他人商标的投机现象，维护市场秩序健康有序的发展。

从制度借鉴来看，欧盟从1998年的佳能商标案开始就明确应考虑主观因素，其后的司法实践更是延续了这一标准。“我国判断商标侵权的标准与欧盟非常类似且我国类似商品在商标法体系中的地位和作用也基本与欧盟相同，因此欧盟的相关制度对我国有很大的借鉴价值。”② 在判断商品关联性时考虑商标的知名度及显著性，有利于保护商标权人的利益，因此，我国更应参考欧盟的此种制度，把商标知名度及显著性纳入类似商品关联性的判断标准中。

---

① 孔祥俊:《商标法使用的基本问题》，中国法制出版社2012年版，第87页。

② 王迁:《论“相同或类似商品（服务）的认定”——兼评“非诚勿扰”案》，载《知识产权》2016年第1期。

（二）商标知名度及显著性在关联性判断时的例外

在司法实践中，抢注他人知名商标、使用与他人知名商标相近似商标的“搭便车”情况时有发生。当被异议商标所有人具有明显攀附恶意时，更要适当放宽商品类似的范围，从宽把握商品之间的关联性。

在“santoprene”商标案[①]中，最高人民法院认为引证商标已在我国境内使用并具有了一定知名度，我国的相关专业期刊中已广泛介绍引证商标核准使用的商品。被告专门生产热塑性弹性体，其法定代表人的主要工作也是研发热塑性弹性体。法院有理由认为：“被告及其法定代表人不仅应当了解热塑性弹性体与未加工塑料之间的关联性，亦应当知晓核准使用在热塑性弹性体上的引证商标。三博公司将与他人已核准注册商标完全相同的标志申请注册在未加工塑料商品上，没有正当理由，故更应当从宽认定热塑弹性体与未加工塑料的关联性。”

且在“Blancpain”商标案[②]中，最高人民法院再次证实了此观点。最高人民法院认为，被异议商标所有人未能陈述其申请被异议商标的创意，且在原审第三人申请注册的13件商标中，大部分是对他人知名品牌的复制、模仿和抢注，例如，“BLANCPAIN”和“宝铂”系对宝珀公司商标的“抢注”，“MAURIZIANTONIO”系对意大利知名皮鞋品牌“ANTONIOMAURIZI”的抢注，“ZARA”系对全球排名第三、西班牙排名第一的服装品牌的抢注。结合陈某某具有申请与其他知名度较高商标相近似商标的情形来看，陈某某、沈某申请注册此被异议商标时明显具有攀附知名商标的主观恶意，故应从宽判断类似商品关联性。

（三）商品关联性的判断规则的重设

在现行法律法规中，我国立法机关在规定类似商品内涵和判断标准时使用了特定联系等模糊概念。而且在我国司法实践中，司法机关也常常使用商品具有关联性等模糊性的表述。无论是立法机关还是司法机关，对此都并没有统一进行解释，因此造成了行政机关与司法机关、司法机关与司法机关之间对商品关联性的解释不一。只有对商品关联性内涵及其判断标准进行明确规定才有实际意义，否

① 参见最高人民法院行政裁决申诉行政判决书，（2014）行提字第29号。

② 参见最高人民法院行政裁决申诉行政判决书，（2016）最高法行再10号。

则模糊的概念很难在商标纠纷中发挥实际效用。

欧盟在类似商品判断中承认了商品或服务是否类似并非纯粹客观的因素，而是与其他包括商标显著性、商标知名度在内的因素存在一种相互作用、相互影响的关系，对商品关联性进行进一步解释是更好适用类似商品制度的前提。在解释商品关联性时，可以借鉴欧盟在司法判例中将商标显著性和知名度纳入商品关联性判断标准的做法。而且在重设商品关联性制度时，应尽量解决我国商品关联性与混淆可能性的逻辑悖论问题，除了司法机关应适用前述的两种解决方法之外，立法机关更应避免在与商品关联性相关的法律法规中使用“混淆”字样。

因此，应当对“存在特定联系”进行进一步解释，明确规定：类似商品，是指在功能、用途、生产部门、销售渠道、消费对象等方面相同，或者具有如下任一种关系的商品：

1. 商品具有搭配、配套使用关系；
2. 商品之间属于产品与部件、部件与部件关系；
3. 商品之间属于产品与原料、产品与工具关系；
4. 商品具有相同作用；
5. 商品的原料相同；
6. 商品属于上、下位关系；
7. 商品同属日常饮品；
8. 商品同属日常穿着用品；
9. 商品之间具有可替代性。

此外，判断商品之间是否具有关联性，还需要考虑商标的显著性与知名度。

商品关联性在类似商品判断中具有重要地位，它影响着商标行政案件的结果。但最高人民法院与商标行政机关对商品关联性的判断标准仍存在冲突之处。最高人民法院主张在商标具有知名度及显著性时，可以适当放宽商品关联性判断标准；而商标行政机关则主张当两个商品在销售渠道等方面具有较大关联性时，可以认定为类似商品。最高人民法院在判断商品关联性时采取主观标准，而商标行政机关在判断商品关联性时采取客观标准。

在司法实践中，虽然可以用销售渠道、功能、用途等客观因素判断商品之间是否具有关联性，但由于判断商品关联性时存在很大的主观因素，导致商标行政机关与司法机关、不同司法机关之间的标准不一。

因此，笔者从现有的商标行政案件入手，总结归纳出 9 种司法机关认为存在关联性的情形，以期实现商标行政机关与司法机关在此问题上适用标准的统一。最后，阐述了商标知名度及显著性作为商品关联性判断标准的合理性，同时认为若存在恶意抢注情形，可以适当放宽商品关联性的判断标准。

知识产权争议解决新趋势

——知识产权纠纷可仲裁性研究

齐宝鑫　池振华　龚未云

随着知识产权争议案件的迅速增长，单一的诉讼解决途径也面临着更多的问题和挑战。2018 年 10 月 26 日，第十三届全国人大常委会第六次会议表决通过了最高人民法院提请审议的《关于专利等案件诉讼程序若干问题的决定》，专利等案件的二审审理权限将集中到最高人民法院知识产权法庭，[①]成为近期知识产权审判改革的标志性事件，对知识产权诉讼产生了重大影响。与之相应，2018 年 1 月 1 日起，我国香港特别行政区有关知识产权仲裁的修订将开始生效，不仅规定了知识产权侵权可以申请仲裁，还可通过仲裁专利的有效性问题，引发了关于知识产权可仲裁性的界限探讨。

另外，从知识产权纠纷的案件情况来看，法院所面临的压力也越来越大，以 2017 年为例，法院新收的一审、二审、申请再审等知识产权案件高达 237,242 件，审结 225,678 件（含之前未结案案件），比 2016 年分别上升 33.50% 和 31.43%，法院新收知识产权民事一审案件上升幅度达到 47.24%。[②]在此大环境下，仲裁作为多元纠纷解决机制的一种，如何在明晰知识产权仲裁界限的情形下，充分利用

① 参见《专利等案件的二审审理权限将集中到最高人民法院知识产权法庭》，载最高人民法院网 2018 年 10 月 26 日，http：//www.court.gov.cn/zixun-xiangqing-125391.html。

② 参见王亦君：《2017 年全国法院新收知识产权一审民事案件上升近五成》，载中青在线 2018 年 4 月 19 日，http：//news.cyol.com/yuanchuang/2018-04/19/content_17114597.htm。

仲裁的优势，高效地解决知识产权纠纷，是目前亟须解决和探讨的问题。

虽然知识产权审判体制改革的成果斐然，但是，知识产权争议解决较大程度上仅依赖单一的诉讼途径，司法仍然负重累累。特别在涉外案件中，某著名的科研机构将仲裁作为知识产权争议解决方式，并取得了通过诉讼途径可能较难达到的成效。知识产权可仲裁性的问题在实践中已经产生。

为此，本文将从立法现状入手，进一步剖析知识产权侵权争议和知识产权有效性争议的可仲裁性问题，以期对知识产权争议解决新趋势进行探讨。

一、我国知识产权纠纷可仲裁性现状

（一）《仲裁法》中的仲裁范围

我国《仲裁法》对可仲裁的事项进行了规定，即须是平等主体之间产生的合同纠纷和其他财产权益纠纷。同时，也对不可仲裁的事项进行了规定，即涉及人身性质的纠纷和行政争议。因此，判断是否具有可仲裁性的基本原则为：（1）平等主体；（2）合同争议或其他财产权益争议；（3）属于可自由处分争议事项，非人身性纠纷或行政争议。

我国《专利法》第 45 条规定，如对专利权授予有异议的，可向专利复审委员会提起专利无效宣告申请。因此，关于专利的有效性需由专利复审委员会予以认定。但我国《仲裁法》目前尚未对知识产权侵权争议、著作权有效性争议等予以具体规定或明确予以排除，知识产权纠纷可仲裁性的“生存空间”还具有进一步探讨的必要。

（二）知识产权法律中的仲裁范围

综观知识产权领域的 3 部核心法律，仅《著作权法》中明确规定了著作权纠纷可采取调解、仲裁、诉讼等解决方式，若存在书面仲裁协议或明确约定了仲裁条款，即可申请仲裁。同时，在该法律中也不再明确区分“著作权侵权纠纷”[①] 和“著作权合同纠纷”，[②] 而是统称为“著作权纠纷”。因此，无论著作权侵权纠纷还

---

① 参见我国《著作权法》（1991 年）第 48 条。

② 参见我国《著作权法》（1991 年）第 49 条。

是著作权合同纠纷，只要约定了仲裁条款，即可申请仲裁。

然而，我国《专利法》和《商标法》及相关司法解释等均未规定专利权纠纷[①]或商标权纠纷[②]的可仲裁性，仅规定相关的纠纷可由当事人协商解决、通过诉讼方式解决或由相关的行政部门处理。

因此，并没有法律法规明确限定知识产权纠纷可仲裁性的范围，但知识产权合同争议、知识产权侵权争议和知识产权有效性争议[③]是否可申请仲裁，除了知识产权合同纠纷可仲裁性争议较小外，知识产权侵权争议和知识产权有效性争议是否可申请仲裁仍需进一步予以明确，以便指导实务操作。

二、知识产权侵权争议可仲裁性

相对传统理论而言，因申请仲裁前提在于仲裁协议的存在，而就知识产权侵权争议而言，双方当事人较难事先达成仲裁协议或仲裁条款，且争议发生后，更难协商一致。故而，在司法实践中，通过仲裁途径解决知识产权争议的案例较少。[④]但因我国《专利法》和《商标法》均规定专利侵权争议和商标侵权争议可协商解决，也为知识产权侵权争议的可仲裁性提供了一定的法律支撑。虽然知识产权侵权争议具有可仲裁性，但世界上大多数国家在较长的一段时间内不仅从立法上，还从司法上否定了知识产权争议的可仲裁性。[⑤]

近年来，越来越多的国家通过相关立法或司法实践对知识产权侵权争议的可仲裁性予以确认，知识产权侵权争议的可仲裁性逐渐在世界范围内被认可。

（一）专利侵权争议可仲裁性

除非符合相关法律或衡平法规定的协议可撤销的原因，否则若双方当事人约定将认定专利效力或涉及专利侵权纠纷的未来争议或现有争议，以及任何涉

① 参见我国《专利法》第 60 条。

② 参见我国《商标法》第 60 条第 1 款。

③ 参见张耕：《知识产权民事诉讼研究》，法律出版社 2004 年版，第 58~59 页。

④ 参见刘晓红：《论知识产权争议仲裁的法理与实践基础专题研究》，载华东政法学院国际法研究中心编：《当代国际法论丛》（第 6 卷），北京大学出版社 2006 年版，第 321 页。

⑤ 参见朱榄叶、刘晓红主编：《知识产权法律冲突与解决问题研究》，法律出版社 2004 年版，第 74 页。

及专利权事实受到阻碍的未来争议或现有争议向仲裁机构申请仲裁的，此约定是有效的、不可撤销的，并且是可以强制执行的。在 Rhone-Poulenc Specialities Chiniques v. SCM Corp. 案[①]中，原被告于 1979 年 1 月 1 日签订原告第 3925485 号专利的独家许可协议并约定了两种收费方式并用，其后被告受让另一专利后要求重新谈判并只愿意支付最低使用费，原告于 1983 年 7 月 5 日通知被告终止协议，并于 7 月 15 日向联邦地方法院提起诉讼，指控被告违约、盗用商业秘密以及侵犯专利权，主张禁令、3 倍赔偿金以及被告承担律师费。被告根据协议条款向法院提起中止诉讼、先行仲裁的动议，协议约定"由本协议或其违反行为引起的或与之相关的任何争议或索赔，除非另行通过友好调整，否则应根据国际商会规则在佛罗里达州通过仲裁解决"。地方法院驳回了被告动议，被告不服，向联邦巡回法院上诉，原告认为上诉法院无管辖权，上诉法院认为，根据联邦法律地方法院及上诉法院均有管辖权，并指出法院必须"确定当事人是否同意仲裁该争议""当事人意图可普遍解释为可仲裁性问题"。上诉法院指出，地方法院认定涉案争议不是由协议产生或与协议有关的结论是明显错误的，因为"专利的保护范围和侵权的认定是协议的精髓，当事人意图将这些核心决定纳入广泛的仲裁条款范围内"，并且认为被告并未放弃其仲裁的权利，由此撤销地方法院判决并发回重审。

（二）著作权侵权争议可仲裁性

著作权侵权可仲裁性已经在案例中进行了确认，如在 Kamakazi Music Corp. v.Robbins Music Corp. 一案[②]中，原告指控被告在许可协议终止后未经授权复制、销售原告享有著作权的作品，提起仲裁后向法院请求确认仲裁裁决，被告认为仲裁员超出仲裁范围，请求法院撤销仲裁裁决，地方法院认为"虽然仲裁员在这种情况下通常被认为缺乏确定版权有效性的管辖权……但本案中仲裁员的裁决不涉及著作权有效性，这是确认侵权的先决条件"，从而指出"涉案协议的仲裁条款范围足够广泛，包括原告提出的侵权索赔"，故确认了法院对著作权侵权案件享有管辖权。

---

① 769F.2d 1569 (Fed. Cir. 1985).

② 684F. 2d 228 (2 Cir. 1982).

（三）商标侵权争议可仲裁性

涉及商标的侵权纠纷也可申请仲裁予以解决，如在 Saucy Susan Products Inc. v. Allied Old English Inc. 案[①]中，原告指控被告构成商标权侵权及不正当竞争，被告向法院提出中止诉讼、强制仲裁的动议。原被告双方之间的协议约定“由本协议引起或与之相关的任何争议或索赔，应根据美国仲裁协会规则在纽约市通过仲裁解决，裁决可约束任何具有司法管辖权的法院”。1961 年 9 月 25 日，被告提起仲裁，10 月 2 日原告向联邦地方法院提起诉讼。最终法院准许被告中止诉讼、强制仲裁的动议。

因此，美国早于 20 世纪 80 年代即通过立法和相关司法实践认可了知识产权侵权争议的可仲裁性。“与此同时，一些欧洲国家，如比利时、瑞士、瑞典等国法律也开始认为涉及专利方面的争议属于可仲裁的范围。”[②]

无论是从理论还是实践来说，知识产权侵权争议的可仲裁性并不存在明显障碍，立法和实践具有突破的基础。

三、知识产权有效性争议可仲裁性

在我国，理论界和实务界对知识产权有效性争议均较大，如有学者认为，知识产权有效性是相关国家行政机关赋予个人或单位在一定时间对某项知识产权予以独占的一种社会垄断权。知识产权有效性是国家公权力机关予以认定的，而仲裁是独立于公权力之外的私力救济途径。同时，若仲裁机构作出与国家行政机关认定结果完全不同的裁决，也是对公权力的否定。[③]但也有学者持反对意见，其认可知识产权有效性争议的可仲裁性，其认为因国际商事仲裁制度的发展和目前知识产权有效性仲裁的必要性和可行性，知识产权有效性争议的可仲裁性能够更好地解决现有问题。[④]

---

① 200F. Supp. 724 (S.D.N.Y. 1961).

② 宋连斌：《国际商事仲裁管辖权研究》，法律出版社 2000 年版，第 125 页。

③ 参见杜新丽：《国际商事仲裁理论与实践专题研究》，中国政法大学出版社 2009 年版，第 136 页。

④ 参见刘冰心：《论知识产权有效性的可仲裁性》，载《重庆科技学院学报（社会科学版）》2014 年第 10 期。

（一）专利有效性争议可仲裁性

目前，专利有效性争议的可仲裁性已经在立法和判例中确认。《美国法典》第35编第294节规定："有关专利或者专利权利项下的合同可以约定通过仲裁方式解决任何由该合同引起的与专利效力或者侵权有关的争议。如果在合同中无此约定，当事人可以另外通过书面形式约定通过仲裁方式解决专利有效性和侵权争议，这种提交仲裁的约定是有效的，不可撤销的和可以强制执行的，除非存在法定的衡平法上的撤销协议的理由。"在Deprenyl Animal Health，Inc.v.University of Toronto Innovations Foundation案①中，联邦巡回法院认为"DAH公司与UTIF公司约定了相关争议由仲裁庭解决，尽管164专利的有效性不属于合同中约定的争议，但应当解释为合同约定的争议，可以以仲裁方式解决知识产权有效性争议"。

（二）著作权有效性争议可仲裁性

著作权有效性争议的可仲裁性在判例中已有确认。如在Saturday Evening Post Co. v. Rumbleseat Press. Inc.案②中，原告指控被告在著作权许可协议终止后仍继续使用涉案作品，向地区法院起诉并获得胜诉，被告不服向联邦第七巡回法院上诉后，上诉法院维持原判。被告上诉中提出的新问题是著作权有效性是否可以仲裁、著作权许可中禁止被许可人对著作权有效性提出异议的条款是否可以强制执行。原被告协议约定仲裁条款"由于本合同或与本合同有关的任何争议或索赔，或者违约行为，应根据美国仲裁协会规则通过仲裁解决"以及"任何具有司法管辖权的法院受仲裁员裁决约束"，但被告基于国会授予联邦法院对著作权诉讼的专属管辖权而反对著作权有效性的可仲裁性，上诉法院认为这是不合理的，指出"联邦法律不禁止对著作权有效性进行仲裁，至少在著作权有效性成为合同纠纷需要仲裁时"。

（三）商标有效性争议可仲裁性

商标有效性争议的可仲裁性也已经在判例中予以认可。如在Saucy Susan

---

① 297F. 3d 1343（Fed. Cir. 2002）.

② 816F. 2d 1191，1198–1199（7th Cir. 1987）.

Products Inc. v. Allied Old English Inc. 案[①]中，原告主张双方无意使转让商标引起的或与之相关的任何争议成为仲裁对象，被告主张的商标之一并非协议标的物，因此不适用协议的仲裁条款。地方法院指出涉案争议源于原被告之间一项商业交易，“由协议产生或与协议有关”，因此应予以仲裁。关于原告主张的涉案商标之一“Saucy Susan”不属于涉案协议中的交易，地方法院认为，被告转让涉案商标之一为“Saucy Sue”，原告受让“Saucy Susan”商标两年后才登记，被告对“Saucy Susan”商标的主张与具有可仲裁性的涉案协议是充分相关的，至此，商标有效性争议的可仲裁性予以确认。

因此，知识产权有效性争议在各国实践中不仅通过法律予以规定，更通过相关的判例予以明确，且意大利[②]和法国[③]也通过司法实践确定了知识产权有效性争议具有可仲裁性。知识产权有效性争议的可仲裁性在我国也并不存在明显障碍，具有立法和实践进一步予以突破的基础。

四、结语

知识产权侵权争议和知识产权有效性争议在我国具有可仲裁的基础。“现代意义上的知识产权被普遍承认为一种私权，一种特殊的民事权利，当事人可以自由处分这种民事权利，只要这种处分不违反法律、不损害公共秩序即可。”[④]

我国《仲裁法》规定可仲裁事项要求当事人能够自由处分，知识产权的私权性特点正好也满足此要求，知识产权侵权争议与知识产权的合同争议一样也应能够通过仲裁予以解决。“就知识产权有效性争议而言，限制其可仲裁性的因素主要是公共政策”。[⑤]“事实上，以公共政策作为否定知识产权有效性争议可仲裁性的理由，缺乏严密的逻辑说服力。从国际层面而言，《纽约公约》更多指向的是‘国际公共政策’的概念，而这一概念比国内公共政策概念更为宽泛和笼统，因

---

① 200F. Supp. 724 (S. D. N. Y. 1961) .

② Giordani v. Battiati，Cass.，3Oct. 1956，No. 3329.

③ Liv HiDRAVLIKA D. O. O. v. S. A. Diebolt，28 Feb. 2008，1st chamber，JurisData No. 2008-359055.

④ 王安培:《知识产权侵权纠纷的可仲裁性研究》，重庆大学 2013 年硕士学位论文，第 19 页。

⑤ 李喆:《论知识产权有效性争议的可仲裁性问题》，载《河北北方学院学报 (社会科学版)》2011 年第 4 期。

而对争议可仲裁性事项的限制程度更低；从国内层面而言，即便是仲裁庭对知识产权效力的审查，各国也应当谨慎适用‘公共政策’的反对理由，以鼓励知识产权仲裁机制的发展。”①

鉴于知识产权效力性、侵权性纠纷与公权力理论的冲突，到目前为止，此类案件在我国实践领域还有待破冰。然而，知识产权侵权争议和知识产权有效性争议具有可仲裁性的问题目前已经存在于部分国家和地区司法实践中，一些国家已在相关法律和判例中对知识产权可仲裁性的范围予以明确，我国香港特别行政区也正在实践。

随着未来知识产权争议解决正在向着更加专业化、复杂化的方面发展，面对更加高标准、专业化的要求和挑战，如何使权利人免于累诉之苦、及时解决知识产权纠纷、提高解决知识产权案件争议效果，也是我国目前迫切需要解决问题。因此，对于单一的诉讼途径，仲裁争议解决机制有着诸多优点，也必将作为多元化的知识产权争议解决方式，成为知识产权争议解决新趋势。

① 倪静：《论知识产权有效性争议的可仲裁性——对公共政策理由的反思》，载《江西社会科学》2012 年第 2 期。

专利使用权出资问题探讨

齐宝鑫　池振华　龚未云　方　洪

专利使用权是否可以作为公司股东的出资方式之一，实务界与学界对此均有争论。但是，一些地方已经就此出台政策性文件，并且，在司法实践中已存在专利使用权出资的相关案例。本文就专利使用权出资的适格性问题，进行初步探讨。

值得注意的是，专利使用权出资与专利使用许可费出资应当有所区分，后者本质上仍然是以货币出资，应当不存在法律障碍。本文主要探讨的是专利使用权本身进行作价投资的相关问题。

一、专利使用权出资的法律合规性探讨

（一）我国法律未对专利使用权出资作出明确规定

我国《公司法》第 27 条第 1 款规定，股东可以用实物、知识产权、土地使用权等可以用货币估价并可以依法转让的非货币财产作价出资；但是，法律、行政法规规定不得作为出资的财产除外。我国《公司法》第 28 条第 1 款进一步规定，股东以非货币财产出资的，应当依法办理其财产权的转移手续。

由此看来，知识产权出资的条件如下：（1）可以用货币评估作价；（2）可以依法转让。具体到专利使用权，其首先满足第一项条件。根据《专利资产评估指导意见》第 11 条规定：专利资产评估业务的评估对象是指专利资产权益，包括

专利所有权和专利使用权。专利使用权是指专利实施许可权，具体包括专利权独占许可、独家许可、普通许可和其他许可形式。因此，专利使用权可以用货币评估作价。

关于第 2 项条件，即专利使用权能否依法转让，以及在具体操作层面，专利使用权如何办理财产权转移手续，对此实践中存在较大争议。我们首先需要理解我国《公司法》第 27 条规定的“依法转让”究竟是何含义？其是指股东将财产转让至公司名下，还是指该出资财产可再次对外进行转让，抑或兼而有之？结合我国《公司法》第 28 条之规定，无论如何第一层含义是必须包括在内的，亦即该财产必须可以依法转让至公司名下。

那关键问题就在于，专利使用权能否以及如何完成依法转让的手续？支持者认为，只需股东与被投资企业签订专利权许可使用合同，并到国家知识产权局办理备案登记手续即可完成。但反对者认为，前述观点以备案代替办理著录事项变更手续，没有任何法律依据，也混淆了知识产权备案与变更的概念。另有部分观点认为，专利使用权转让因未变更专利证书所载专利权人事项，不满足我国《公司法》关于非货币出资应办理财产权转移手续的要求而致出资不实。而北京市工商行政管理局工作人员的咨询回复也显示了部分地方工商部门对专利使用权出资持否定态度，即不允许股东以专利许可使用权出资，如股东以专利使用权进行出资，则不予办理相关工商变更登记手续。①

总而言之，该问题尚无确定答案，法律虽未明令禁止，但亦未明确表示允许。

（二）司法实践中对专利使用权出资的效力基本予以确认

在司法实践层面，法院对专利使用权出资的效力基本予以确认。

例如，在无锡先迪德宝电子有限公司与金某某专利实施许可合同纠纷案中，江苏省高级人民法院认为：在以知识产权出资入股时，应当明确表示是以权利的整体转让出资还是使用权出资。如果仅以知识产权的使用权出资，则出资人对该知识产权仍享有最终处分权，在不违反出资协议的情况下，出资人可以自己使用

① 参见《专利使用权是否可以出资》，载微信公众号“麦格理法律评论”2018 年 7 月 20 日，https://mp.weixin.qq.com/s/SK3rPXJdgHYQkpTfqNyEIA。

或许可给其他人使用该知识产权。因金某某系以专利的使用权出资，而并非将专利权整体转让给九鼎公司，故金某某仍然是该专利的合法权利人，其有权将该专利许可给其他人使用。因此，金某某有权与先迪德宝公司签订专利独占许可使用协议。

再如，在美国环球科技开发股份有限公司与北京橡果经贸有限公司、北京华实实业总公司确认协议无效纠纷案中，北京市第一中级人民法院认定，万钧开发部作为氧立得公司出资方，将“氧气发生器和氧气发生剂的配方、专利使用权和商标使用权进行出资”的行为有效，氧立得公司在合营期间依法享有的是技术工艺、配方、专利和商标的使用权，并非所有权，在合营期满后万钧开发部有权依约收回该专利使用权。

除判决外，最高人民法院在调解书中亦默认专利使用权出资有效。在中国科学院山西煤炭化学研究所与陕西秦晋煤气化工程设备有限公司专利权投资纠纷案中，中国科学院山西煤炭化学研究所（山煤所）就与陕西秦晋煤气化工程设备有限公司（秦晋公司）的专利权投资纠纷申请再审，山煤所主张：涉案专利的实际价值、资产评估报告等均证明其用于投资的是专利技术的使用权，而非所有权。该案在法院主持下调解结案，双方当事人经协商自愿达成协议：涉案专利仍然归山煤所享有。秦晋公司今后对外许可技术时，涉及许可使用山煤所专利的，需要经过山煤所的授权。

二、专利使用权出资的地方性探索

（一）鼓励支持性地方性规定

在地方层面，国内一些地方已对专利使用权出资进行了制度性探索，并出台了相关规定。

例如，上海市工商行政管理局于 2011 年 2 月 9 日印发的《关于积极支持企业创新驱动、转型发展的若干意见》第 12 条提出，扩大知识产权出资范围，开展专利使用权、域名权等新类型知识产权出资试点工作。但该法规已于 2015 年 5 月 4 日被《上海市工商行政管理局关于公布规范性文件清理结果的公告》所废止。2012 年，舟山市定海区工商局推出 10 项登记新政对接海洋综合开发试验区建设，其中也鼓励利用专利使用权出资。[①]

再如，湖南省科学技术厅、湖南省工商行政管理局和湖南省知识产权局于2014年12月9日印发了《关于支持以专利使用权出资登记注册公司的若干规定（试行）》，对专利使用权出资的登记条件、程序等作出了专门规定。根据该规定，专利权人以专利使用权出资，必须以在中国境内以独占实施许可方式，由有资质的专业评估机构进行评估作价，而且要求该专利能为被投资企业持续获利。该规定试行2年，到2016年12月试点期结束，该文件就已失效。此后也并未出台相关的新规定。

另外，广东省人大常委会于2016年12月1日发布的《广东省促进科技成果转化条例》第9条第2款规定，鼓励高等院校、科学技术研究开发机构将与科技成果转化相关的固定资产以及科技成果等无形资产的所有权或者使用权入股组建科技成果转化实体。但关于无形资产使用权投资入股的具体操作，该条例没有作出进一步的规定，也没有出台有关的实施细则。

（二）禁止否定性地方性规定

因为缺乏国家层面的统一性规定，导致各地方适用法律的差异性及不确定性，某些地区就专利使用权出资出台了禁止规范，或在实务操作中禁止专利使用权出资。例如，深圳市人民政府于1998年发布的《深圳经济特区技术成果入股管理办法》规定，技术出资方可以用来作价入股的技术成果财产权包括“发明、实用新型、外观设计专利权”以及“非专利技术成果的使用权”。且同时规定，已申请专利但尚未获授权的技术成果，适用非专利技术成果作价入股的有关规定。技术成果入股后该专利申请获得授权，技术出资方必须在授权之日起6个月内向公司转让专利权。由此推断，只有尚未授权的专利及非专利技术成果可以使用股权形式出资，而获得授权的专利则只能以专利所有权进行出资。对于专利使用权出资持否定态度。

除此之外，不少地方工商部门对专利使用权出资也不予认可，如上文提及的北京市工商局，还有宁波市工商局慈溪分局也持这一观点。在（2011）浙甬商终

---

① 参见张玲、王果：《论专利使用权出资的制度构建》，载《知识产权》2015年第11期。舟山市定海区工商局的10项新政目前找不到相关资料。

字第62号案中，宁波市工商局慈溪分局明确表示不允许专利使用权出资，如需以专利技术出资，必须将专利权转移到公司名下，这导致李某以专利使用权出资失败，李某的股东资格最终未被法院认可。

综上而言，目前地方层面还没有尚属有效的明确表示专利使用权可作价出资的具体规定。而相关文件的相继失效以及后继无力的现状，也在一定程度上反映出这一制度在实践操作中遇冷的无奈事实。

三、总结

以专利使用权作价投资，是加快技术成果转化以及知识产权商品化、产业化的有力举措之一。尽管在国家层面并无明确性规定，但在司法实践中，法院大多持肯定态度。此外，国家性法律规定的缺失也为地方性制度探索创造了一定的空间，近年来有不少地方开展了专利使用权出资的试点工作。

但是，我们也必须看到，有关专利使用权出资的制度探索及实践操作仍处于初步阶段，各地对此所持态度不一，试点性文件也相继废止或失效，工商部门态度相对保守谨慎，以上无一不反映出这一制度还远未成熟。

国家尚未出台明确性规定，必然存在一定的利弊考量，即使明确允许专利使用权出资，具体的操作性规定如何细化也是后续的重要问题之一。但为解决目前各地适用法律及实务操作中的不确定性及差异性，我们仍然呼吁尽快出台国家层面的明确规定，为下一步的制度建设指明方向。